ZBUNTOWANY
ANIOŁ
Dantego

ZBUNTOWANY ANIOŁ

Dantego

Arletta Maria Woźniak

Redakcja: Joanna Sosnówka
Korekta: Agnieszka Rzepecka, Patrycja Figlarska
Korekta techniczna: Agnieszka Rzepecka
Projekt okładki i opracowanie graficzne: Monika Zalewska
Skład: InkWander

ISBN: 9788397221833

Limitless Mind Publishing Ltd
15 Carleton Road
Chichester
PO19 3NX
England
Tel. +44 7747761146
Email: office@limitlessmindpublishing.com

Drogi Czytelniku!

Znajdź nas na Facebook/Instagram:
limitless mind publishing
Odwiedź naszą stronę na Amazon
wpisując w wyszukiwarkę limitless mind publishing
lub skanując kod, aby zobaczyć nasze inne pozycje.

♥ *Będziemy bardzo wdzięczni za Twoją opinię na temat książki.*
To znaczy dla nas wiele.

SPŁODZONA PRZEZ DIABŁA,
ZNIENAWIDZONA PRZEZ LUDZI,
POKOCHANA PRZEZ NIEGO.

PIEKŁO

WIGILIA W PIEKLE

Zaraz po tym, jak narodził się Jezusek, wujek wsunął dłoń w moje majtki. Miałam jakieś dziewięć lat. Była Wigilia. On jednak nie był moim prawdziwym wujkiem. To był jakiś przybłęda, który pojawił się w naszym domu nie wiadomo kiedy i dlaczego. Pojawił się chyba tylko po to, żeby krzywdzić. Nauczyłam się jednak nie odczuwać. Bo i po co?

Wspaniały, świąteczny nastrój!

Od zawsze najważniejszym dniem była dla mnie Wigilia. To był magiczny dzień, wyjątkowy. Nie pytajcie dlaczego, bo sama nie wiem.

Coś mnie ciągnęło do tego dnia. Czekałam na niego przez cały rok. *Niech wam wystarczy wierzyć, że tak jest, a nie dociekać, dla-*

czego jest, jak mawiał pewien włoski poeta i filozof, o którym jeszcze nie raz wspomnę. W każdym razie Wigilia była i nadal jest dla mnie symbolem. Czego? Sama nie wiem. Kojarzy się ze szczęściem, ale czy nim była zawsze? Wątpię! Jako dziecko przeżywałam bowiem Wigilie w piekle. Każda z nich miała w sobie coś dziwnego, podejrzanego, a najgorsza była właśnie ta, gdy miałam około dziewięciu lat.

Większości Wigilii z dzieciństwa nie pamiętam. Te, które jednak zostały w mojej głowie, nie kojarzą się dobrze. Próbowałam je zakryć innymi wspomnieniami, ale co rusz wyciekają spod nich i domagają się pamiętania. A przecież jestem dziś dorosła i od czasów dzieciństwa przeżyłam mnóstwo wigilijnych kolacji. Czy lepszych od tych z dziecięcych lat? Niektóre mogłyby konkurować z tamtymi odległymi wspomnieniami. O nich jeszcze opowiem.

Z czym kojarzy się Wigilia dzieciom? Łatwo się domyślić. Przede wszystkim z prezentami. Tyle że ja w zasadzie nie pamiętam podarunków, jakie dostawałam pod choinkę jako dziecko. Nie pamiętam żadnego, poza jednym. To była książka. Zaczytywałam się w nich namiętnie i dostawałam je również przy innych okazjach. Jaka książka? Na razie niczego nie zdradzę, bo nie chcę uprzedzać faktów. A inne prezenty? Wiem, że jakieś były. Nie przypominam sobie jednak szczegółów. Wszystkie wspomnienia wyparowały z mojej pamięci, a raczej wyrzuciłam je z niej. Pozostały jedynie jakieś strzępki, migawki. Nic konkretnego.

– Zobacz, jakie cudo! – uśmiechała się w nich matka.

– I co, uradowana? – Ojciec spoglądał na mnie z dziwnym grymasem.

Poza tym nic. Wszystko zniknęło w przeszłości. Owszem, w jakichś majakach odległej pamięci widzę, jak rodzice krzątają się w kuchni. Domyślam się, że smażą karpia, którego i tak w domu nikt nie lubił. Jednak taka tradycja: Karp musi być na wigilijnym stole. Idiotyzm! A potem ryba lądowała w koszu.

Czy coś jeszcze pamiętam z Wigilii, gdy byłam dzieckiem? Może jakieś zapachy. Może nerwy przy łamaniu się opłatkiem. Nieszczere życzenia. Znudzenie. Niecierpliwość. I zawsze strach. Ten był obowiązkowy. Wszyscy spoglądali tylko na ojca. Próbowali dostrzec jego emocje. Domownicy starali się ocenić, czy już się zdenerwował, czy też dopiero wybuchnie. Jego nastrój naznaczał nie tylko Wigilię, ale i każdy inny dzień, naszą domową codzienność.

Wigilia. Dzień, w którym chciało się krzyknąć za wspomnianym już poetą:

– *Lasciate ogne speranza, voi ch'intrate!*

Albo po polsku:

– *Porzućcie wszelką nadzieję, którzy tu wchodzicie!*

Tu, do piekła! Wigilia w piekle właśnie się rozpoczęła.

Niby wszystko toczyło się jak podczas każdej innej Wigilii, ale od rana wiedziałam, że stanie się coś złego. Po prostu to czułam. Ten niepokój mnie wypełniał, wypychał każdy skrawek mojego ciała. Zamiast cieszyć się choinką, prezentami, śpiewaniem kolęd, czekałam na coś nieuchronnie złego. I złe nadeszło.

Dzwonek u drzwi jęknął przeciągle, jakby płakał nad własnym losem. A potem pocieszała go cisza. Krótka, ale jakoś bardzo głęboka. I znowu jęk dzwonka. Tym razem uskarżanie było wyraźniejsze, donioślejsze, głośniejsze. Zaraz po dzwonku zaatakowało pukanie – natarczywe, niecierpliwe.

– Otworzy to, kurwa, ktoś czy nie?! – wydarł się z toalety ojciec.

Matka spojrzała na nas, jakby liczyła, że ktoś popędzi do drzwi.

Jednak żadne z jej dzieci nawet nie drgnęło.

– Jasne, nie przeszkadzajcie sobie – westchnęła i poczłapała, aby otworzyć.

Gdy tylko opuściła kuchnię, dopadliśmy miski, w której wcześniej matka mieszała drewnianą łyżką. Zachłannie wyjadaliśmy słodki krem, który czekał, żeby wylądować w świątecznym cieście.

Nagle coś mnie tknęło. Oblizałam do końca palec i wytarłam go w bluzkę. Wyjrzałam z kuchni.

W przedpokoju matka poprawiała fryzurę przed lustrem. Nagle przypomniała sobie, że ma fartuszek. Pokręciła z niedowierzaniem głową i odwiązała go, a potem rzuciła na komodę.

Tymczasem pukanie nie ustawało.

– Bo jak stąd wyjdę, to ja was…! – odgrażał się z toalety ojciec.

Wychyliłam się jeszcze bardziej z kuchni, gdy matka otwierała drzwi. Cofnęła się, bo do mieszkania wszedł on. Wujek. Tak kazał do siebie mówić, ale nie był żadnym naszym wujkiem. Juliusz Cygan – około czterdziestoletni typek. Do dziś nie wiem, czy to było jego prawdziwe nazwisko, czy chodziło o pochodzenie. Był śniady, a do tego oczy miał zawsze rozbiegane. Matka twierdziła, że to Włoch, ale w to nie wierzę. Włocha to on raczej na oczy nie widział.

– Julek, nie za wcześnie? – zaśmiała się matka, trzepocząc dziwnie rzęsami.

Wujek zarechotał.

– Przybyłem, zobaczyłem, opróżniłem! – oznajmił i wyciągnął zza pleców butelkę wódki.

Wtedy dołączyło do mnie rodzeństwo, Ula, Lidka i Wojtek. Staliśmy tak z upapranymi w kremie dłońmi i gapiliśmy się na scenę w przedpokoju.

– Julek, przyniosłeś paliwo? – dopytywał się z toalety ojciec. –

Bo wiesz, mnie tu jeszcze trochę zejdzie.

– Spoko, mistrzu. Nie spiesz się! – odkrzyknął mu Cygan i położył dłoń na pupie naszej mamy.

Wcale się nie broniła. Zachichotała tylko. Tymczasem Śniady z coraz większym zapałem miętosił jej pośladek.

– No, przestań – rzuciła, ale jakoś tak bez przekonania.

– To tak mnie witasz? – zaśmiał się.

Wtedy matka spojrzała z niepokojem na drzwi łazienki.

– Nie jesteśmy sami – zauważyła.

– Nim się przejmujesz?

Pokręciła głową.

– Mówię o nich – wskazała wzrokiem na nas.

Przerażeni schowaliśmy się z powrotem do kuchni. Czekaliśmy. Konsekwencje były nieuniknione. Za wyjedzony krem. Za podglądanie. Tak, kara była gwarantowana, jeśli ojciec się dowie. On nigdy nie odpuszczał kar. Stosował je z lubością. Może nawet go to podniecało.

Czekaliśmy w tej kuchni, drżąc coraz bardziej. Ojciec jednak nie przyszedł. Nie przyszła też matka. Za to pojawił się Cygan.

– Ładnie to tak podglądać? – zapytał od razu.

Spuściliśmy głowy.

– No co, matka z ojcem nie nauczyli was manier? – Pokręcił głową Śniady. – Co się mówi na powitanie?

– Dzień dobry – powiedzieliśmy prawie chórem.

Przez chwilę przyglądał się nam badawczo. Potem nagle się uśmiechnął.

– Co, nie przyjdziecie się uściskać z wujkiem? – rzucił z niedowierzaniem, rozkładając ręce.

Instynktownie się cofnęliśmy. To mu się wyraźnie nie spodobało.

Przestał się uśmiechać. Ruszył. Dopadł mnie pierwszą.

– Wszystkiego najlepszego – powiedział.

Potem poczułam jego dłoń w moich majtkach. Chciałam się wyrwać, ale był zbyt silny.

W końcu mnie puścił. Podszedł do starszej siostry. Ula miała jednak szczęście. Do kuchni weszła nareszcie matka. Od razu zauważyłam, że przebrała się w elegancką sukienkę w kwiaty.

– Jeszcze nie jesteśmy gotowi – oznajmiła.

– Nie szkodzi, nigdzie mi się nie spieszy – powiedział Juliusz i poczochrał brata po włosach. Wojtek, niewiele rozumiejąc, uśmiechnął się nieśmiało.

Wtedy w drzwiach kuchni pojawił się ojciec.

Stół w pokoju był duży. To było najważniejsze miejsce w naszym domu. Jeśli ojciec czegoś mnie nauczył w życiu, to właśnie wspólnych posiłków z rodziną. To był nasz codzienny rytuał. Zbieraliśmy się przy tym stole niemal każdego dnia. Jeśli ktoś się spóźnił, ojciec wpadał w straszliwą złość i zaczynała się awantura.

Nic dziwnego zatem, że w Wigilię również zasiedliśmy do naszego stołu. I również nie wolno było się spóźnić. Zgromadziliśmy się więc przy stołowym blacie, gdzie na co dzień ojciec z lubością chłeptał zupę, mając na nas ciągłe baczenie. W Wigilię też chłeptał. Barszcz czerwony ociekał mu po brodzie. Ojciec ścierał to raz po raz mankietem białej koszuli i rechotał z dowcipów Cygana.

– Ja pierdolę, dajesz popalić! – rzucał od czasu do czasu, poklepując gościa po ramieniu.

Śniady tylko kiwał na to głową. I tak mijały minuty, wlekły się godziny, a my tkwiliśmy przy tym nieszczęsnym stole.

– Może rozpakujemy prezenty? – zaproponowała nagle matka. – Dzieciaki się niecierpliwią.

Ojciec spojrzał na nas z czerwoną już twarzą, jakby nie do końca rozumiał, o czym mowa.

Wtedy odezwał się Cygan:

– Kurwa, co to ma być? Jak skończymy flaszkę, to będą prezenty! Najważniejsza jest tradycja! Najpierw wigilijne potrawy i napitki – wstał, ściskając butelkę. Zaczął wlewać wódkę do kieliszków. Robił to z trudem, bo ręka mu się trzęsła. Więcej rozlewał, niż wlewał. W końcu krzyknął:

– Zdrowie! – I wychylił jednego.

Rodzice tylko przyglądali się Cyganowi, a ojciec nawet wykrzywił twarz w jakimś grymasie.

Patrzyliśmy w milczeniu na ten dziwny spektakl obłudy i degeneracji. Dźwięk brzęczącego szkła mieszał się z rechotem pijanego Cygana i przekleństwami rzucanymi od czasu do czasu przez ojca. Głowa naszej rodziny siedziała u szczytu stołu, naprzeciwko niego zajmował miejsce Cygan, chociaż często opuszczał swoje krzesło, żeby rozlewać alkohol. Co ciekawe, nasza matka, a żona naszego ojca, siedziała tuż obok Śniadego. Gdy typek nie latał z butelką i nie poklepywał się po ramieniu z ojcem, macał pod stołem jego kobietę. Doskonale to widzieliśmy, a i Cygan nie specjalnie się z tym krył. Najpierw trzymał dłoń na kolanie matki. Potem przesuwał dłoń wyżej, zadzierając przy okazji sukienkę w kwiaty. I tak miętosił udo. A potem kładł rękę jeszcze wyżej. Matka w ogóle się nie broniła. Udawała, że nic się nie dzieje albo że niczego nie dostrzega. Czasami tylko zrywała się od stołu, żeby coś nałożyć na talerz ojcu albo donieść nowe danie. I tak się toczyła ta wigilijno-pijacka biesiada potępieńców. A jak się zaczęła? Niby tradycyjnie.

– Słuchajcie, podzielimy się opłatkiem – poinformowała mama, gdy w końcu wszyscy zebrali się w pokoju.

– Najpierw po maluchu – Cygan spojrzał na ojca, jakby szukał aprobaty.

Gdy nie doczekał się żadnej reakcji, machnął ręką i znowu ruszył z butelką.

Skąd ten typ w ogóle znalazł się na naszej Wigilii? Był samotny, więc ojciec z matką go zaprosili. Jeszcze opowiem Wam o nim dokładniej. Nie teraz. Po co psuć sobie Wigilię takimi indywiduami? Tradycyjnie ojciec najpierw dzielił się opłatkiem z matką. Potem spojrzał na nas. Wzruszył ramionami.

– Zrobimy to zbiorowo, bo wszystko stygnie – stwierdził. – Moje drogie dzieci, życzę wam, żebyście zawsze mnie słuchały. Żebyście zawsze były posłuszne swojemu ojcu. I w ogóle, żeby było dobrze!

Cygan najpierw podzielił się opłatkiem z naszą matką. Na koniec wpił się ustami w jej usta.

– No, no! – zaśmiał się ojciec. – Wspaniały widok!

Potem Śniady zabrał się do dzielenia się opłatkiem z nami. Wtedy po raz drugi poczułam jego dłoń w moich majtkach.

– Pierwsza gwiazdka pewnie już poszła w chuj, ale trudno. – Zatarł dłonie ojciec. – Siadamy do wieczerzy.

I tak ciągnęło się biesiadowanie, toczyło się z różnymi zakrętami, punktami kulminacyjnymi, ale bez żadnych zwrotów sytuacji. Czas wlókł się niemiłosiernie, aż w końcu doczłapał do chwili, gdy ojciec ryknął:

– Pora, kurwa, na prezenty!

Jaki prezent dostałam pod choinkę tamtej Wigilii? To był właśnie ten jedyny, który pamiętam do dziś. Z niecierpliwością zrywałam ozdobny papier, aż moim oczom ukazała się dość gruba książka w twardej oprawie. To było naprawdę piękne wydanie. Mam je do dziś. Ta książka naznaczyła w jakiś sposób moje życie. Bardziej, niż mi się wydawało. Dostałam wtedy „Boską komedię" Dantego. Zdziwieni? Też byłam zdziwiona. Kto wpadł na pomysł, żeby kupić mi taką książkę? Nie miałam pojęcia. Nigdy się tego nie dowiedziałam. Od razu jednak pochłonęła mnie lektura. Jeszcze wtedy nie wiedziałam, co tak naprawdę trzymam w dłoniach. Nie miałam pojęcia, kim był ów Dante i dlaczego tak dziwacznie pisał. A jednak nie mogłam się oderwać od tej książki. Jakbym nagle zupełnie zatonęła w innym świecie. W jednej chwili wyrwałam się z dusznej przestrzeni naszego mieszkania. Usiadłam z boku na wersalce i czytałam. I już nic mnie nie obchodziło.

Wtedy przysiadł się do mnie Cygan. Od razu poczułam niepokój.

– I co, podoba ci się prezencik? – zaśmiał się i łypnął na mnie swoimi świńskimi oczkami.

Potem znowu poczułam jego rękę w swoich majtkach. Po raz trzeci w czasie tamtej Wigilii. Czułam ją, gdy wszyscy wokół śpiewali kolędę: – Dzisiaj w Betlejem, dzisiaj w Betlejem wesoła nowina...

Śpiewał i wujek, nie wyjmując dłoni z moich majtek.

Nie zapiał ani pierwszy, ani drugi, ani trzeci kur. Cały świat miał gdzieś to, co mi robiono, gdy się Chrystus rodził. Bo to było moje piekło.

Zapraszam do niego!

A potem śpiewali kolejną radosną kolędę. I następną. I cały świat świętował.

A Wy? Czy też świętowaliście?

Jeśli się nie boicie, wyruszcie ze mną do pierwszego kręgu piekła. Czy chcecie poznać tam lepiej tych grzeszników? Jesteście na to gotowi? Będę Waszą przewodniczką. Bo piekło znam najlepiej.

ROZDZIAŁ 1

Ojciec był tyranem, chorym psychicznie skurwysynem! Bo niby jak wytłumaczyć jego zachowanie wobec swoich dzieci? Nie wyobrażam sobie uderzyć kogoś, kogo kocham, a on bił nas na każdym kroku za byle co. Bił nas w istocie za nic. Najwyraźniej wystarczającym powodem dla niego było to, że istnieliśmy. Równie dobrze mógł nas bić za to, że słońce wschodzi lub zachodzi. Tu chyba nieistotny był powód. Dziś tak sobie myślę, że ważny był dla ojca sam akt bicia. Może w ten sposób rekompensował sobie jakieś kompleksy? Może walczył ze swoimi demonami? Może wierzył, że laniem do krwi wychowa nas na… No właśnie, na kogo? Na takich samych tyranów? A może po prostu nas nie kochał? W sumie nie pamiętam, żebym kiedykolwiek słyszała te słowa od ojca. Coś tam czasem próbował bełkotać.

– Bo wiesz… Ja… – starał się tłumaczyć coś kiedyś siostrze, a potem rzucił: – Lekcje odrobiłaś?

Innym razem spojrzał na mnie jakoś tak dziwnie, jakby z jakimś śladem czułości. Otworzył potem usta i już byłam pewna, że powie mi coś miłego, gdy wypalił:

– Cholera, znowu się obijasz?

I takie to było wyznawanie miłości mojego ojca.

Zresztą, może sobie roiłam, że kiedykolwiek chciał wyznawać jakąś miłość. Takie naiwne myślenie. Przecież to nawet nie byłoby w jego stylu. Nawet nie wiem, czy kiedykolwiek ojciec wyznał swoje uczucia mojej matce. Trudno mi było to sobie wyobrazić.

Najgorsze było bicie. Zawsze, wracając do domu, zastanawiałam się, czy znowu za coś dostanę. Często, zamiast kierować się prosto do naszego domu, rzucałam do koleżanki:

– Idziemy na łąkę?

Taki wypad zajmował czasem nawet kilka godzin. Leżało się wtedy na trawie, licząc owieczki z chmur. Innym razem włóczyłyśmy się po pastwiskach, podziwiając krowy. Bywało, że szłyśmy po prostu tam, dokąd prowadziły nas nogi.

Takie zapominanie o złym. O wyroku, który już niechybnie zapadł w domu. Włóczęga po okolicy oznaczała przecież, że wracało się później, czyli nie na czas. Ojciec nienawidził, gdy ktoś się spóźniał. Szczególnie na obiad. Wtedy nie darował. – No to się doigrałaś! – rzucał wściekły.

Potem podchodził do starej szafy, którą mieliśmy w domu. Tam przechowywał swojego najlepszego przyjaciela: Gruby, szeroki pasek skórzany. Nigdy nie widziałam, żeby go zakładał do spodni, a przecież wiedziałam, że go uwielbia. Tyle że ojciec zwykł wykorzystywać swój pasek do zupełnie innych celów niż do tych, do których był on przeznaczony. To było jego narzędzie do wymierzania kary cielesnej. Stawał więc przed wspomnianą szafą. Zwykle przez chwilę tkwił tak w miejscu. Nie wiem, czy dumał nad czymś, czy zastanawiał się nad sensem tego, co zrobi albo prostu zbierał siły. W końcu otwierał szafę, co sygnalizowane było głośnym skrzypnięciem. To było jak jakiś jęk potępieńca albo po prostu sygnał ostrzegawczy. Wsłuchiwałam się w to wszystko, chociaż byłam przerażona. Chyba tylko dlatego, że liczyłam, iż żadnego skrzypnięcia nie usłyszę. Taka głupia nadzieja. W pewnej chwili uświadamiałam sobie jednak, że moja kara jest już nieunikniona. Byłam zadziornym dzieckiem, więc nigdy nie przychodziło mi do głowy, żeby błagać ojca o darowanie „winy". Może również dlatego, że doskonale wiedziałam, iż takie prośby były nieskuteczne.

– Tato, proszę, nie! – błagała nieraz moja starsza siostra.

– Poprawię się! Tato, podaruj mi tym razem! – prosiła kiedy indziej.

Tak, prośby były nieskuteczne. Ojciec nigdy nawet się nie zawahał.

Zawsze wymierzał karę paskiem pewnie, zdecydowanie i bezwzględnie. Niby wszyscy to wiedzieliśmy, ale niektórzy nie wytrzymywali. Ja nie błagałam. Nigdy. Byłam na to zbyt zadziorna.

Wiedzieliśmy również, że nie możemy liczyć na żaden ratunek. Ostatnie słowo zawsze należało do ojca. Nie pamiętam, żeby matka kiedykolwiek nas obroniła. Myślę, że sama się go bała. Jeśli tak głębiej się zastanowić, wcale mnie to nie dziwi. A jednak mam jakiś żal. Nie powinno zatem dziwić nikogo, że niewiele mam dobrych wspomnień z dzieciństwa. Za to tych złych jest aż nadto. Tak, w naszej rodzinie nie było miejsca na miłość, a przynajmniej na jej okazywanie. Mogę więc tylko ciągle wracać do pytania, czy ojciec nas kochał. Czy ojciec mnie kochał? Latami dawałam do zrozumienia wszystkim, że mnie to zupełnie nie obchodzi. Przekonywałam o tym nawet samą siebie. Czy jednak naprawdę tak było? Powiadają, że nienawiść jest blisko miłości. A nienawiść aż pulsowała między mną a ojcem. I tak już pozostało. Kogoś może to szokować, ale zmieniłby zdanie, gdyby przeżył to, co ja. Nie wierzycie? Przykłady mogę sypać z przysłowiowego rękawa.

Wiele było mniejszych i większych wydarzeń w moim dzieciństwie, które niszczyły konsekwentnie psychikę moją i mojego rodzeństwa.

Każde z tych wydarzeń było jak trucizna, która sączyła się powoli, ale konsekwentnie. Bezlitośnie drążyła moją wrażliwość, deformowała moje marzenia i plany. Mogłabym ułożyć całe rejestry takich wydarzeń. Jak choćby takie, gdy wracaliśmy do domu, a rodzice krzątali się po nim, oglądając to, co leciało w telewizorze. Mama stała przy szafie i ubierała się do pracy na drugą zmianę, a ojciec siedząc przy stole, bazgrał coś na gazecie. Niby nic, a jednak! Bo w telewizorze leciał film porno. Tak, porno! I to powtarzało się wielokrotnie! Zwykły dzień, godzina 13:00. Niby wszystko normalnie. Niby! O tej porze u innych ludzi leciał w telewizorze serial, a u nas jebane porno! Ojciec uważał, że to nic złego, że dzieci na to patrzą. Patrzcie do woli!

Te wszystkie wydarzenia z dzieciństwa wyciskały ze mnie wszelką radość, jaką powinien mieć człowiek młody, wkraczający dopiero w życie i poznający świat. U mnie tej radości już nie było. Za to wiedziałam, że nawet najdrobniejsze zdarzenie, szczególnie negatywne, może zakończyć się wyzwiskami ojca albo biciem. Doskonale pamiętam na przykład, jak kiedyś odcięli nam prąd w domu. Pewnie nikt sobie dziś nie wyobraża życia bez elektryczności. Wcale się nie dziwię, też sobie tego nie wyobrażam. Energia elektryczna w gniazdku jest dla nas dziś jak powietrze. Bez prądu stajemy się bezradni, robimy się ślepi i niedołężni. Jego brak był mi jednak dotkliwy już przed laty. Przeżyłam to „na własnej skórze".

– Awaria?! – wyrwało się mojej starszej siostrze, Uli.

Był wieczór. Akurat siedzieliśmy nad książkami i odrabialiśmy lekcje, gdy zapanowała zupełna ciemność.

– Niczego nie widzę – rzuciłam pochopnie.

W odpowiedzi doleciało do mnie przekleństwo ojca.

– Czy to awaria? – dopytywała się dalej Ula. – Strasznie ciemno!

– Jest noc, to musi być ciemno – rzucił filozoficznie ojciec, ale nie była to wcale głęboka myśl. Od razu zwróciłam na to uwagę. Nie skomentowałam jednak.

– Ale ja mam jutro klasówkę – szlochała Ula. – Jak mam się uczyć w ciemności?

Usłyszeliśmy zgrzyt odsuwanego krzesła. To mogło zwiastować tylko jedno: Bicie. Od razu przyszło mi to do głowy. Uli chyba też, bo słyszałam, jak jęknęła. Czekała. Czekała na to, co było nieuniknione: Na pierwszy cios ojca. Wszyscy czekaliśmy razem z nią, nie wyłączając z tego matki.

Nagle usłyszeliśmy szorstki głos ojca:

– Trzeba było się uczyć, gdy było jasno!

Potem dotarły do nas jego oddalające się kroki. Byłam pewna, że bicie zostało odłożone z powodu ciemności. Ojciec nigdy nie zapominał o zaległych karach. Pamiętam, że dostałam lanie miesiąc po tym, jak postawili mi pałę z matematyki, bo ojciec nagle sobie o tym przypomniał. No, matka mu w tym pomogła. Któregoś wieczoru przydybała mnie czytającą „Boską komedię" przy stole. Spojrzała na tytuł i pokręciła głową, a potem rzuciła:

– Zamiast ciągle nad tym siedzieć, mogłabyś się podciągnąć z matematyki. – A potem znienacka zapytała: – Poprawiłaś tę pałę sprzed miesiąca?

To było niby niewinne „Poprawiłaś tę pałę sprzed miesiąca?", ale wystarczyło. Zostało wyłapane przez skrzywiony umysł ojca, przysypiającego przy stole. Fakty zostały skojarzone. W rezultacie ojciec wstał, ciężko sapiąc, i poczłapał do wspomnianej już szafy. Powoli, niemal z jakąś celebracją, wyjął swój skórzany pasek-oprawcę. Zlał mnie wtedy podwójnie. Dodatkowo za to, że nie przypomniałam o zaległej karze. W tym czasie matka wyszła. Nie chciała na to patrzeć. Do dziś nie wiem, czy rzuciła tamto „Poprawiłaś tę pałę sprzed miesiąca?" przypadkowo, czy z premedytacją.

Mając takie doświadczenia, doskonale wiedziałam, że wyrok Uli również został odroczony. Zapewne do czasu, gdy się rozwidni.

Na początku rzeczywiście myśleliśmy, że to awaria. Szybko się jednak okazało, że prąd był u sąsiadów. Był wszędzie, ale nie u nas. Rodzice o niczym nie mówili. Przez jakiś czas przyszło nam żyć przy świecach. To wcale nie był krótki okres. Jedliśmy i uczyliśmy się przy świecach, odrabialiśmy lekcje przy świecach. Trudno jednak było edukować się w takich warunkach. W rezultacie zaczęliśmy dostawać w szkole gorsze stopnie. Dla ojca to była okazja, żeby znowu spuścić nam wpierdol. A Ula dostała podwójnie. Wiadomo, zaległa kara. Tak oto nauczyłam się, że nawet drobne sprawy mogą stać się pretekstem do bicia. To przełożyło się na nerwicę. Nikt już nie wiedział, kiedy pasek-kat nad nim świśnie. To mogło być w każdej chwili.

Dlaczego wyłączyli nam prąd? Okazało się, że rodzice nie zapłacili rachunku, bo nie było pieniędzy. Żyliśmy więc przy tych świecach przez jakiś czas. Brak prądu również stał się pretekstem do bicia. Tak, lanie było dobre na wszystko. Przynajmniej w mniemaniu mojego ojca. Jestem pewna, że był przekonany, iż jego metody wychowawcze były najlepsze na świecie! W rezultacie, jako dzieci traktowani byliśmy niczym małe, ołowiane żołnierzyki, które mają wykonywać narzucone rozkazy bez słowa sprzeciwu. W razie oporu czy złego zachowania było lanie. Znowu bicie! Ponownie. I jeszcze. Tak przez wiele lat. Może nie dzień w dzień, ale tydzień w tydzień na pewno. Tak właśnie wyglądało moje dzieciństwo. Trudno uwierzyć, prawda? Dziś mogę powiedzieć, że było dziwne, a nawet przerażające. Tyle że będąc dzieckiem, wydawało mi się zupełnie normalne. Sądziłam wtedy, że tak po prostu jest. Myślałam, że u wszystkich rodzice rządzą twardą ręką i nie znoszą sprzeciwu. W końcu przecież wszyscy narzekali na „starych". To było powszechne w szkole, na podwórku, wszędzie. Nie wiedziałam wtedy, że w naszej rodzinie coś odbiegało od normy. No, może trochę podejrzewałam, bo były też sprawy zupełnie przerażające, ale opowiem Wam o nich w następnym rozdziale. Poza tym sądziłam, że rodzina sama w sobie jest po prostu opresyjna i niczego nie mogę zmienić. Nie oznacza to oczywiście, że mi się to podobało. Nie miałam jednak siły, żeby cokolwiek zmienić. Nie miałam innych, lepszych wzorców. Tkwiłam więc w tym całym bagnie, nie mając nawet do końca świadomości, że to właśnie bagno. Zapadałam się w nim, grzęzłam coraz bardziej, a rok za rokiem mijał. To wszystko wpłynęło na moją psychikę, bo wpłynąć musiało. Każdego dnia te opresyjne metody wychowawcze ojca wisiały nade mną i nad moim rodzeństwem jak topór, który musi spaść pewnego dnia, ale nikt nie wie kiedy. Takie oczekiwanie nie pozwalało żyć w pełni, odnajdywać radość w życiu. Wszystko zastąpiła kara – nieunikniona, bolesna, upokarzająca. Tylko czasami bicie było zastępowane innymi metodami „wychowawczymi".

– Marsz do kąta! – krzyczał wtedy ojciec i dla podkreślenia swoich słów wskazywał palcem wybrany kąt pokoju.

Co robiliśmy w takim kącie? Trzeba było klęczeć w ciszy, bez słowa, z rękami uniesionymi w górę i wyprostowanymi plecami. Raz klęczałam tak przez kilka godzin. W tym czasie mój ojciec relaksował się na wersalce, ucinając sobie drzemkę. Nie mogłam już wytrzymać, ale bałam się ruszyć. Paradoksalnie strach dodawał mi wtedy siły.

Gdy ojciec się obudził, usłyszałam tylko:

– A ty co? Jeszcze obijasz się w tym kącie?

Tak, moje dzieciństwo było co najmniej dziwne. Byłam wychowywana przez surowego ojca, którego imiona to były Dyscyplina i Posłuszeństwo. W moim rodzinnym domu nie było miejsca na spontaniczność i zabawę, a przynajmniej tego nie pamiętam.

Nie dostrzegałam tej patologii rodzinnego domu jako dziecko, myślałam, że to wszystko jest normalne. W końcu to był mój świat i nie znałam niczego innego. Takie były te lata 80.

Brak okazywania uczuć. Częste bicie. Nie, na tym wcale litania win i grzechów mojego ojca się nie kończy. Ba, ta wyliczanka dopiero się zaczyna.

Kolejny na tej liście byłby niewątpliwie nieustanny zapierdol, jaki gotowali nam w dzieciństwie rodzice, a przede wszystkim ojciec.

– Co, nie chce wam się pracować? – wrzeszczał na nas, gdy już padaliśmy z nóg po jednej czy drugiej harówie. – Cholerne lenie!

Więc wymięci zupełnie i pozbawieni jakiejkolwiek nadziei, na granicy rozpaczy wracaliśmy do tyrania. Można powiedzieć, że nasze życie kręciło się tylko wokół szkoły i pracy. Zawsze było coś do roboty, nie było czasu na nudę ani lenistwo. Nie było czasu na odpoczynek. Wszystko musiało być zrobione szybko i sprawnie, bez względu na to, jakie warunki panowały na zewnątrz. Biada temu, kto coś spieprzył! Od razu można było usłyszeć od ojca:

– Policzymy się, gdy wrócimy do domu!

To oznaczało właściwie jedno: Bicie do krwi paskiem wylegującym się w szafie. Rzadziej kara była zamieniana na klęczenie w kącie.

Przez całe dzieciństwo ciągle musieliśmy pracować w gospodarstwie, w polu czy przy remontach. Nasze życie było ciężkie, monotonne i bardzo męczące. Wszystko, co nas otaczało, kręciło się wokół pracy. A ojciec tylko zaśmiewał się do rozpuku i powtarzał:

– Dobrze! Bardzo dobrze! Ciężka praca uczy dyscypliny! Dyscyplina nadaje wartość człowiekowi! Taka praca jeszcze nikomu nie zaszkodziła!

Naprawdę? A te miliony biedaków, którzy co roku na całym świecie umierają, bo harują w okropnych warunkach w afrykańskich kopalniach, na arabskich budowach, przy syberyjskich odwiertach ropy? Czy oni wszyscy naprawdę umarli z nudów? Mojego ojca to nie obchodziło. Miał swój pacierz, którym modlił się do swojego boga ZAPIERDOLKI:

– Więcej harówy racz nam dać panie!

Tyle że harowaliśmy przede wszystkim my, dzieci.

Dzisiaj mogę powiedzieć, że ojciec nauczył mnie tylko tego: Zapierdalać fizycznie! I tak wygląda całe moje życie: Wieczna fizyczna zapierdolka! Dlaczego muszę tyrać przez całe swoje życie? Dlaczego nie mogę po prostu żyć i cieszyć się życiem, jak robią to inni ludzie? Może niczego innego nie potrafię, bo nie miał mnie kto nauczyć? Mawiają, że ciężka praca fizyczna uczy wytrwałości, samodyscypliny i determinacji. Gówno prawda! Najczęściej uczy, jak nienawidzić cały świat, uczy zazdrości, uczy pogardy wobec tych, którzy zapierdalać fizycznie nie muszą.

Ot, prawda o etosie pracy!

To, co napisałam do tej pory, to jeszcze nie wszystko. Zdziwieni? Gdybyście mieli pecha znać mojego ojca, na żadne zdziwienie nie byłoby miejsca.

Potrafił przyjść do mojego pokoju i przypatrywać mi się bez słowa przez kilka minut. Umierałam wtedy ze strachu, bo nie miałam pojęcia, czego chciał. Może znowu coś źle zrobiłam? Może przyszedł mi ogłosić, że będzie kara? A może usłyszę po prostu, że znowu go zawiodłam? Ta niepewność była najgorsza. To było jak zawieszenie między jedną a drugą minutą, gdzieś w międzyczasie. W miejscu, gdzie nie jest się potrzebnym.

W końcu ojciec wzdychał, kręcił głową i rzucał głosem pełnym rozczarowania:

– Mój Boże, dlaczego jesteś takim brzydkim dzieckiem?

Potem wychodził, dalej kręcąc głową. Ja pierdolę! Jak można powiedzieć dziecku coś takiego? Nawet w żartach nie rzuca się takich uwag. Możecie sobie wyobrazić, jak się potem czułam. Takich złośliwości, przytyków było wiele i dotyczyły różnych spraw.

Wspominałam już, że jako dziecko byłam sterowana. Ojciec kierował mną niczym zabawką na pilota. Musiałam robić, co kazał i musiałam być taka, jaką chciał mnie widzieć. Przez całe dzieciństwo zatem próbowałam doskakiwać do „mnie" wymyślonej przez ojca.

Musiałam być najlepsza, najmądrzejsza, najpracowitsza, wszystko robić lepiej od innych, od rodzeństwa, od dzieci znajomych. Musiałam szybciej i lepiej uczyć się od córki nauczyciela, lepiej pracować, niż syn sąsiadów itd. Gdy mi się nie udawało, to był wpierdol. Nikt nie pytał mnie nigdy, czego ja chcę.

Nic dziwnego, że w trudnych sytuacjach, jakie spotkały mnie w dzieciństwie, bunt stał się moim orężem. Był dla mnie formą obrony. Inaczej nie potrafiłam się przeciwstawić ojcu. Buntowałam się przeciwko wszystkim i wszystkiemu. W rezultacie, do moich rodziców zaczęło docierać coraz więcej skarg na mnie. Ojciec reagował na to tradycyjnie, czyli lał mnie pasem do utraty sił. Tak, przyznam to. Nieraz w czasie takiego lania miałam nadzieję, że dostanie zawału z wysiłku, że diabli go wezmą. Wtedy jeszcze nie wiedziałam, że diabli złego nie biorą. Zatem mój ojciec tylko sapał ze zmęczenia, klnąc przy tym i tłukł bez opamiętania.

– Ja ci pokażę, gówniaro! – rzucał przez zaciśnięte zęby. – Ja ci pokażę! Odechce ci się wybryków!

I na wszelki wypadek bił jeszcze mocniej.

Gdy dorastałam, moja buntownicza natura zaczęła się pogłębiać. Byłam nieustannie niezadowolona z życia, z ludzi, z samej siebie. Często miałam wrażenie, że nikt mnie nie potrafi tak naprawdę zrozumieć. Moje zbuntowanie przysparzało mi coraz więcej problemów. Zaczęłam mieć kłopoty w szkole, nie potrafiłam znaleźć wspólnego języka z moimi rówieśnikami, coraz częściej próbowałam stawiać się rodzicom.

Byłam zbuntowanym dzieckiem, potem zbuntowaną nastolatką, a następnie stałam się zbuntowaną dorosłą kobietą.

Moja niepokorna natura wciąż ze mną była i chyba ciągle jest. W rezultacie nigdy nie czułam się na ziemi jak u siebie. To potwierdza tezę planu duszy, który mówi, że schodzimy na ziemię, aby wykonać to, co zaplanowaliśmy, aby się uczyć, aby doświadczać… a następnie powrócić do „domu"…

Tęskniłam za tym „domem"…

Ciągle patrzyłam w gwiazdy, jak na miejsce, z którego pochodzę. Często wieczorami jako dziecko leżałam na trawie i wpatrywałam się w niebo. Tak po prostu. Wyrzucałam z siebie wszystkie myśli i tylko patrzyłam. Nie wiem, może chciałam się w jakiś sposób połączyć duchowo z tym całym kosmosem. A może najprościej na świecie próbowałam się wyciszyć, wyzerować, wymazać z mózgu wszystko, co złe? Nie wiem tego, ale wiem na pewno, że to były chwile szczęśliwe. I były tylko moje.

Kolejnym azylem, bezpieczną przystanią był dla mnie świat fantazji. Uciekałam tam od złego dzieciństwa. Bardzo dużo czytałam, szczególnie baśni. To pomagało mi przetrwać najgorsze chwile. Potem, gdy dostałam swojego Dantego, zaczytywałam się w jego „Boskiej komedii". Niewiele z niej rozumiałam, ale i tak pochłaniałam ją łapczywie. Co ciekawe, jakoś najbliższa była mi część „Piekło". Ono było takie znajome. Jak bohater tej książki, *w głębi ciemnego znalazłam się lasu* nieskutecznie szukając wyjścia. Grzęzłam w tym ciemnym lesie, który, nie wiedzieć dlaczego, przyjął kształt straszliwego dzieciństwa.

– *Zbliżają się sztandary króla piekieł!* – mruczałam pod nosem na widok ojca.

Nawet mnie to bawiło. Przez chwilę.

– Co ci tak wesoło? – ściągał mnie zaraz na ziemię ojciec.

Więc wciąż uciekałam w świat Dantego. Nie zawsze była to radosna lektura. Dawała do myślenia, a czasem nawet mnie dołowała. Wystarczyło przeczytać na przykład coś takiego:

A kto na ziemi po krótkim przechodzie
Bez wieńca sławy położy się w grobie
Ten tyle śladu zostawi po sobie
Co dym w powietrzu, co bańka na wodzie.

To naprawdę mnie przygnębiło. Chociaż byłam przecież jeszcze dzieckiem, to martwiłam się, że niczego nie osiągnęłam i niczego po sobie nie pozostawię. Na szczęście dziś już nie mam takiego ciśnienia. Wiem, że zostanie po mnie chociaż ta książka, którą ktoś kiedyś odkryje w jednej z bibliotek. W każdym razie i Dante, i inne książki były dla mnie ucieczką od ponurej rzeczywistości. Nadal korzystam z takiego azylu, bo nadal uwielbiam czytać. I nadal kocham patrzeć w gwiazdy, ale teraz robię to z większą pokorą i świadomością, że jestem częścią czegoś większego. Dorosłe życie wcale nie wygląda tak, jak sobie wyobrażałam, ale nauczyłam się doceniać to, co mam i szukać piękna w codziennych rzeczach. Być może nie jest łatwo, ale teraz wiem, że zawsze mam wybór i że z każdym dniem mogę stawać się lepszą wersją siebie.

Ojciec był przez całe moje dzieciństwo. Myślałam, że będzie już zawsze... że będzie wiecznym upiorem, który mnie prześladuje. Dopiero jedno zdarzenie sprawiło, że zrozumiałam, iż ojca może kiedyś nie być. Przyznam, że była to wtedy szczęśliwa chwila i radosna myśl. Może was to przeraża, ale jak już wspomniałam, jakbyście mieli z nim do czynienia, to byście się nie dziwili.

Nadal pamiętam doskonale tamtą noc. Nie wiem, która była wtedy dokładnie godzina. Mogło być około 2:00 lub 3:00 w nocy. To akurat najmniej ważne w tej opowieści. Z łóżek wyrwał nas potworny krzyk matki. To nie były żadne słowa, raczej jakiś ryk. Możecie sobie wyobrazić, jaki strach nas ogarnął. Byliśmy tylko dziećmi i w ogóle nie rozumieliśmy, co się działo. Przerażenie było tak wielkie, że zamiast sprawdzić, o co chodziło, naciągnęliśmy kołdry jeszcze bardziej na siebie. Dopiero kolejny ryk matki wyciągnął nas z łóżek.

Spotkaliśmy się w przedpokoju.

– Idziemy? – Spojrzałam na starszą siostrę.

Ula wzruszyła ramionami. Chyba nie miała ochoty. Odwróciła się jednak do naszej młodszej siostry, Lidki, a potem zerknęła na przestępującego z nogi na nogę brata, Wojtka.

– To idziemy? – powtórzyłam pytanie.

Wtedy ryk matki rozbrzmiał po raz trzeci i zrozumiałam, że stało się coś naprawdę złego.

Pognaliśmy do łazienki. Widok nie był przyjemny. Ojciec leżał na podłodze, a obok niego klęczała zapłakana matka.

– Nie opuszczaj mnie – błagała.

Całą czwórką usiedliśmy obok niej.

– Nie zostawiaj mnie, proszę – mówiła dalej do nieprzytomnego ojca. Dla mnie było to jakieś niezrozumiałe przedstawienie. Przynajmniej na początku.

– Nie odchodź! – błagała dalej matka. – Nie teraz! Nie poradzę sobie bez ciebie…

Próbowała nieporadnie reanimować ojca, ale nie miała o tym pojęcia. Na jego szczęście, a nasze nieszczęście, przyjechało pogotowie.

– Mamy tu zawał – powiedział jeden jegomość do drugiego.

A potem zabrali ojca.

Jeszcze do niedawna, wracając myślami do tamtego zdarzenia, czułam, że mogłabym mu wtedy „pomóc" umrzeć. Osobiście bym go dobiła! A przynajmniej przykryłabym jego twarz poduszką, aż zaczął by się dusić, aż walczyłby o każdy haust powietrza. Zdychałby na tamtej podłodze w samych gaciach. Bez żadnego patosu, bez żadnego zmiłowania. Umierałby tak, jak na to zasłużył. Wykończyłabym go bez mrugnięcia okiem. Dziwne, że matka tego nie zrobiła. Męczyła się z nim prawie trzydzieści lat! Może trwała tak przy nim, bo nigdy nie miała własnego zdania. Nasz ojciec narzucał jej, co ma myśleć i co ma mówić. Do tego ciągle nastawiał nas przeciwko niej. Buntował dzieci przeciwko własnej mamie. Jaki ojciec tak robi? Czy taka osoba zasługuje w ogóle na życie?

Jednak dla tamtej dziewczynki sprzed lat, owa noc była traumatycznym przeżyciem. Nie myślałam wtedy o zemście. Nie wiedziałam wtedy nawet, że mogłabym się uwolnić od tyrana, od mojego kata.

Oczywiście w szpitalu go wyratowali. Mówiłam, że złego diabli nie biorą!

Ojciec ciążył nam nie tylko w domu. Nie tylko tam zatruwał nam życie. Był o ponad dwadzieścia lat starszy od naszej młodej, pięknej mamy, co już samo w sobie wydawało się dziwne dla moich szkolnych kolegów i koleżanek. Dodatkowo ojciec był otyły i miał siwe włosy, co tylko nasilało ich szyderstwo. Jego wygląd stał się tematem żartów i drwin, a ja czułam się winna, jakbym była odpowiedzialna za to, jak wygląda mój ojciec.

– Córka grubasa! – Musiałam słuchać za plecami na szkolnym korytarzu.

– To ty masz ojca czy dziadka? – dopytywał się szyderczo jakiś cwaniaczek ze starszej klasy.

– Twoja matka wyszła za swojego ojca? – zaśmiewał się ktoś inny. Jednak nasza mama na ogół nie była tematem tych prostackich żartów i kpin. Mało tego, była raczej podziwiana przez moich rówieśników. Robiła na nich wrażenie, szczególnie na chłopakach. Mama była zawsze ładnie ubrana, umalowana, była zadbaną kobietą. To jednak tylko nasilało moje poczucie winy. Czułam, że ojciec nie zasługuje na nią, że nie jest jej równy, że powinien coś zmienić w swoim wyglądzie, żeby zasłużyć na tę piękną kobietę i na szacunek moich rówieśników. Jednak on wyraźnie w ogóle nie przejmował się swoim wyglądem. A może nie miał świadomości, jakie szyderstwa są rzucane za jego plecami?

Moja mama to co innego. Dbała nie tylko o siebie, ale również bardzo o nas. Zawsze byliśmy czystymi dziećmi, ubranka mieliśmy wyprane, wyprasowane. Ojciec nie przejmował się takimi detalami. Jedyne, co dobrego można było o nim powiedzieć, to fakt, że nigdy nie żałował nam jedzenia. Nigdy nie chodziliśmy głodni, jak bywało u niektórych rodzin. Ale to wszystko wydawało się nieistotne w oczach moich szkolnych kolegów i koleżanek.

Będąc dzieckiem, nie wiedziałam, jak sobie z tym wszystkim poradzić. Czułam się niesprawiedliwie traktowana przez innych i nie wiedziałam, jak temu zaradzić. To był trudny czas dla mnie, ale nikt mnie wówczas nie uczył, że nie powinno się oceniać ludzi po ich wyglądzie.

Zamiast tego słyszałam za plecami:

– Ojciec staruch! Ojciec staruch!

I chciało mi się płakać. Nie dlatego, że żal mi było ojca-tyrana. Ale dlatego, że miałam coś wspólnego z tym typem. Co innego miałam myśleć, gdy najczęściej w domu ja i moje rodzeństwo słyszeliśmy od ojca tyrady w stylu:

– Wy kurwy! Wy skurwysyny!

Bardzo pouczające i wychowawcze przemawianie do dzieci. W tych kilku słowach miłość ojcowska wylewała się wręcz jak gorąca lawa. Ha, ha!

Czy były w ogóle jakieś dobre chwile z ojcem? Przez całe moje dzieciństwo kilka razy miał dobry humor. Wtedy nagle stawał się kimś innym. Pamiętam, jak urządził nam śmigus-dyngus, chociaż był lipiec. Jak graliśmy na podwórku razem w piłkę. Bawił się z nami, jakby chciał wymazać wszystko, co było złe. Raz siedzieliśmy w kuchni przy stole i przez pół nocy czytaliśmy „Przepowiednie Nostradamusa". Znaczy się, ja czytałam na głos, bo ojciec miał już słaby wzrok. On podawał mi wodę w szklance, bo wysychało mi w ustach od tej lektury. A rankiem dostałam lanie, bo zaspałam do szkoły...

Takie to były miłe chwile z ojcem.

Całe to gówno, jakie przeżyłam w dzieciństwie, zniszczyło mi pół życia! Nawet teraz, gdy jestem dorosła, nadal siedzi we mnie całe to zło. Myśli o dzieciństwie nadal kłębią się w mojej głowie każdego dnia i zmuszają, żeby ciągle o tym myśleć. Są natrętne, niepokojące. Wydają się wręcz nieśmiertelne. A ojciec ciągle śmieje się w nich ze mnie! I zdaje się krzyczeć szyderczo ustami Dantego:

– Przeze mnie droga w miasto utrapienia...!

Tak, ma rację. Przez niego.

ROZDZIAŁ 2

Oto wchodzicie ze mną w krąg drugi mojego osobistego piekła. Wkraczacie w kolejny krąg mojego życia. Ciasno tu, krzyki, jęki boleści. Cóż, kto powiedział, że w piekle jest przyjemnie? Pewnie ten, kto nigdy w piekle nie był. *Tak oto wyglądam: dusza, na której ciąży grzechu plama. Nie wstydzę się tego. Czy Wasze dusze lepsze?* Nie. Każde z nas ma swoje mroczne plamy, które staramy się wywabiać, żeby chociaż przez chwilę lśnić światłem niewinności. Ale tych plam nie można całkowicie się pozbyć. Co najwyżej mogą z czasem trochę zblaknąć. Nie znikną jednak zupełnie. Każdy tak ma. Pokrywamy się tymi plamami przez całe życie, a niekiedy inni ludzie nas oblepiają brudem ich istnienia.

Jako dziecko miewałam czasami dziwny sen. Błąkałam się po jakimś pustkowiu oblepiona właśnie błotem, zupełnie nie rozumiejąc, skąd się wzięłam w tym miejscu i czasie. I nagle pojawiały się tam zwierzęta, nie wiadomo skąd. Dzikie, bezwzględne, gotowe na wszystko. Czy ten opis nie pasuje przypadkiem do niejednego człowieka? Wróćmy jednak do snu. Te zwierzęta, które pojawiały się w moim śnie, były przerażające. Zawsze zachowywały się tak samo. Pantera zbiegała gdzieś z góry, strasząc swoimi cętkami. Lew szedł naprzeciw z zadartą głową i ryczał przeraźliwie. Czułam, jak od tego drżało powietrze. Za lwem kroczył wilk. To on wydawał mi się najbardziej przeraźliwy. Miał zapadnięte boki, jakby nie jadł niczego już od dawna. I to on budził największy strach. To był strach współczucia. Wiedziałam, że może mnie rozszarpać swoimi zębiskami w każdej chwili, a jednak było mi go okropnie żal. I ten żal nie pozwalał mi się ruszyć. Jednak te zwierzęta sądziły, że jest we mnie jakaś wielka pycha i to ona nie pozwala mi uciekać. A ja ich po prostu tak bardzo żałowałam. I to wszystko było dziwnie zmysłowe. Wciąż tego nie rozumiem. Nie rozumiem tej własnej chciwości do bliskiego obcowania z tymi bestiami. Niestety, nie wiem, jak to się kończyło, bo zawsze, gdy się do mnie zbliżały, budziłam się zlana potem. W końcu przeczytałam o panterze, lwie i wilczycy u Dantego. Tyle że mnie zaczęły się śnić te zwierzęta, zanim jeszcze przeczytałam „Boską komedię". Jakieś przeczucie? Wieszczenie? Dopiero gdy byłam starsza, znalazłam gdzieś informację, że zwierzęta w snach symbolizują biologiczną stronę ludzkiej natury, wyrażają pierwotny instynkt. Czy to jednak mogło się do mnie odnosić? A może chodziło o coś zupełnie innego? Może chodziło po prostu o te zwierzęta... albo o jakąś zemstę?

Coraz bardziej jestem przekonana, że w ten sposób moja podświadomość czuła się winna. Czuła się winna, bo ja byłam za słaba.

Nie potrafiłam ratować zwierząt, na które wyrok wydawał mój ojciec.

W ten sposób w piekielnym kręgu zatoczyliśmy koło i wróciliśmy do mojego ojca, który nie schodził ze stron poprzedniego rozdziału. Niestety, tutaj też nie zniknie w niebycie...

Zwierzęta. Wspaniałe. Majestatyczne. Kochane. Każde. Ojciec zawsze miał coś do zwierząt. Właściwie nie do wszystkich zwierząt jako takich, ale do naszych domowych pupili, którym nie pozwalał żyć w spokoju. Był dla nich okrutny, szczególnie dla psów. Kiedy tylko zdarzało się coś, co jego zdaniem było niewłaściwe, zwierzak musiał za to zapłacić. Nieważne, czy rozumiał, że zrobił źle, czy też nie miał tego świadomości. Psy były zawsze traktowane jak przedmioty, które można bezwzględnie wykorzystać i zniszczyć.

– Widziałaś tego psa? Zagryzł naszą kurę! – krzyczał ojciec, wpadając do domu z rozhisteryzowanym wzrokiem.

– O Boże, co zrobisz? – pytała wtedy matka, chociaż zdawała sobie sprawę, że odpowiedź była oczywista.

– Pod młotek! – wrzeszczał ojciec, a jego słowa, jak zwykle, nie pozostawiały złudzeń.

Zdążyliście już się zorientować, że ojciec był niesamowicie surowy, wręcz sadystyczny. Ostro traktował nie tylko nas, ale i nasze zwierzęta. Miałam wrażenie, że wręcz czerpał przyjemność z zadawania bólu tym bezbronnym stworzeniom. I tak, jedno po drugim, nasze zwierzęta ginęły z rąk ojca. Na przykład, gdy nasz pies Bary zagryzł kaczkę sąsiada, ojciec niemal z zadowoleniem zabił go metalową rurą. Pamiętam ten widok do dziś: biedny pies wisiał na łańcuchu, przywiązany do drabiny, a ojciec dumnie krzątał się obok, tłumacząc, jak to zrobił.

– Wiecie, gdzie trzeba uderzyć, żeby zabić psa? – pytał ze spokojem, zupełnie jakby rozmawiał o sadzeniu roślin.

Ja pierdolę! Poważnie? Kto tak mówi do dzieci?

Niestety, pamiętam wszystko. Nigdy tego nie zapomnę. Chciałam wrzeszczeć najgłośniej, jak tylko potrafiłam. Chciałam krzyczeć tak, żeby wszyscy mnie usłyszeli. Otworzyłam nawet buzię…

– Cicho! – zgasił mnie ojciec, zanim z moich ust wyleciał jakikolwiek dźwięk.

W jego oczach zauważyłam coś dziwnego. Jakby podświadomie wiedział, że jest zły. Potem tłumaczył, jak krok po kroku wykończył biednego Barego, naszego wspaniałego, ufnego, młodego owczarka, który kochał wszystkich całym swoim psim sercem.

Pamiętam, że nagle przybiegła mama. Była wściekła. Chwyciła za rękę naszego brata i zaciągnęła go do domu. On miał tylko pięć lat. I tak się spóźniła. Zdążył zobaczyć to, co najgorsze. Jestem pewna, że będzie to pamiętał do końca życia, bo ja też pamiętam. Boże! Przecież my byliśmy dziećmi! To nie był widok dla naszych oczu! Dla żadnych oczu! Nawet teraz, jako dorosła osoba, nie potrafię pogodzić się z krzywdą wyrządzaną zwierzętom. Nie mogę tego po prostu znieść!

A w nocy znowu śniły mi się pantera, lew i wilk. Patrzyły na mnie z jeszcze większym wyrzutem, a ja czułam się jeszcze bardziej winna.

Niestety, w naszym życiu rodzinnym były także inne przerażające zdarzenia. Te biedne, niewinne, mordowane z zimną krwią zwierzęta były zaledwie czubkiem góry zła, jaka wypiętrzyła się w naszej rodzinie. Ciężko to wszystko pojąć, a jednak tak było. Nawet mnie trudno w to uwierzyć, a przecież to przeżyłam. Byłam w samym środku tego piekła. Ten diabelski krąg miał wielu czartów mieszających w naszym życiu. Tym demonem nie był tylko ojciec.

Jak już mieliście okazję się dowiedzieć, w pewnym momencie w życiu naszej rodziny pojawił się on – postać wyjątkowo diaboliczna. Taki dantejski szatan z trzema głowami: spryt, wyrachowanie i niepohamowana chuć. W tych swoich potrójnych zębiskach trzymał naszą rodzinę, rozszarpując bez litości nasz spokój oraz normalność i wcale nie *płakał wszystkimi sześcioma oczami*, jak to było u Dantego. Mowa oczywiście o Śniadym – typku, który powinien gnić w więzieniu do końca swoich dni. Wątpię, czy tam trafił. Mam tylko nadzieję, że tak. Wiadomo jednak, że nadzieja matką…

Ten tajemniczy gnojek, na którego wołano Juliusz Cygan (wątpię, żeby naprawdę się tak nazywał), nagle stał się przyjacielem naszych rodziców, chociaż nigdy wcześniej go nie widziałam. Pojawił się, jakby wyszedł z niebytu. Nie wiem, skąd się wziął. Nie wiem, gdzie ojciec go znalazł. Wiem jednak, czym go przekonał do siebie. To właśnie jedna z jego diabelskich głów: spryt. Potrafił tak podejść ojca, że ten wychwalał go na wszystkie strony.

– Dzieciaki, widzicie? – wskazywał na Cygana. – To jest człowiek prawdziwie inteligentny. Takich nam brakuje w tym kraju!

Akurat takich szmaciarzy nie brakowało i nie brakuje w Polsce. To właśnie tych porządnych brakuje!

– Jak zapytać się go o cokolwiek, to zawsze ci odpowie. I do tego z sensem – opowiadał z podziwem ojciec matce, jakby zachwalał towar, który chciałby jej sprzedać.

Potem się okazało, że to wcale nie było przypadkowe. Ojciec rzeczywiście przehandlował, ale nie Juliusza Cygana, tylko naszą mamę.

Po kolei jednak.

Z opowieści rodziców wynikało, że Cygan był samotny, a ojciec postanowił go przygarnąć. Myślał, że będzie jakąś jebaną rodziną zastępczą dla tego gnoja? Nie wiem, czy w ogóle myślał. Za to często rechotał w towarzystwie śniadego Juliusza. Ojciec wyraźnie dobrze się czuł w jego towarzystwie.

Któregoś dnia Cygan poprosił nas:

– Od dziś mówcie do mnie wujek.

Matka zaraz to podchwyciła uradowana podczas jednego z obiadów:

– Tak, mówcie!

Swoje dołożył także ojciec:

– To najlepszy wujek, jaki mógł wam się trafić!

Serio?! Z perspektywy lat i tego wszystkiego, co teraz wiem, ręce opadają!

Juliusz Cygan szybko zaprzyjaźnił się z naszymi rodzicami, ale coś w nim było niepokojącego. Wiedziałam to od początku. Poczułam to, jak tylko zobaczyłam jego wredną gębę!

Dalsze wydarzenia tylko to potwierdziły.

Szybko spostrzegłam, że ten śniady gnojek upodobał sobie naszą mamę. To mnie sparaliżowało. Zaczęłam zastanawiać się gorączkowo, jak mogłabym ją ochronić przed tym typem. Wyglądało na to, że byłam zdana tylko na siebie, (starsza siostra machnęła na to ręką), bo wydawało się, że ojciec tego nie dostrzega. Potem zorientowałam się, że było wręcz przeciwnie. Taki stan rzeczy sprawiał, że ojciec był zachwycony. Był zadowolony z tego, co robił Cygan.

Najohydniejsze miałam dopiero odkryć.

Pewnego wieczoru, gdy wszyscy poszliśmy spać, usłyszałam ciche szepty i śmiechy dobiegające z pokoju rodziców. Najciszej, jak potrafiłam, poczłapałam do korytarza. Zobaczyłam, że ojciec, matka i Juliusz Cygan siedzieli razem na łóżku. Przez chwilę obserwowałam tę scenę, aż zrozumiałam, co się dzieje.

Wszyscy chichotali.

Nagle ojciec przestał szczerzyć uśmiech, złapał stojącą na nocnej szafce butelkę wódki i przechylił, zmuszając mamę do wypicia, po czym rzucił nieco nerwowo:

– Tu ją złap! Mam cię uczyć jak dzieciaka?

Potem położył dłoń Cygana na piersi naszej mamy. Śniademu się to spodobało, bo zaczął mlaskać dziwnie. Nie wiem jednak, czy mama była zadowolona.

– Teraz łapę pod sukienkę! – komenderował ojciec, chwytając za aparat leżący na półce.

Zatapiałam się w narastającym przerażeniu. Pot zaczął mnie zalewać. Dygotałam coraz mocniej, jakbym nagle spadła do najniższego kręgu piekła. To jednak nie był najniższy krąg. Dopiero miałam tam trafić.

– No, pokaż mi, jak ją pieprzysz! – mówił ojciec do Cygana, śmiejąc się i kierując aparat fotograficzny w ich stronę.

Uciekłam z powrotem do swojego pokoju. Przesiedziałam w kącie kilka godzin, płacząc. Czułam, jakby wszystko się zawaliło. Jakby popękała moja dziecięca niewinność. Jakby zdarto ze mnie poczucie wszelkiego bezpieczeństwa. Zatykałam desperacko uszy, żeby uwolnić się od hałasów dobiegających z pokoju rodziców. Bez żadnego skutku.

Po latach znalazłam owe zdjęcia. Ojciec włożył je w regał z moimi książkami, doskonale wiedząc, że je tam znajdę. Całe stosy uwłaczających, poniżających kobietę zdjęć. Pierdolony zboczeniec! Spaliłam je wszystkie!

Niestety, to nie była jedyna podłość, jaką robił Juliusz w naszym domu.

W miarę jak rozwijała się jego „przyjaźń" z rodzicami, Cygan zaczął coraz bardziej zbliżać się do mnie i do moich sióstr – starszej i młodszej. Od pewnego czasu miałam wrażenie, że mnie obserwuje. Wręcz czułam na swoim ciele jego świdrujący wzrok. Najpierw starałam się tłumaczyć to sobie zwykłymi fobiami, zwidami, a nawet moim przewrażliwieniem. Szybko się jednak przekonałam, że to nie był wymysł mojej przerażonej wyobraźni.

Diabeł w kolejnym kręgu piekła zaczął działać!

Pewnego dnia, gdy byłam w pokoju sama, wszedł Cygan. Przez chwilę przyglądał mi się dziwnie. Od razu serce zaczęło mi kołatać z przerażenia. Ścisnęłam mocno trzymany w dłoni długopis, aż kostki mi zbielały.

Tymczasem Cygan ciągle patrzył. W końcu zaczął się dziwnie oblizywać, jakby dopiero co zjadł jakiś pyszny deser.

Okazało się, że to ja miałam być tym deserem.

Podszedł do mnie i przykucnął. Powoli odgarnął mi loki z czoła. Wiedziałam, że nie było w tym niczego niewinnego. Czaił się. Zasadził się na ofiarę. Zrozumiałam, że to ja jestem tą ofiarą.

Nagle zaczął mnie obmacywać. Jego parszywa, obrzydliwa dłoń łapczywie błądziła po moim ciele. Zacisnęłam zęby, żeby się nie rozpłakać. Nie chciałam dać mu tej satysfakcji!

– Wujek, co pan robi?! – krzyknęłam w końcu, próbując się uwolnić od jego natarczywych dotyków.

– Nic, nic, tylko się przytulam – odpowiedział z uśmiechem, który wywołał u mnie dreszcz strachu.

Nie wiem, co mogłoby się wydarzyć, gdyby nagle nie rozległ się głos ojca z pokoju:

– Julek, ile będziesz w tym kiblu? Musisz to zobaczyć!

Cygan uśmiechnął się do mnie lubieżnie i się wyprostował.

– Jeszcze do tego wrócimy – zagroził, wychodząc.

Gdy tylko zniknął za drzwiami, zatopiłam twarz w poduszce. Obdarowałam ją szlochem bezsilności i nie potrafiłam go długo zatrzymać.

Tak zaczęłam zsuwać się w coraz niższe kręgi piekła i nie była to już tylko lektura Dantego. To była rzeczywistość. Nasza. Moja.

Gdy Cygan zostawał u nas na noc, zawsze spał w jednym łóżku z którąś z nas – z siostrą starszą lub młodszą albo ze mną. Nie rozumiem, jak rodzice mogli na to pozwalać! Jak?!

Te noce były straszne. Były przerażające. To było, jak zajrzeć właśnie w najgłębsze zakamarki owego piekła. To mogło być nawet gorsze niż piekło! Te noce zawsze wyglądały tak samo. Juliusz Cygan przychodził roześmiany, jakby chciał zakomunikować, że ma wszystko pod kontrolą. To było jak ostrzeżenie: nie podskakuj, bo nie masz szans! Nie broń się! Nie sprzeciwiaj się temu, co cię czeka! To twoja rzeczywistość. To wszystko dopowiadałam sobie, widząc jego uradowaną gębę. Jego cholerny, jebany uśmiech! Pieprzony Cygan *twarz stroił w uśmiechy*, jak pisał Dante. Niczego jednak z poety nie miał. Był czystym, najczystszym złem. Był w nim też dziwny chłód, który potem ciągle czułam w jego dotyku.

Ten uśmiech Cygana pojawiał się na sekundę w błysku światła z korytarza, gdy ten gnojek otwierał drzwi do mojego pokoju. Ta sekunda jednak wystarczała, żebym dostrzegła wyraz jego twarzy. Miał tam wszystko wypisane. Uśmiech był tylko puentą jego niegodziwych zamiarów.

Zawsze przymykał za sobą drzwi. I wtedy dochodziło do mnie, że jestem w pułapce. Mój własny pokój stawał się straszliwym miejscem, z którego nie miałam szansy uciec. Nie miałam najmniejszej szansy! Bo co, miałam przemykać pomiędzy nogami tego bydlaka? Wywinąć się gdzieś bokiem? Ten gnojek zawsze tak stawał, że nie było szansy na ucieczkę. Chyba musiał mieć to wszystko opracowane do perfekcji. Może od lat tak krzywdził dzieci? Może miał wszystko przećwiczone do najdrobniejszego szczegółu?

Gdy tylko zamknął za sobą drzwi, zawsze zdejmował spodnie. I całą resztę. Dlaczego nie krzyczałam? To proste – ze strachu, z poczucia wstydu... Chciałam wielokrotnie ryknąć przeraźliwym krzykiem. Ileż to razy otwierałam usta, żeby wezwać pomoc! I nic! Żaden dźwięk nie chciał wylecieć z moich ust. Chociaż chciałam wrzeszczeć, otulało mnie tylko głębokie, nieprzeniknione milczenie, któremu akompaniowało sapanie rozbierającego się pedofila. Prawdziwa symfonia zła!

Potem było to najgorsze. Pierdolony zbok wpychał się do mojego łóżka. Zawsze próbowałam mu się przeciwstawić, ale nie miałam szansy.

Był za silny. Jak mogła mu się oprzeć mała dziewczynka, która miała zaledwie dziewięć lat? Spychał mnie zatem pod ścianę bez większego wysiłku.

Potem brał moją rękę. Kurczowo trzymałam ją przy swoim ciele, ale wystarczało mu jedno szarpnięcie. Czasem rzucił tylko:

– Bądź dobrą dziewczynką!

A potem wsuwał w moją dłoń swojego sterczącego, ohydnego kutasa. Pamiętam to dokładnie do dziś! Rzygać mi się chce na samo wspomnienie. Ocierał się o mnie i podniecał. Sapał coraz głośniej. Wił się na moim łóżku jak robak, który wypełzł z najmroczniejszej, cuchnącej otchłani.

Przecież ja byłam dzieckiem! Takie rzeczy nie powinny spotykać bezbronnego dziecka!

Nigdy nie powiedziałam o tym rodzicom. Pewnie i tak by nie uwierzyli...

Takie zdarzenie, jakie tu opisałam, nie było wcale jednorazowe. W pewnym momencie miałam wrażenie, że Juliusz Cygan zostaje u nas na noc coraz częściej. Nie wiem, czy tak rzeczywiście było, czy tylko przerażenie tak mi podpowiadało, ale ten pedofil dokonał swoich obrzydliwych czynów wielokrotnie.

– Nienawidzę gnoja! – wrzeszczałam w łazience, gdy nikt nie słyszał.

Nie miałam odwagi wykrzyczeć tego w twarz szubrawcowi. Nie, nie jego się bałam. Bardziej przerażała mnie potencjalna reakcja ojca. Jestem pewna, że nie stanąłby po mojej stronie. Chociaż nie nazwałabym Cygana przyjacielem ojca. Był raczej jego zabawką. Wszyscy byli dla niego zabawkami – matka, my, sąsiedzi, wszyscy…

W tej sytuacji nie powinno nikogo dziwić, że moja złość, a raczej nienawiść narastała wobec śniadego pedofila. Bałam się każdego kolejnego spotkania z nim.

Pamiętam, że któregoś razu zostałam w domu sama. Był środek dnia. Nagle usłyszałam pukanie do drzwi. Było natarczywe. Bardzo natarczywe. Nie wiem w jaki sposób, ale wiedziałam, że to przyszedł Cygan. Po prostu wiedziałam. Może tak działała moja podświadomość, a może miał specyficzny sposób pukania, który pozwalał go rozpoznać bez trudu. Nie wiem. Po prostu byłam pewna, że pojawił się właśnie mój prześladowca.

Najpierw pomyślałam, że powinnam siedzieć najciszej, jak potrafię, to Cygan sobie pójdzie. Złość jednak się we mnie kotłowała. Trzęsłam się i ze strachu, i z wściekłości. Wszystko to się we mnie mieszało. Wtedy owładnęło mną szaleństwo.

Wiedziałam doskonale, gdzie ojciec trzymał siekierę. Pobiegłam po nią. Chwyciłam ją bez zastanowienia, jakoś tak odruchowo. Dopadłam drzwi.

Pukanie stało się jeszcze głośniejsze.

Krzyknęłam coś wściekle. Otworzyłam drzwi.

Cygan był naprawdę zaskoczony. Jeśli nawet spodziewał się mojego widoku, to na pewno nie z tym, co ściskałam w dłoniach.

Podniosłam siekierę i krzyknęłam:

– Wynocha! Zostaw drzwi!

44

Cygan przyglądał mi się przez chwilę badawczo.

– Czy jest ojciec albo matka? – zapytał w końcu zmieszany.

– Wynocha! – wrzasnęłam znowu w odpowiedzi.

– Bo się skaleczysz – próbował się zaśmiać ten wszarz.

Szybko spoważniał, gdy podniosłam siekierę jeszcze wyżej. Chyba zrozumiał, że nie żartuję. Zrobił kilka kroków do tyłu. Przystanął. Znowu spojrzał, a ja ściskałam siekierę coraz mocniej. W końcu Cygan odszedł. Jak tylko zniknął z pola widzenia, upadłam na podłogę i wybuchłam płaczem. Strach, który przez te kilka minut dusiłam z ogromnym wysiłkiem, eksplodował nagle. Zalewałam się łzami, nie wypuszczając siekiery z rąk.

Dziś wiedziałabym, jak użyć tego narzędzia. Wtedy miałam jednak zaledwie jakieś jedenaście lub dwanaście lat.

Potem nagle Cygan zniknął. Po prostu pewnego dnia przestał przychodzić. Odszedł, a my odetchnęłyśmy. Chociaż zawsze była niepewność, jakiś okruch strachu, że ten typ może wrócić pewnego dnia. Nie wrócił. Może zdechł gdzieś w rynsztoku? A może wylądował w więzieniu? Nie wiem i wiedzieć nie chcę! Niech go piekło pochłonie! To samo piekło, w które wrzucił mnie i moje siostry!

Na chwilę wrócę jeszcze do ojca. Nie mogłam liczyć na niego w sprawie Cygana jeszcze z jednego powodu. Ten powód poznałam dopiero po latach, gdy podsłuchałam rozmowę Uli z matką i do tej pory mną to wstrząsa.

Okazało się bowiem, że jebany pedofil Cygan miał kompana w swoich czynach. Nasz pierdolony ojciec robił to samo, co Śniady, mojej starszej siostrze. Molestował Ulę!

Zabierał się za nią bez żadnych skrupułów już wtedy, kiedy była małą, około pięcioletnią dziewczynką. A kto wie, czy nie wcześniej, a ona po prostu tego nie pamięta.

Pewnie w swoim chorym umyśle sądził, że skoro spłodził kogoś, to ma do niego pełne prawo. Pieprzony psychol i zbok!

Nie mam żadnego usprawiedliwienia dla nikogo, kto tak mocno krzywdzi własne dziecko.

Żadnego!

Z Ulką było jeszcze gorzej niż ze mną. Była ofiarą, która przeistaczała się sama w oprawcę. Może w ten sposób odreagowywała swoją krzywdę i cierpienie? Ojciec molestował ją, a ona robiła to samo swojemu młodszemu rodzeństwu. Była ofiarą i oprawcą w jednym.

W tamtym czasie miałam może około dwunastu lat, a ona – piętnaście. Nocami zakradała się do mojego łóżka. Najpierw słyszałam skrzypnięcie drzwi. Jeśli w domu nie było akurat Cygana, wiedziałam już, kto się zbliżał.

Moja starsza siostra wchodziła na mnie. Wdrapywała się bez słowa.

Wszystko spowijała absolutna cisza. Potem Ulka udawała, że to robi.

Ocierała się, leżąc na mnie. W końcu chwytała moje małe, dziecięce rączki i dotykała nimi swoich miejsc intymnych. Brzydziłam się jej. Niczego jednak nie mówiłam. Jak zwykle leżałam cichutko. Jak zwykle.

Potem już zawsze miałam do niej wstręt. Nigdy o tym nie rozmawiałyśmy i chyba nie chcę poruszać z nią tego tematu. Nie wiem, czy z poczucia wstydu, czy z niechęci powrotu do tego, co się wtedy działo. Nie chcę. Po prostu.

Po latach siostra przyznała się matce. Powiedziała jej, że była molestowana. I co usłyszała od kogoś, kto powinien w takim mo-

mencie otoczyć ją opieką, wesprzeć, utulić i zapewnić poczucie bezpieczeństwa? Zgadniecie?

Usłyszała:

– Zapomnij. Naucz się z tym żyć.

Ja pierdolę!

Tak właśnie wyglądał mój kolejny krąg piekła. Niestety, nie był
to ostatni krąg.

Czy jesteście gotowi na kolejną dawkę podłości?

ROZDZIAŁ 3

Oto, drodzy czytelnicy, wkraczacie właśnie w trzeci krąg piekła. Jeśli odwaga Was nie opuściła, zapraszam. Tradycyjnie, jak to u mnie, nie będzie tu spokojnego zwiedzania, nie będzie bezmyślnego gapienia się na wiszące na ścianach obrazy, których znaczenia nikt nie pojmuje. Nie będzie swobodnego człapania donikąd. Taki przewodnik, jak ja, na to nie pozwala.

Nadal macie odwagę, żeby wyruszyć ze mną? U Dantego w trzecim kręgu byli pijacy i obżartuchy. W trzecim kręgu mojego świata będę ja i moja najlepsza koleżanka z liceum!

Pewnego ponurego dnia odkryłam ze zdumieniem, że jestem już nastolatką. Dziecięcy okres diabli wzięli. Nie, nie chodzi tu o pierwsze krwawienie, czy o coś podobnego. To kwestia mentalna. Najwyraźniej musiałam po prostu dojrzeć do tego psychicznie, żeby być nastolatką. I owego ponurego dnia dojrzałam.

– To teraz ja wam wszystkim pokażę! – krzyknęłam przez okno.

Nikt nie usłyszał, bo dookoła było pusto. To nic. Mój manifest został wykrzyczany. Spełniłam swój obowiązek. Teraz przyszedł czas działania.

Szybko zostałam sprowadzona na ziemię przez rzeczywistość. I oczywiście przez ojca.

Sądziłam, że jako nastolatka będę miała więcej swobody. Nic bardziej mylnego. Nie miałam czasu cieszyć się swoją młodością. Nad wszystkim czuwał bowiem demon, którego imię brzmiało „Remont"!

Ten właśnie remont ciągnął się u nas latami, a ja latami musiałam zapierdzielać przy nim, tracąc to, co najpiękniejsze – młodość!

Kto mi ją odda, gdy remont w końcu się skończy? Tak naprawdę wiedziałam, że nigdy nie dobiegnie końca. Ojciec dbał o to, żeby remont ciągnął się w nieskończoność. Nie wiem, czy robił to dlatego, że lubił napierdalać młotkiem i kielnią, czy po prostu chciał dowalić nam, swoim dzieciom.

Żadna różnica!

Już jako małe dzieci, pamiętam nas z młotkami murarskimi i siekierkami, czyszczących cegły z odzysku. Ale tak to właśnie jest, jak jest się dzieckiem murarza-psychopaty.

Jako nastolatka wcale nie wyrwałam się z tego koszmaru. I gdzie ta wolność?

Pamiętam te dni, te nieskończone popołudnia, gdy moje koleżanki spacerowały po parku, a ja musiałam wracać do domu, aby kontynuować niewolniczą pracę przy remoncie, który zdawał się trwać i trwać. Nie rozumiem, skąd u mojego ojca tyle energii, aby nas torturować tym remontem.

Jak już dobrze wiecie, ojciec był tyranem i nie znosił żadnego sprzeciwu. Jak na złość, miał też doskonały słuch i wyłapywał wszelkie szmery niezadowolenia. Wszystkie dzieci w okolicy bały się go, ale żadne nie miało takiego pecha jak ja – nie musiało z nim mieszkać. Czasami zastanawiałam się, czy jego apetyt na pracę nie wynikał z jakiegoś ukrytego żalu, ale nie mogłam tego stwierdzić, bo przecież bałam się z nim rozmawiać. W końcu to mój ojciec, prawda?

Zatem, zamiast cieszyć się przywilejami, jakie daje młodość i bycie nastolatką, (przynajmniej w moich ówczesnych stereotypach), zapierdalałam na budowie jako najmniej poważane ogniwo w murarskiej tyrance. Gdyby to była jeszcze czyjaś budowa, mogłabym przynajmniej walnąć młotkiem o ziemię i odejść ku zachodzącemu słońcu, niczym kowboj spierdalający przed napisami końcowymi westernu. Jednak nie była czyjaś. To była najgorsza budowa, jaka mogła istnieć. To była budowa mojego ojca. Jego prywatne prace remontowo-budowlane przy naszym domu i budynkach gospodarczych. W tej sytuacji mogłam tylko zaciskać zęby ze wściekłości. Kiedy rozpoczynałam kolejne godziny pracy przy remoncie, przypominały mi się często słowa Dantego: Przeze mnie *wchodzi się do miasta bólu*. Cóż, moje życie wydawało się być tym miastem bólu, a remont był jego wrzącym piekłem. No, kawałkiem piekła.

Jego wycinkiem, ale straszliwie upierdliwym!

Mimo strachu, pewnego dnia postanowiłam odważyć się na konfrontację. Nie mogłam już znieść tej wiecznej pracy, która pochłaniała moją młodość. Zebrałam więc resztki odwagi i rzuciłam wyzwanie. Chociaż dziś, z perspektywy czasu, stwierdzam, że to może za duże słowa.

– Tato, czy mogę dziś pójść na spacer do parku z koleżankami? – spytałam, trzęsąc się na myśl o jego reakcji.

Ojciec przerwał nawalanie młotkiem i spojrzał na mnie jak na jakąś uciążliwą muchę.

– Jak to, kurwa? – rzucił z dezaprobatą. – Co ty, w jebanym Ciechocinku jesteś, że chcesz sobie spacerować? Czy nasz dom to jakiś pensjonat dla znudzonych wczasowiczów? Chcesz spacerować po parku, jak jakaś lafirynda, gdy jest tyle pracy do zrobienia?

Zaczął mnie zasypywać coraz większą ilością słów, rzucał we mnie bzdurnymi argumentami, okładał mnie stekiem przekleństw i dociskał zupełnym brakiem logiki w swoich wypowiedziach. Był w tym wszystkim naprawdę skuteczny. Czułam, że z każdym jego słowem kurczę się coraz bardziej. Mój lęk był tak duży, że nie potrafiłam nawet odpowiedzieć. Patrzyłam na ojca, próbując przypomnieć sobie, jak to jest mieć wolną chwilę. Przez myśl przeszło mi, że pewnie tak samo wyglądałoby to, gdyby ktoś próbował zabrać tygrysowi obiad prosto z paszczy. Tymczasem ja chciałam wyciągnąć z paszczy ojca moją własną osobę. Jednak rozszarpać chciał mnie tak samo jak tygrys.

W końcu ojciec się wyprostował i spojrzał prosto w moje oczy. Wstrząsnął mną dreszcz przerażenia.

– To nie jest czas na cholerne lenistwo! – warknął ojciec, a ja zaczęłam dygotać ze strachu. – Jeśli pójdziesz teraz na spacer, to potem wrócisz i nie opuścisz tego domu, dopóki remont nie będzie zakończony. Zrozumiałaś?

– Tak, zrozumiałam.

To oznaczało, że już nigdy nie opuszczę tego domu, bo przecież ten remont nigdy się nie skończy.

Zrezygnowana, wróciłam do swojego miejsca przy ścianie, a potem chwyciłam za młotek. Napierdalałam dalej!

Fakt, dużo się nauczyłam w czasie tego niekończącego się remontu. Ale co ja mam teraz z tą wiedzą i umiejętnościami zrobić? Mam pracować na budowie? Jestem przecież kobietą! Czy kobieta nie powinna być delikatna i zwiewna jak wiosna?

Takie były początki mojego bycia nastolatką. Miałam wtedy czternaście czy piętnaście lat. Na szczęście potem przyszły lata liceum i wszystko się zmieniło.

Szkoła średnia to było zupełnie nowe doświadczenie i zupełnie nowi ludzie, a szczególnie jedna osoba. Magdalena. Moja Madzia.

Poznałyśmy się właśnie w liceum i szybko się ze sobą zaprzyjaźniłyśmy. Spędzałyśmy razem każdą możliwą chwilę.

Wiele lat później odbyłyśmy dziwną rozmowę. Pamiętam ją doskonale. Słońce miało właśnie zachodzić, gdy siedziałyśmy na ławce w parku, czekając na naszych znajomych. Wtedy nagle wypaliłam bez zastanowienia:

– Wiesz, Magda, czasami naprawdę żałuję, że cię poznałam. Bo przez ciebie poznałam większość ludzi, przez których cierpiałam: dupek od pierwszego razu, mój pierwszy mąż i cała ta jego ekipa, i wszystko pomiędzy. Gdybym wtedy w liceum nie zakumplowała się z tobą, moje życie wyglądałoby pewnie zupełnie inaczej. Czy jednak lepiej? – dodałam po chwili namysłu.

Madzia spojrzała na mnie z zadziornym uśmiechem.

– Ojej, nie mów, że tak naprawdę żałujesz, że mnie poznałaś? W końcu to ja wprowadziłam cię w ten cały świat przygód i emocji – odparła, odgarniając dłonią swoje długie, ciemne włosy, które zawsze wyróżniały ją w tłumie.

Pokręciłam głową, nieco zirytowana jej nonszalancją.

– Ale czy te przygody i emocje były tego warte? Czy nie przyniosły mi więcej bólu niż radości? – zapytałam, starając się utrzymać spokój w głosie.

Magda wzruszyła ramionami.

– Cóż, trudno powiedzieć. Możemy tylko spekulować, jakie życie mogłoby cię czekać, gdybyśmy się nie poznały. Ale czy naprawdę chciałabyś tego? Czy wolałabyś żyć życiem pełnym niewiadomych i niepewności, zamiast tego, które przeżyłaś ze mną?

Spojrzałam na nią zdziwiona.

– Czy właśnie nie żyłyśmy życiem pełnym niewiadomych i niepewności? – zapytałam trochę niepewnie.

– W sumie tak! – roześmiała się Magda. – Zresztą teraz, chociaż możemy żałować pewnych decyzji, które podjęłyśmy, nie możemy cofnąć czasu i zmienić tego, co się wydarzyło. Możemy tylko uczyć się na naszych błędach i próbować żyć lepszym życiem, mając na uwadze to, czego nauczyły nas te doświadczenia.

Nachyliła się do mnie nagle.

– Naprawdę żałujesz tego pokręconego gówna, które wyczyniałyśmy w liceum? – zaśmiała się.

Chciałam coś powiedzieć, ale wtedy dołączyli do nas znajomi, a rozmowa z Magdą musiała poczekać na inny czas.

Czy rzeczywiście żałowałam, że ją poznałam? Gdybym nie poznała Magdy, nie przeżyłabym tylu niesamowitych chwil, które, choć czasami bolesne, ukształtowały mnie jako osobę.

A do tamtej rozmowy już nigdy nie wróciłyśmy.

Tę małą wariatkę, Madzię, poznałam, mając jakieś czternaście lat. Spotkałyśmy się na egzaminach do liceum. Co ciekawe, z całej masy ludzi zapamiętałam tylko ją – małą, zadziorną i piękną dziewczynę o długich, ciemnych włosach. Wyglądała na dużo młodszą, niż była w rzeczywistości. Dziwne, że akurat tamtego dnia zwróciłam uwagę na Madzię, chociaż wtedy jeszcze nie znałam jej imienia. To musiało być zrządzenie losu… a może wyrok z niebios…? Może…

Dante pisał o przeznaczeniu człowieka do wieczności, a ja miałam swoje do szaleństwa. Czasami to szaleństwo ocierało się o granicę zła.

Po wakacjach, gdy Magda i ja dostałyśmy się do tej samej klasy liceum, zaczęła się nasza wspólna przygoda. Nie, to było coś więcej niż przygoda. To był kawał naszego życia.

Liceum to czas, gdy gorycz dorastania miesza się z gorączką odkrywania nowego świata, a smak kawioru i kieliszka szampana zastępuje jedynie smutek niewdzięczności. Człowiek zaczyna poszukiwać swojego miejsca na ziemi, a każde spotkanie z rówieśnikami staje się albo fascynującym eksperymentem, albo niewyobrażalną traumą. Nierzadko zdarza się, że w tej barwnej mozaice znajdujemy osoby, które będą towarzyszyć nam przez całe życie, niezależnie od tego, czy tego chcemy, czy też nie.

Cóż, taką osobą dla mnie była Magdalena, jak już wiecie. Niepozorna dziewczyna o pięknych brązowych oczach, która zauroczyła mnie swoją duszą, w której nieustannie bujały fale buntu i niezgody z rzeczywistością.

Byłyśmy jak dwa przeciwieństwa, które przyciągały się nieodparcie.

Uciekałam do Madzi, kiedy licealne dni tonęły w szarości. Spędziłam u niej praktycznie całe te cztery lata, które powinny być pełne radości, a były naznaczone smutkiem i niedocenianiem.

Jakich ona miała wspaniałych rodziców! Przemiła matka, która z uśmiechem na ustach przygotowywała nam pyszną kolację i cudowny ojciec, który z zadowoleniem zaciągał się papierosem, wydając chmury dymu, jakby chciał nas otoczyć aurą tajemniczości.

– Cóż, dziewczyny, jak tam wasze licealne życie? – pytał w takich chwilach tata Madzi, udając zainteresowanie naszymi codziennymi sprawami.

Magda zwykle wzruszała wtedy ramionami, bo nie była chętna do zwierzeń rodzicom.

– No cóż, wspaniale, oczywiście – odpowiadałam z ironią. – Przecież zawsze jest wspaniale w tym magicznym czasie, gdy życie staje się wielkim eksperymentem – dodawałam, powtarzając słowa zasłyszane w jakimś serialu telewizyjnym.

– Ha! Jakże prawdziwe! – śmiał się wtedy tata Madzi, a jego żona kręciła głową z pobłażaniem.

Byłam obca u nich w domu, ale nigdy tego nie odczułam. Rodzice Magdy traktowali mnie jak swoje dziecko, a czasem nawet lepiej, choć na to nie zasługiwałam. Czułam ich wsparcie zawsze, kiedy tego potrzebowałam. To oni byli ostoją, która chroniła mnie przed burzami mojego niespokojnego umysłu. Oczywiście Magda nie doceniała tego, co miała. W jej oczach rodzice byli trudnym obowiązkiem, którego nie sposób było uniknąć. Narzekała na nich, jakby byli biczem, którym los ją chłostał.

– Moi rodzice są strasznie denerwujący – powtarzała z jakąś lekkością czy nonszalancją, jakby sprawdzała, czy woda w wannie jest wystarczająco ciepła i można się w niej komfortowo wykąpać.

Tymczasem ja zazdrościłam jej takich rodziców. Niechby Madzia pomieszkała chociaż jeden dzień z moim ojcem!

Ach, jakie to były dni! Długie godziny spędzane na czytaniu i rozmowach przy oknie z widokiem na rozczochraną lipę, której gałęzie wydawały się zgarniać świat w swoje zielone ramiona. Czasami, gdy szarość dni zdawała się nie do zniesienia, zamykałyśmy się w pokoju Madzi, słuchając muzyki, której dźwięki snuły magiczną opowieść o życiu, jakie nas czekało.

Takie były właśnie tamte licealne dni – pełne ironii i niewdzięczności. W tamtym czasie nie zdawałyśmy sobie sprawy, jak bardzo te uczucia zatruwały nasze życie. Dopiero po latach zrozumiałam, że tamte chwile były jak złote struny, na których grał los, a my byłyśmy tylko marionetkami, które jeszcze nie nauczyły się doceniać swoich szczęśliwych chwil.

Dziś uśmiecham się na wspomnienie tamtych czasów... Teraz, gdy każda z nas ma swoją własną rodzinę, zrozumiałam, jak wielką wartość miały te nasze wspólne chwile sprzed lat, pełne wsparcia i życzliwości rodziców Magdy. A przecież oni, mimo naszej obojętności, nieustannie okazywali nam miłość i troskę, ucząc nas, jak ważne jest docenianie tego, co mamy.

Madziu, jeśli czytasz te słowa, pamiętaj, że nigdy nie przestanę być wdzięczna za te chwile spędzone w Twoim rodzinnym domu. Życzę Ci, żebyś w swoim sercu zawsze znalazła miejsce na miłość, wsparcie i takie samo zrozumienie, jakie znajdowałyśmy u Twoich rodziców w czasach liceum.

Tak, wiem, to wielkie słowa, ale jestem je winna mojej przyjaciółce, a przede wszystkim jej rodzicom.

Z Magdaleną było wiele fajnych akcji. Niektóre były przerażające, a niektóre po prostu śmieszne, jak boczek smażony na... Nie, nie zdradzę wam od razu. Cała sytuacja wyglądała mniej więcej tak:

Pamiętam, jak któregoś późnego popołudnia po lekcjach w liceum, jak zwykle wpadłyśmy z Madzią do niej na chatę. Był to czas, kiedy przyjaźń oznaczała wspólnie spędzane chwile, a rozterki dnia codziennego były znikome wobec młodzieńczych wygłupów. A po ludzku: nieźle się zgrywałyśmy razem!

– Madzia, czy masz może coś do przekąszenia? – zapytałam, wdychając zapach jej domu, który zawsze pachniał przytulnością.

– Jasne, szanowna pani! – odpowiedziała z rozbawieniem. – Dam ci na szybko coś wszamać, nie martw się. Sama też coś chętnie wrzucę na ruszt. To głędzenie w budzie bardzo głodzi!

Magda, ten roztrzepaniec, chwyciła, co było pod ręką: duże, soczyste kawałki boczku i tajemniczy słoiczek z żółtą cieczą, czyli chyba olej.

Wlała ten olej na patelnię, wrzuciła na niego przepiękne kawałki bo-
czusia i zaczęłyśmy czekać. Kiedy zaczęło skwierczeć, zaczęło też
dymić i śmierdzieć. Madzia, jakby nie zauważając tego dziwnego za-
pachu, przewróciła boczek na drugą stronę.

– Czy tobie też coś tu nie pasuje? – zapytałam zaniepokojona.

– Co? Za mało boczku? Dorzucić kilka plastrów? – zaśmiała się. –
Zrobię przepyszny boczek!

Ja, wychowana przecież w niekończących się remontach, znałam
się na pewnych rzeczach, zatem spojrzałam do owego słoiczka z do-
mniemanym olejem. Zaraz zajarzyłam, że to nie olej! To był klej butapren!

– Madzia! – krzyknęłam, próbując powstrzymać śmiech. – To nie
olej, to klej butapren!

Ten oszołom smażył boczek na kleju!

Zrozumienie pojawiło się na jej twarzy dopiero po chwili, a potem przeszło w niepohamowany śmiech.

– Ja pierdolę! – szepnęła przez łzy. – Jak mogłam się pomylić?

Boże, do końca życia tego nie zapomnę! Nie zapomnę tego
dymu, smrodu i śmiechu! Wtedy zrozumiałam, że nasza przyjaźń, to
coś więcej niż wspólne chwile przy smażonym boczku. To zdolność
do śmiania się z własnych błędów, do odnajdywania radości w nie-
codziennych sytuacjach i do wspierania się nawzajem w codziennych przygodach. A jednak jakaś wątpliwość ciągle była. Potem ten
boczek smażony na kleju stał się naszym prywatnym żartem. Zawsze
do niego wracałyśmy, gdy była okazja się spotkać. Nasza przyjaźń,
choć wiele razy wystawiana na próbę czasu i odległości, pozostała
niezmiennie silna i autentyczna. W każdej z nas tkwiła nie tylko pamięć o naszej wspólnej przeszłości, ale i o licznych szaleństwach,

jak to smażenie boczku na kleju. Dlatego wiem, że to prawdziwa przyjaźń. Nie taka na chwilę, co spiernicza jak tchórzliwy i kłamliwy polityk, którego obrzucają jajami na wiecu. To przyjaźń na zawsze. Taka ever!

– Wspomnienia zamiast wykształcenia – mówię czasem sama do siebie, gdy przypominam sobie, jak toczyła się ta znajomość z Magdą i jak to się wszystko zaczęło. To zgrabne powiedzonko wydaje mi się najbardziej adekwatne do określenia tych wszystkich przygód, jakie przeżywałyśmy razem dawno temu.

W pierwszym roku liceum byłam dobrą, prawą uczennicą. Nosiłam plecak pełen książek, marzeń i planów na przyszłość. Wszystko było dobrze do momentu, aż przyjaciółka z klasy, czyli właśnie Madzia, zaczęła mi pokazywać, jak bawią się miastowi. Ja, biedna dziewczyna z małej miejscowości, zachwyciłam się życiem, jakim tętniło wielkie miasto. Wszystko było dla mnie takie nowe, nieznane, nieosiągalne.

Kiedy miałam trzynaście lat, moja rodzina przeprowadziła się z malutkiej wsi do pobliskiego miasteczka, gdzie robiłam ostatnią klasę szkoły podstawowej. Większość uczących tam nauczycieli, to były stare, pokomunistyczne niedobitki. W ich oczach byłam przegrywem tylko dlatego, że byłam obca, biedna i ze wsi. Już na starcie ustawiono mnie na straconej pozycji. Trafiłam do jednej klasy z Elitą, czyli dzieciakami bogatych rodziców. Wyróżniałam się wśród innych, byłam źle ubrana, trochę nieokrzesana, zamknięta w sobie, wyalienowana. Nie dość, że musiałam walczyć sama ze sobą, by się tam odnaleźć, to jeszcze z systemem, który za wszelką cenę chciał mnie zgnoić. Byłam szykanowana, wytykana palcami, obniżano mi oceny m.in. dlatego, że moje ambicje sięgały wyżej, niż to było w przypadku innych uczniów. Marzyło mi się liceum o profilu administracyjno-biurowym, co oczywiście nie spodobało się niektórym nauczycielom, no bo jak wieśniaczka ma iść do lepszej szkoły od dzieci, których ojcowie zarabiają w markach na zachodzie? Według nich miejscem dla biedoty była co najwyżej zawodówka o profilu piekarz lub hydraulik. Ale ja, wbrew wszystkim i wszystkiemu, nie miałam zamiaru się poddać. Dobrze zdany egzamin wstępny otworzył mi drzwi do wymarzonej szkoły średniej, do której przyjęto mnie pomimo mojego statusu społecznego.

Budynek szkolny znajdował się niecałe dwadzieścia kilometrów od mojego domu. Oczywiście rodziców nie było stać na bilet autobusowy, więc całe cztery lata korzystałam z tzw. autostopów. Nigdy nie narzekałam, nie skarżyłam się, stałam jak ten ciul na poboczu drogi i grzecznie czekałam, aż ktoś się zatrzyma i podrzuci mnie do szkoły lub z powrotem. Wiosną było ok, ale już jesienią czy zimą było trudniej. Zdarzało się, że godziny mijały, a nad moją głową zwieszały się ciemne chmury nocy, czasami padał deszcz, innym razem ziemia pokrywała się śniegiem, do którego wtedy przymarzały moje stopy…

Często Magda wołała mnie do siebie na noc, wiedząc, że wciąż nie dojechałam do domu. Z czasem chodziłam do niej częściej, i częściej… a później już w ogóle nie wychodziłam na drogę, by prosić przypadkowych kierowców o podwózkę do domu… telefonowałam tylko do rodziców, że jestem u Madzi. Ojciec przestał się czepiać, przyzwyczaił się, że nocuję u przyjaciółki, wiedział, że jestem tam naprawdę bezpieczna i że się razem pilnie uczymy. Hahhh, już wiem, po kim u mnie ta naiwność. A poza tym, był ze mnie bardzo dumny, że jako pierwsza w rodzinie robię dobrą szkołę. Chwalił się mną przed znajomymi, przed rodziną, a moje rodzeństwo miało przejebane, a w szczególności Lidka, bo w niej ojciec również pokładał wielkie nadzieje. Całe lata porównywał ją do mnie, że nie uczy się jak ja, że nie pracuje jak ja, że nie jest taka jak ja… bo przecież ja musiałam być najlepsza, musiałam być dumą tatusia. Musiałam być taka, jaką sobie mnie wymyślił. A ja przez całe życie próbowałam sprostać wyimaginowanej wersji mnie, stworzonej w jego chorej głowie. Dlatego ucieczki do Magdy traktowałam jak powiew wolności, jak możliwość zaczerpnięcia oddechu od tej podłej, codziennej rzeczywistości, jaka czekała na mnie w moim domu rodzinnym. Niestety pobyty u mojej przyjaciółki wiązały się też z czymś innym…

Już wiecie, że Magdalena miała w sobie coś nieodpartego, coś, przez co chciałam być częścią jej świata, choć instynktownie wiedziałam, że to świat pełen pokus. A jednak w jakiś sposób była dla mnie magnesem, który skutecznie przyciągał moją uwagę.

Zaczęły się wagary, olewanie szkoły, imprezki, dyskoteki w tygodniu, spotkania z chłopakami, wyjazdy przed siebie. Był z nas niezły duet! Wydawało mi się, że razem jesteśmy niepokonane, że świat stoi przed nami otworem, a my, dwie dziewczyny, które zjednoczyły siły, możemy dokonać niemożliwego.

Świetnie się razem bawiłyśmy, ale czasem żałuję tego wszystkiego, bo gdybym się uczyła, jak należy, pewnie skończyłabym studia, pracowałabym na jakiejś cieplutkiej, wygodnej posadzie w banku. A tak, mam wspomnienia, zamiast wykształcenia. A wspomnieniami dzieci nie wykarmię. I znowu wracam tym samym do sensu tamtej niedokończonej rozmowy z Magdą, która toczyła się w parku. Jakaś zadra jednak została!

Czas mijał, a nasza przyjaźń trwała. Moja znajomość z Magdaleną trwa zresztą po dziś dzień, a znamy się prawie 30 lat! Byłyśmy jak dwie strony tej samej monety, z pozoru nie do rozdzielenia, a jednak wewnętrznie tak różne.

Stwierdzam, że przez te wszystkie lata, ona nic się nie zmieniła, a ja bardzo.

Zrozumiałam, że ta przyjaźń, choć pełna niezapomnianych przygód, kosztowała mnie wiele. Spojrzałam na swoje życie i zobaczyłam przepaść między tym, czego pragnęłam, a tym, gdzie jestem teraz.

I znowu powrót do tamtej nieszczęsnej rozmowy w parku. Zastanawiam się bowiem coraz częściej, czy gdybym nie spotkała Magdy, nie zostałabym inną osobą. Czy moje życie, sny i marzenia nie wyglądałyby inaczej? Ale zaraz potem uświadamiam sobie, że ta przyjaźń, pomimo wszystkich niedoskonałości, dała mi coś, czego żadne studia ani prestiżowa praca by mi nie dały – nauczyła mnie, jak ważne są wartości i wybory, jakich dokonujemy.

Teraz, gdy czasem spotykam Magdę i obserwuję jej życie, pełne beztroski i przygód, uświadamiam sobie, że czasem potrzeba dystansu, aby zrozumieć, co jest naprawdę ważne. Nie, nie żałuję naszej przyjaźni, ale żałuję, że nie miałam siły, aby wybrać inaczej, gdy wybory te kształtowały moją przyszłość.

Staram się teraz nadrobić stracony czas, zrozumieć, jak mogę wykorzystać te doświadczenia i wyciągnąć z nich naukę. Może już za późno na studia, ale nie za późno, by zrozumieć, że życie to pasmo wyborów, których konsekwencje odczuwamy przez lata.

Mam nadzieję, że moje dzieci będą miały siłę i mądrość, aby dokonywać lepszych wyborów niż ja. Że nie pójdą za pokusami, które mnie tak skutecznie zwiodły i że znajdą równowagę między życiem pełnym wspomnień a życiem, które daje im szansę na spełnienie marzeń.

W międzyczasie uczę się na błędach, a spotkania z Magdaleną, choć rzadsze niż dawniej, wciąż pozwalają mi przypomnieć sobie, kim byłam, kim jestem i kim chcę być. Czyż nie tak właśnie wygląda prawdziwa, dojrzała przyjaźń?

Dlatego, pomimo żalu, który drzemie gdzieś głęboko w moim sercu, doceniam to, co przeżyłam z Magdą. To ona nauczyła mnie, że życie ma różne oblicza i że wartości, których się trzymamy, kształtują nasze przyszłe losy.

Wspomnienia, choć nie są wykształceniem, dają nam lekcje, które warto zapamiętać. A te lekcje, choć bolesne, są nieocenione, gdy przychodzi czas, aby przekazać je dalej. W tym kontekście moje „wspomnienia zamiast wykształcenia" mają jednak wartość. To też mnie pociesza. A może po prostu łudzę tak samą siebie, żeby mojego życia nie oblepiał jedynie żal?

W czasach liceum namiętnie chadzałyśmy na dyskoteki, gdzie rządziło wówczas La Bouche ze swoim „Be my lover". To były moje nocne przygody z Madzią. Spędzałyśmy tyle czasu na imprezach, jakby były naszym drugim domem (w moim przypadku – trzecim, bo tym drugim był dla mnie dom Madzi). Nie istniało dla nas inne miejsce na świecie, gdzie mogłyśmy się tak zapomnieć. Zatopić się w mroku i muzyce oraz unoszącej się w powietrzu atmosferze wolności.

Różne przygody nam się tam zdarzały. Na jednej z takich dyskotek, na przykład, gdy tańczyłyśmy w rytmie pulsującej muzyki, podszedł do nas pewien chłopak o niewyraźnych rysach i zalotnym uśmiechu. Zdecydowanie był zainteresowany Magdą, ale miał trudności z przekroczeniem bariery, którą stanowiła nasza dwójka.

– Hej, dziewczyny, nie widziałem was tu wcześniej, a raczej zauważyłbym takie piękności. Jak się macie? – rzucił niedbale, próbując zwrócić naszą uwagę.

Madzia, zawsze gotowa na szybką ripostę, odpowiedziała z rozbawieniem:

– Jeśli chodzi o nas, to mamy się naprawdę doskonale, ale widzę, że ty potrzebujesz wskazówek, jak rozmawiać z dziewczynami.

Chłopak wyraźnie zmieszany próbował odzyskać swoją pewność siebie.

– No dobra, może trochę wtopiłem, ale mogę się poprawić – zadeklarował. – Co powiecie na drinka?

Wtedy ja rzuciłam z przekorą:

– Dlaczego nie? Ale tylko pod warunkiem, że wypijesz go sam i nie w naszym towarzystwie.

Wybuchłyśmy śmiechem jak ostatnie idiotki. Współczuję jeszcze teraz temu chłopakowi. Został osądzony przez nas błyskawicznie, a wyrokiem był najwyższy poziom upokorzenia. Teraz nie jestem z tego dumna, ale w tamtym czasie uwielbiałyśmy znęcać się w ten sposób nad zrozpaczonymi chłoptasiami.

Takich dziwacznych przygód na dyskotekach było wiele.

Pewnego razu, gdy wszyscy byli już mocno wstawieni, postanowiłyśmy wziąć udział w konkursie karaoke, który organizowano w klubie. Wszyscy uczestnicy byli poirytowani naszą obecnością, ponieważ obie ni cholery nie potrafiłyśmy śpiewać, wyłyśmy jak pijane wilki do księżyca, ale tak porwałyśmy publikę, że triumfalnie zdobyłyśmy pierwsze miejsce. Z perspektywy czasu ma to nawet swój urok. Tylko co poza tym?

Kiedy Magda i ja wspominamy te licealne imprezy, nie sposób nie uśmiechnąć się na myśl o tych szalonych, pełnych emocji i niespodziewanych zwrotów akcji nocach, jakie zdarzały nam się podejrzanie często. Jakbyśmy były jakimiś cholernymi wybrańcami z koziej dupy! Na pewno wtedy nie podejmowałyśmy mądrych decyzji. Dziś te wspomnienia są dla nas jak kolorowe migawki z czasów, gdy życie wydawało się bezgraniczne i nieskończone. A dziś życie jawi się jako pełne ograniczeń, nie wspominając już nawet o jego skończoności i kruchości.

Chcecie więcej dziwacznych przygód z dyskoteki? Proszę bardzo! Nawet Dante by tego nie wymyślił!

Pewnej nocy, podczas kolejnej imprezy, zdarzyło się coś, czym znowu nie bardzo można się pochwalić, a już na pewno nie przed własnymi dziećmi. Wpadłyśmy na błyskotliwy pomysł, aby podczas trwającej dyskoteki wejść na dach budynku, mając na uwadze, że stamtąd roztaczał się piękny widok na miasto.

Wspinając się z trudem po drabinie i dźwigając butelkę szampana, nagle usłyszałyśmy krzyk:

– Co wy wyprawiacie?! Zwariowałyście?!

Z trudem skojarzyłyśmy gostka. Kręcił się gdzieś na sali tanecznej, głównie podpierając ścianę. Ta wyczerpująca informacja przekonała nas, że nie warto się nim przejmować. Ruszyłyśmy dalej z tym nieszczęsnym szampanem. Gostek chciał jednak chyba awansować na Anioła Gabriela Stróża, bo znowu się wciął:

– Zaraz któraś z was spadnie!

Prawdziwy Wróżbita Maciej!

– Spokojnie, jesteśmy całkiem trzeźwe – odparła Madzia, jak zwykle z przekorą.

Ja z uśmiechem dodałam:

– No, może nie do końca, ale na pewno nie na tyle pijane, żeby nie wiedzieć, co robimy.

Akurat!

Chłopak, wyraźnie zdenerwowany, ale jednocześnie zafascynowany naszym szaleństwem, postanowił towarzyszyć nam w tej niecodziennej przygodzie. Wspólnie z nim, dzieląc się butelką szampana, podziwiałyśmy nocne miasto rozpościerające się dookoła. Chociaż w ogóle nam się nie podobał!

Wszystko wydawało się być idealne (może poza niezbyt przystojnym chłopakiem), gdy nagle zauważyłyśmy ochroniarza z dyskoteki. Krzyczał do nas z dołu, żebyśmy natychmiast zeszli z dachu. Tak przynajmniej nam się wydawało, bo kiepsko było słychać. Madzia krzyknęła w swoim stylu:

– No co? Przecież tylko podziwiamy widok! Chyba nie jest to zabronione?

Najwyraźniej ochroniarz miał inne zdanie, bo wkurzony do granic możliwości zaczął również wspinać się na dach. Towarzyszący nam chłopak, jak prawdziwy mężczyzna, od razu wpadł w panikę, a potem znalazł się niebezpiecznie blisko płaczu. Zapewne nic nie uchroniłoby naszej trójcy przed ściągnięciem nas za szmaty z dachu, gdyby nagle ochroniarz nie krzyknął i nie zleciał w dół jak kukła. Przerdzewiała drabina nie wytrzymała ciężaru jego napakowanych mięśni.

Zaraz przy nieszczęsnym ochroniarzu pojawił się jego kolega. Wtedy towarzyszący nam chłopak nagle przypomniał sobie, że na dachu jest zejście na korytarz budynku dyskoteki. Uciekliśmy w ostatniej chwili. Przyznam, że następnego dnia czułam się nieswojo. Nie wiedziałyśmy przecież, co stało się z ochroniarzem. W końcu jednak dowiedziałyśmy się przypadkiem.

– Hej, wiecie już, co się wydarzyło wczoraj na dyskotece? – zaczepił nas kolega z klasy. – Podobno ochroniarz walczył z jakimiś terrorystami na dachu. Jego kolega poświadcza, że dzielnie nawalał skubańców.

– I co? – ziewnęła niezbyt zainteresowana Madzia.

– Poległ wobec przeważających sił wroga.

– Zginął?! – prawie krzyknęłam z przerażenia.

– Nie, nogę złamał – wyjaśnił kolega.

Niestety, musiałyśmy zmienić dyskotekę. Podobno tych terrorystów zaczęła szukać nawet policja.

Tak potrafiłyśmy się bawić z Madzią.

Wpadałyśmy na coraz bardziej szalone pomysły. Raz udawałyśmy wolontariuszki PCK, chodziłyśmy od drzwi do drzwi, zbierając pieniądze na szczytny cel, niestety tym zacnym celem były ciuchy i miętowe papierosy. Do dziś wstyd mi na myśl o tej akcji. Innym razem zamieniałyśmy metki w sklepach, przeklejając je z tańszego na droższy produkt, żeby kupić ze zniżką.

Madzia potrafiła nawet odkręcić w sklepie słoik z sosem do spaghetti, żeby zanurzyć tam język i spróbować, twierdząc, że nie będzie kupować kota w worku. Oczywiście, gdy nie trafiła w swoje kubki smakowe, to go zakręcała i odkładała na półkę. Ohyda.

Byłyśmy młodymi, szalonymi suczami, takimi małymi diablicami. Ale czułyśmy, że żyjemy!

Często wagarowałyśmy, ciągle gdzieś fruwałyśmy. To cud, że zawsze wracałyśmy całe i zdrowe po takich eskapadach. Bóg miał nas chyba wyjątkowo pod swoją opieką.

Jednym z kolejnych naszych pomysłów było wybranie się do Poznania na przysięgę wojskową mojego kuzyna. To był spontaniczny wyjazd, wymyślony zaledwie na kilka dni przed terminem. Podczas tej podróży, Madzia jak zwykle zaczepiała przechodniów, pytając ich o drogę do najbliższego baru:

– Przepraszam, gdzie tu można się napić? Bo ja i moja przyjaciółka jesteśmy tutaj na przysiędze wojskowej i nie obędzie się bez toastu za zdrowie naszego bohatera!

Cóż, jednych przechodniów to bawiło, a innych – wkurwiało. Za to ja z Madzią śmiałyśmy się do rozpuku. W końcu udało nam się dotrzeć do jednostki. Stojąc ze mną na placu głównym, Magda nagle zauważyła:

– Musimy się przebrać w nasze zwiewne sukieneczki, bo zaraz się usmażę w tych jeansach!

– No i mało seksownie wyglądamy – dodałam.

Wybuchłyśmy śmiechem, aż rodzice żołnierzy zaczęli nas uciszać. Jednak pomysł z przebraniem wydał nam się na tyle dobry, że uznałyśmy, iż warto go zrealizować. Pozostał do rozwiązania jeden poważny problem: należało znaleźć odpowiednie miejsce do takiej operacji. W jednostce wojskowej pełnej ludzi nie było to łatwe.

– Tam! – Magda chwyciła mnie za ramię.

Spojrzałam w kierunku, który wskazywała. To był bunkier. W dodatku strzegli go dwaj uzbrojeni po zęby wartownicy.

– Oszalałaś? – Zerknęłam na przyjaciółkę. – Przecież tam pilnują!

– Tym lepiej, nikt nie będzie nam przeszkadzał – rzuciła, a potem chwyciła mnie za rękę i pociągnęła w kierunku bunkra.

Do dziś nie wiem, jak udało nam się dostać do środka. Magda „stawała na rzęsach", żeby zbajerować wartowników. Nie wiem, czy zadziałał nasz urok osobisty, czy ci chłopcy mieli już nas dosyć, ale w końcu pozwolili nam się przebrać w bunkrze. Oczywiście niespecjalnie się z tym spieszyłyśmy. Założyłyśmy zwiewne, kuszące sukieneczki, a potem był jeszcze czas na make-up. W końcu jednak byłyśmy gotowe. Najciszej, jak tylko potrafiłyśmy, zaczęłyśmy wychodzić z tego bunkra, będąc pewnymi, że uroczystość zacznie się lada chwila. Na zewnątrz nas zamurowało. Z przerażeniem zobaczyłyśmy, że prosto na nas maszerowały całe szeregi żołnierzy.

– Naprzód patrz! Naprzód marsz! Naaa przód paaatrz! – wrzeszczał ich dowódca.

Tyle że na nasz widok, ci biedni chłopcy zaczęli gubić rytm, mylić kroki, potykać się o własne nogi. Nastąpiła zupełna katastrofa. Do dziś śmiejemy się z Madzią do rozpuku, gdy przypomnimy sobie tamtą sytuację. A przysięga kuzyna? Niestety, umknęła nam cała ceremonia, gdy robiłyśmy się na bóstwa w bunkrze. Jednak i tak było fajnie!

Kolejnym szalonym wyjazdem było nasze pielgrzymowanie do Częstochowy na spotkanie z papieżem Janem Pawłem II. Tam, stojąc w tłumie wiernych, zastanawiałyśmy się, jak zdobyć błogosławieństwo papieża. Oczywiście Madzia miała swój pomysł. Oświadczyła nagle:

– Musimy gdzieś tu się wdrapać, żebyśmy były widoczne! Wtedy na pewno papież nas zauważy i pobłogosławi!

W końcu rzeczywiście udało nam się dostać na balustradę, a papież spojrzał na nas uśmiechnięty i nas pobłogosławił. Przynajmniej tak nam się wydawało. Wierzyłyśmy w to wówczas naprawdę, a wiara czyni cuda. Jak było w rzeczywistości? *Skryję to za suknem milczenia*, jak ująłby to Dante. W każdym razie po tej pielgrzymce naprawdę uwierzyłyśmy jeszcze bardziej, że mamy chody tam, w Niebie. Zatem od teraz mogłyśmy sobie pozwolić na jeszcze więcej. W końcu przecież czułyśmy się nietykalne, a może nawet wybrane.

Jednak najbardziej niezapomniane były nasze wizyty u Świrów ze Stolicy. Tak ich wszyscy nazywali, nie wyłączając ich samych. Grunt to dobra reklama! To była ekipa mojego późniejszego pierwszego męża. Zbieranina różnorodna, że aż strach: Jego bracia, kumple, sąsiedzi i cała reszta. Jako nastolatka byłam zachwycona tym światem pełnym przygód, imprez, ekscesów i nieustannej obecności policji. Madzia, jak zwykle, do wszystkiego podchodziła z przymrużeniem oka, wszystko brała na wesoło, nawet policyjny nalot na chatę podczas jednej z imprez.

– Słuchaj, to jest najlepsze! Policjanci pytają, czy to my zorganizowałyśmy tę imprezę, a ja na to: „Nie, my tylko przyszłyśmy tu po błogosławieństwo papieża!". Ryczała ze śmiechu dobre kilka minut, a ja z nią.

Tak, wówczas te wybryki Świrów ze Stolicy wydawały się zajebiste. Byłam zakochana w tym całym marazmie. Te ich wariacje, imprezy, nonszalancja, policja na karku, itp.! Strasznie mi to imponowało! Ale teraz, z perspektywy czasu, gdy spojrzę na to okiem dorosłej kobiety, stwierdzam, że to wszystko było popierdolone! Ile głupot i przestępstw tam widziałam, to głowa mała!

Oczywiście Madzia miała i na to swoją odpowiedź:

– Wiesz co, dziewczyno? Za parę lat będziemy opowiadać o tym naszym dzieciom, jak należy się bawić!

Gówniany pomysł!

Naprawdę nie ma się czym chwalić. Co ja wtedy miałam w głowie?

Chyba tylko przeciąg!

Czasami myślę, że wolałabym o tym wszystkim zapomnieć. Gdy analizuję po raz któryś z kolei te wszystkie nasze ekscesy i głupoty, jestem coraz bardziej przerażona. Niekiedy udaję przed samą sobą, że to były przecież tylko szczeniackie wygłupy. Problem polega na tym, że nie były takie niewinne, jak chciałabym to sobie wcisnąć. Nie były!

Dziś zbyt dobrze wiem, że każdy wczorajszy wybór ma mniejszy lub większy, ale ma, wpływ na to, kim będę jutro. Zaklinanie rzeczywistości w niczym nie pomoże, bo piekło tak łatwo nie wypuszcza ze swoich gościnnych progów.

Ale moje życie ciągle się toczy, tka się każdy dzień mojego losu. Nadal. I ciągle powracające słowa z niedokończonej rozmowy w parku:

– Magda, czasami naprawdę żałuję, że cię poznałam…

Piekło to jeszcze, czy coś innego?

ROZDZIAŁ 4

Ach, te szalone lata młodości! Szczególnie te, gdy skończyłam szesnaście lat. To wtedy się zakochałam. Pierwsza, prawdziwa, młodzieńcza miłość. Wszystko zaczęło się na dyskotece, w miejscu, które obie z Madzią uważałyśmy wciąż za bardzo ważne.

Gdzieś na obrzeżach miasta, z dala od zgiełku codzienności i rutyny, znajdował się mały lokal, w którym odbywały się dyskoteki. Był on dobrze znany w licealnych kręgach. Był takim naszym miejscem, gdzie spotykaliśmy się w weekendy. Wydawałoby się, że to nic specjalnego, ale dla mnie stał się swoistym… dantejskim lasem. Tak, dobrze czytacie. Dantejskim lasem, z którego wychodziliśmy w środku nocy, półprzytomni od tańca i alkoholu, zaplątani w wir miłosnych perypetii. Dantejski las, czyli coś tajemniczego, nieznanego, niekiedy ciemnego i nie zawsze gościnnego. Tak to wtedy rozumiałam.

I w tym lesie zdarzyło się coś, co zmieniło moje życie. Przynajmniej wtedy tak myślałam. Po raz pierwszy weszłam tam sama, nieco nieśmiała i pełna obaw. Zobaczyłam Go właśnie w tym małym klubie na obrzeżach miasta. On, twardy jak stal, dopiero co wypuszczony z objęć wojska, stał tam, z tym swoim pewnym siebie spojrzeniem. Ja, szesnastka z głową pełną marzeń i romantycznych wyobrażeń, patrzyłam na niego, jak na bohatera moich niepokojąco realnych snów. Zauważyłam go natychmiast, stojącego na krawędzi parkietu, jakby był samotnym wędrowcem na skraju dantejskiego lasu.

Gdy nasze spojrzenia się spotkały, coś błysnęło. Z początku myślałam, że to reflektor, ale okazało się, że to coś więcej. Coś, co sprawiło, że serce zaczęło mi bić szybciej, a dłonie stały się wilgotne.

Podszedł do mnie z uśmiechem na twarzy. Wiedziałam, że powie coś mądrego. Powie coś, co mną wstrząśnie, rzuci na kolana.

– Zatańczysz, piękna? – zapytał.

I wiecie co? To naprawdę mną wstrząsnęło. Nie przekaz, ale tembr jego głosu – niski, wciągający niemal.

– Więc? – dopytywał się, coraz bardziej niecierpliwy.

Mimo szalonego bicia serca wydusiłam z siebie coś, co wydało mi się wówczas bardzo dowcipne:

– O ile potrafisz trzymać rytm lepiej niż karabin, to chyba mogę zaryzykować.

Śmiech, który wystrzelił z jego ust, dodał mi pewności siebie. O, tak! Tańczyliśmy razem przez kolejne miesiące. Czasem do muzyki disco, czasem do rocka, a czasem do tanga, które okazało się naszym ulubionym tańcem. Tak, tango! Zdziwieni? Jeśli tak, to chyba nigdy nie tańczyliście prawdziwego tanga. Skąd taki taniec? W tamtym dusznym klubie puszczali różne ciekawe kawałki.

Zatem tango. Każdy krok, każdy obrót, to była nowa strona w historii naszej pierwszej miłości. Był to taniec pełen emocji i tajemnic, ociekający namiętnością, gubiącą po drodze zdrowy rozsądek.

Pewnego wieczoru, gdy na parkiecie rozbrzmiewał hit zespołu ABBA, potknęłam się o własne nogi. Cóż, zdarza się najlepszym tancerzom. Wtedy wypowiedział najbardziej słodki komentarz, jaki kiedykolwiek słyszałam:

– Nie martw się, piękności. Będę łapał cię za każdym razem, gdy twoje nogi odmówią ci posłuszeństwa.

Ta sytuacja utkwiła mi w pamięci do dziś, jako przypomnienie, że miłość, podobnie jak taniec, nie jest doskonała, ale to właśnie te małe potknięcia, te niewielkie niedoskonałości, nadają jej prawdziwe piękno.

Nawet po tylu latach, gdy myślę o Eryku, ciepło rozlewa mi się po sercu. Eryk… To był wysoki, dobrze zbudowany facet z ciemnymi, prawie czekoladowymi oczyma. Miał tę niepowtarzalną charyzmę, którą można było poczuć, nawet gdy był ledwo w zasięgu wzroku. Był ochroniarzem w dyskotekach. Nie wiem, czy to przez tę pracę, czy po prostu miał to w genach, ale tańczył jak młody bóg. Razem przetańczyliśmy cały nasz związek. I choć niewiele pamiętam z tamtych lat, to tańca z nim nigdy nie zapomnę. Każdy krok, każdy obrót, każde spojrzenie… to wszystko było magiczne. A jego poczucie humoru! Nie do opisania! Miał ten dar do wygłupiania się, który sprawiał, że nawet w najgorsze dni potrafił rozbawić mnie do łez.

Zawsze otaczał się grupą kumpli. Byli dla niego jak bracia, a dla mnie byli jak rodzina. Każdy z nich był inny, ale razem tworzyli wyjątkową grupę.

Ta podróż z Erykiem była pełna nieoczekiwanych zwrotów akcji jak u Dantego. Były momenty, gdy błądziliśmy, zaplątani w naszych własnych emocjach, ale zawsze wracaliśmy na właściwą drogę. Zawsze znów znajdowaliśmy się w tym samym miejscu – na parkiecie, w centrum naszego dantejskiego lasu.

I tak, podobnie jak Dante w swojej „Boskiej Komedii", ja też nauczyłam się czegoś o sobie. Tego, że jestem w stanie kochać i być kochaną, oraz, że miłość bywa skomplikowana i pełna zawiłości, tak jak dantejski las. Przede wszystkim jednak zrozumiałam, że każda miłość, nawet ta najbardziej bolesna i skomplikowana, jest podróżą wartą przebycia.

Nasza miłość była jak tańczący wiatr – czasem łagodna i kojąca, innym razem dzika i nieprzewidywalna. To był romans pełen euforii, smutku, radości i cierpienia, a przez to był niesamowicie prawdziwy. Ale tak jak wszystko, co piękne, nie mógł trwać wiecznie…

Na koniec naszej dantejskiej podróży Eryk, moja miłość, moje piekło i moje niebo, odszedł. Porzucił mnie i nasz taniec. Pozostał po nim tylko cień i pustka, które wypełniały moje serce. Pomimo tej straty, pomimo tej bolesnej samotności, której doświadczyłam, wiedziałam, że ta podróż była warta każdego kroku, każdego słowa, każdego spojrzenia. Bo przecież nie ma „Boskiej Komedii" bez piekła, nie ma miłości bez bólu, a prawdziwa podróż wymaga odwagi i gotowości na zmaganie się z przeciwnościami. I choć moja podróż z Erykiem dobiegła końca, zrozumiałam, iż to nie koniec mojego własnego dantejskiego lasu. Wiedziałam, że jeszcze wiele razy będę musiała wkroczyć w jego czeluści, przemierzać kolejne kręgi, aby znów odnaleźć miłość i szczęście.

Czasem myślę o nich, o tych wszystkich dobrych chwilach, które razem spędziliśmy. Bywały lata, że żałowałam, iż to się skończyło…

Eryk to była moja pierwsza nastoletnia miłość. Pierwszy mężczyzna, który wpadł mi w oko. Pierwszy, który nauczył mnie tańczyć z nieznanymi wcześniej emocjami. Pierwszy, który pokazał mi, czym jest uczucie miłości. Ale między nami nigdy do niczego nie doszło w sferze seksualnej. Być może to był powód, dla którego odszedł… Być może byłam zbyt młoda, zbyt niepewna, zbyt naiwna… Czy gdybym była gotowa na więcej, wszystko potoczyłoby się inaczej? Czy gdybym była odważniejsza, bardziej pewna siebie, moglibyśmy być razem? Te pytania, te „co by było, gdyby", latami mnie nawiedzały. Ale zawsze wracam do tej samej myśli: to była miłość.

To była prawdziwa, nieskomplikowana, młodzieńcza miłość. I choć nie jesteśmy razem, choć Eryk jest teraz tylko wspomnieniem, nigdy go nie zapomnę. Zawsze będę pamiętała nasz taniec.

Po Eryku, jakby los miał coś przeciwko mojemu szczęściu, pojawił się On. Poznałam go przez Magdę, czego do dzisiaj nie mogę jej wybaczyć. Od razu wiedziałam, że jest skończonym dupkiem. Ale cóż, ta jego „bad boy" aura mnie fascynowała, tak jak fascynuje każdą naiwną nastolatkę, która myśli, że łobuz kocha najbardziej.

– To jest Sebastian – przedstawiła go Madzia, a ja, jak zahipnotyzowana, wpatrywałam się w jego szare oczy.

– Witam w moim królestwie – rzucił z uśmiechem, który mógłby rozmrozić Syberię.

Sebastian. Postać godna opisania przez Dantego. Miał w sobie coś, co przyciągało i odpychało zarazem. Z jednej strony wywoływał respekt, a z drugiej – przerażenie. Tak, mógłby być jednym z tych potworów, które Dante umieścił na dnie swego piekła, jako personifikację grzechu i zła. Nie było w nim nic ujmującego, a jednak był przystojny na swój chamski sposób. Twarz rzeźbiona jak u marmurowego herosa, oczy zawsze zimne i wyzywające. Czy można było go kochać? Nie. Czy można było go pragnąć? O tak, to jak najbardziej! Był jak chodzący, oddychający paradoks.

Jak mawiał Schopenhauer, *ludzie są jak jeże, które próbują zbliżyć się do siebie dla ciepła, ale zawsze zostają pokłuci przez swoje kolce.*

Seba miał kolce, owszem, ale kolce tak ostre, że zawsze raniły. Dlaczego więc przyciągał? Czy ludzka natura jest tak okrutna, że szuka tych, którzy mogą nas zranić? Jak już brnę w filozofię, to Nietzsche również się zastanawiał, czy człowiek jest gotowy zniszczyć siebie dla swojego pożądania? Czy pragnienie jest silniejsze od strachu? Pewnie Nietzsche zdziwiłby się, ale Seba stanowił odpowiedź na te pytania. Tak, człowiek jest zdolny do samozniszczenia dla swoich pożądań. Pragnienie może być silniejsze od strachu. Może właśnie dlatego Sebastian był królem miasta. Mimo swej chamskiej natury, mimo groźnego wyglądu, mimo tego, że był chodzącą personifikacją grzechu, ludzie go pragnęli. Łaknęli zepsutej piękności, jaką sobą reprezentował. Może to jest prawdziwy obraz naszego piekła – pragnienie tego, co zna się jako zło, ale nie potrafi się od tego odwrócić wzroku.

Tak, Seba był jak piekło Dantego: przerażający, ale fascynujący. Był jak ten ciemny krąg, który Dante tak sugestywnie opisał – miejsce pełne bólu i cierpienia, ale jednocześnie przyciągające swoją tajemniczą mocą. Czy to nie jest właśnie obraz naszej ludzkiej natury? Czy nie jesteśmy wszyscy, tak jak Dante, podróżnikami przez nasze własne piekła, pociąganymi przez to, co znamy jako zło?

Sebastian był tym przypomnieniem – symbolem przeklętego magnesu, który przyciąga, chociaż znamy konsekwencje. I tak jak piekło Dantego, nie dało się od niego oderwać wzroku. Wciągał nas wszystkich, a ja nie byłam wyjątkiem. Kierowałam ku niemu spojrzenia jak zagubiona dusza, która wie, że idzie w złym kierunku, ale nie ma już siły, żeby zawrócić. Jego obecność była jak wirująca czarna dziura w centrum miasta, która pochłaniała wszystko i wszystkich. Był jak fatalna usterka w kompasie moralnym, która sprawia, że zawsze idziesz w złą stronę, niezależnie od tego, jak bardzo się starałaś iść w prawidłowym kierunku.

Nawet teraz, gdy o nim piszę, czuję to dziwne przyciąganie, to ciemne pragnienie, które wywoływał. Czy to było związane z naszą ludzką twarzą? Czy pragnienie tego, co zabronione, co znamy jako

złe, jest wpisane w naszą biologiczną naturę? Czy jesteśmy progra-
mowani do samozniszczenia?

I tak, patrząc na Sebę, patrząc na jego chamską piękność, czułam,
jak coś we mnie pęka. Widziałam, jak moje zrozumienie świata zaczynało się sypać. Wiedziałam już, że piekło nie jest miejscem, do
którego się idzie po śmierci. Piekło jest tutaj, na ziemi, w naszych
codziennych wyborach, w naszych pragnieniach i lękach. To jest prawdziwe piekło Dantego, to jest prawdziwa „Boska Komedia" – tragedia naszych własnych pragnień, które prowadzą nas do samozanisz-
czenia.

Sebastian był jak piekło, które było na wyciągnięcie ręki. Był jak
grzech, który można było dotknąć, jak przeklęty owoc, który mógł
być skosztowany. Ale tak jak w piekle Dantego, tak i tutaj, konsekwencje były zawsze bolesne.

Właśnie z tym gnojkiem przeżyłam swój pierwszy raz. Zawsze
myślałam, że to będą wspaniałe chwile, a dziś już wiem, że to był
gwałt. Niestety, wtedy tego nie wiedziałam. Po prostu leżałam cicho
i prosiłam w myślach, aby to się skończyło. Nie miałam odwagi powiedzieć tego głośno. Nie wiedziałam, że mogę. Leżałam, zaciskając
oczy, z których strumieniami lały się łzy… a on mnie używał…

To było okropne! Po tym wszystkim ubrałam się pospiesznie
i uciekłam. Poczucie wstydu i obrzydzenia pozostało na zawsze.
Czuję to wszystko do dziś, jakby wydarzyło się zaledwie wczoraj.
Seba – pierdolony gwałciciel!

W sumie czego się spodziewałam po kimś, kto zlał mnie po twarzy
w miejscu publicznym? Że będzie mnie kochał, wielbił i szanował?

Czy byłam naiwna? No cóż, byłam. Kto wie, może to ten kon-
trast pomiędzy Erykiem a Sebastianem? Może to właśnie mnie przyciągało?

Może to było to, co sprawiło, że zgodziłam się na tę szaloną jazdę? Ale to się skończyło. I dobrze, że tak. Właściwie nie chcę o nim pamiętać. Podobno zdechł gdzieś pod płotem. Śmierć odpowiednia dla takiego gnojka, jakby jego wewnętrzny demon w końcu go zjadł. Jakby ta chamska, przystojna twarz w końcu zobaczyła się w lustrze.

– Czy słyszałaś o Sebastianie? – zapytała Magda pewnego dnia, siedząc na kanapie w moim mieszkaniu.

– Nie i nie chcę – odpowiedziałam, nie patrząc na nią.

– Podobno...

– Magda, naprawdę nie chcę wiedzieć – przerwałam jej.

Ale ona mi powiedziała. Powiedziała mi o tym, jak umarł. Jakaś część mnie chciała się cieszyć, ale inna... inna była zrozpaczona. Nie dlatego, że go kochałam. Nie, to było dawno temu. Ale dlatego, że pomimo wszystko, był częścią mojego życia. Był moim błędem, moją lekcją. I teraz, kiedy go już nie było, patrzyłam tylko wstecz i zastanawiałam się, jak mogłam być tak głupia.

Po tym dupku przez długie miesiące byłam sama, nie chciałam się z nikim spotykać, w ogóle niczego nie chciałam... Niesmak i złość zostały do dziś.

Pozostało mi tylko uciekać w świat marzeń i w świat miłości ukrytej na kartach książek. Ta miłość była jakaś bezpieczniejsza. Była mniej ryzykowna, niż ta w prawdziwym świecie. Nie musiałam obawiać się odrzucenia, bólu, złamanych obietnic czy zawiedzionych oczekiwań.

Najbardziej intrygowało mnie uczucie Dantego i Beatrycze. Było to coś, co zawsze mnie fascynowało i dawało poczucie, że miłość może być czysta, nieskażona ludzkimi ułomnościami. Zastanawiałam się, czy to, co czułam, było w ogóle miłością, czy raczej było to pragnienie posiadania czegoś, co wydawało się niedoścignione?

Czy to było zakochanie, czy raczej samozniszczenie?

I tak, zanurzając się w te myśli, zrozumiałam, że może, tak jak Dante, zbyt idealizowałam miłość. Może szukałam czegoś, co nie istnieje? Może to, co nazwałam miłością do Sebastiana, było raczej pragnieniem, obsesją?

A może miłość w ogóle nie istnieje? Może to wszystko jest tylko iluzją, którą tworzymy, aby dać sobie poczucie sensu?

Tak uciekając w świat marzeń i w świat miłości z literatury, zaczęłam dostrzegać swoje własne błędy, swoje własne złudzenia. Zobaczyłam, że to, co nazywałam miłością, było czymś zupełnie innym.

Krótko po maturze postanowiłam powtórzyć swój pierwszy raz, ale tym razem z kimś, kto na to zasługiwał i do kogo coś czułam. Był to chłopak, który zamieszkał w moim sercu na lata. Borys. Należał do Ekipy Świrów ze Stolicy.

Borys był nieziemski! Zaczął od oczarowania mnie swoim wyglądem, a potem już nie mogłam się od niego uwolnić. Jego poczucie humoru, osobowość i czułość rzuciły mnie na kolana. Boże, jak ja się w nim zakochałam!

Borys miał to coś, co spowodowało, że zapominałam o całym świecie. Jego spojrzenie sprawiało, że czułam się jedyną kobietą na ziemi. I był tam ten szalony magnetyzm, który przyciągał mnie do niego z niewytłumaczalną siłą. Tańczyliśmy, śmialiśmy się, rozmawialiśmy o wszystkim i o niczym. Nasze randki były magiczne. Borys był prawdziwym dżentelmenem. Zawsze otwierał mi drzwi, zdejmował kurtkę, by mnie okryć, gdy było mi zimno, a jego uśmiech był najpiękniejszym, co mogłam zobaczyć. Mieliśmy nasze miejsce – mały sklepik z lodami, gdzie zawsze zamawiał dla nas dwa różowe sorbety. Czasami chadzaliśmy na wiślane bulwary, gdzie piliśmy w milczeniu tanie wino, smakując naszą bliskość. To były chwile, które należały tylko do nas.

Jednak miłość to nie tylko te słodkie, magiczne momenty. To też pożądanie, pragnienie drugiej osoby, pragnienie dotyku. Borys i ja cieszyliśmy się tym wszystkim. Każde spotkanie kończyło się u niego w mieszkaniu, gdzie nie byliśmy ograniczeni przez społeczne konwenanse. Były tam chwile, kiedy pożądanie nas zalewało, kiedy nasze ciała pragnęły się nawzajem. Były chwile, kiedy czułam jego dotyk na mojej skórze, jego pocałunki na moich ustach. Rodziły się momenty, które były tylko nasze, które były pełne pasji i pożądania. Było coś niewiarygodnie ekscytującego w tych błyskach, coś, co sprawiało, że czułam się bardziej żywa niż kiedykolwiek. Z Borysem seks był jak piękny taniec, pełen pasji, czułości i pożądania. Wiedział, jak mnie dotknąć, jak mnie całować, jak sprawić, bym czuła się piękna i pożądana.

Borys był facetem, o którym marzy każda dziewczyna.

Wiedziałam już wtedy, że to ten jedyny, z którym chcę spędzić życie. Był przystojny, zabawny, czuły i namiętny. Był tym, co sprawiło, że moje serce zaczęło bić szybciej, że mój umysł zaczął marzyć o przyszłości, że moje ciało pragnęło jego bliskości. Ale nie wszystko było tak idealne, jak mogło się wydawać.

Z Borysem miałam szansę poznać coś więcej niż tylko fizyczne uniesienia. Pokazał mi, co to znaczy być zrozumianą, kochaną i szanowaną. Uzmysłowił, jak piękne może być uczucie, gdy zamiast pustki czujesz ciepło, które rozlewa się wewnątrz ciebie. Pokazał mi, co to znaczy, gdy ktoś patrzy na ciebie, jak na najpiękniejsze zjawisko na świecie, nawet gdy jesteś rozczochrana i zaspana.

Najbardziej jednak zaskoczyło mnie to, jak łatwo można przekroczyć granice przyzwoitości, jak łatwo można zapomnieć o zasadach, które wydawały się tak oczywiste. Dla Borysa nie istniały żadne bariery. Gdy byliśmy razem, świata poza nami po prostu nie było. Cała reszta nie miała znaczenia. To był czas pełen namiętnych pocałunków, długich rozmów przy świecach, podczas których mogłam się czuć naprawdę szczęśliwa. Ale był to również czas, gdy musiałam stawić czoła prawdzie. Prawdzie o tym, że nie wszystko jest tak piękne, jak się wydaje. I o tym, że miłość nie zawsze jest łatwa i bezproblemowa.

– Jestem zaręczony – rzucił jednego dnia, jakby to była najnormalniejsza sprawa na świecie.

To było jak piorun z jasnego nieba. Tak, to banalne. Oddaje jednak istotę rzeczy. W jednej chwili straciłam wszystko, co dla mnie było ważne.

– Ach, tak? – odpowiedziałam, próbując zachować spokój, choć w środku czułam, jak coś we mnie pęka.

Znał moje uczucia, wiedział, że jestem w nim zakochana do szaleństwa. Wyznał, że również się zakochał. Pamiętam, jak siedzieliśmy na ławce w parku, a on zapytał:

– Najlepiej, gdybym został z tobą, prawda?

– Przecież wiesz… – odpowiedziałam, starając się ukryć drżenie w głosie.

Wiedziałam jednak, że to niemożliwe. Pragnęłam tego jak niczego innego na świecie! Ale skoro miał już ustatkowany, dojrzały związek, po co miał bawić się z małolatą?

I mnie zostawił.

Została sama ze swoim bólem, ze swoim rozczarowaniem.

– Nie powinno mi zależeć – powiedziałam sobie, próbując przekonać swoje serce, że to prawda.

Ale serce nie daje się tak łatwo oszukać.

Nie potrafiłam o nim zapomnieć. Przez kolejne kilka lat moje serce było jak ranne zwierzę, które próbuje uciec, ale nie jest w stanie.

Niczego jednak nie żałuję, bo to, co z nim przeżyłam, było piękne.

Do dziś na dźwięk piosenki Alphaville „Forever Young" czuję dreszcze. Bo to była nasza piosenka. Za każdym razem, gdy usłyszałam jej pierwsze tony, serce zaczynało mi bić mocniej. Ta piosenka przypominała mi o Borysie, o naszej miłości, o czasach, które były dla nas piękne i niewinne. Wpadający w ucho synth-popowy rytm, nostalgiczna melodia i niewymuszone, łagodne brzmienie głosu wokalisty – wszystko to tworzyło tło dla naszej miłosnej historii. Pierwsze dźwięki piosenki, te subtelne, niemal eteryczne nuty, które płynęły spokojnie i łagodnie, przypominały mi o początkach naszej miłości. O tym, jak powoli i nieśmiało zaczynało się nasze uczucie. Jak z każdym dniem stawało się silniejsze, coraz bardziej intensywne. Ta część piosenki, pełna subtelnego oczekiwania, przypominała mi o naszych pierwszych pocałunkach, pierwszych spojrzeniach pełnych namiętności.

Potem nadchodził moment, gdy melodia nabierała tempa. To był etap naszej miłości pełen ekscytacji i pożądania. To były chwile, gdy zrozumiałam, że Borys to ktoś więcej niż tylko znajomy. To był czas, kiedy każdy jego dotyk sprawiał, że moje serce biło szybciej, a moje kolana stawały się słabe.

Refren piosenki to była apoteoza naszej miłości. Głos wokalisty rozbrzmiewał z pełnym namiętności przekazem o wiecznej młodości. W tych chwilach, śpiewając razem „Forever young, i want to be forever young", czuliśmy, że nasza miłość jest wieczna, że czas nie ma nad nami władzy. Były to chwile, gdy zapominaliśmy o świecie, gdy istnieliśmy tylko my dwoje.

Kiedy piosenka dobiegała końca, gdy dźwięki zaczynały powoli zanikać, przypominało mi to o końcu naszej miłości. O chwilach, gdy musieliśmy się rozstać. Gdy moje serce zostało złamane. Mimo wszystko, mimo łez, które płynęły po moich policzkach, mimo bólu, który czułam w sercu, zawsze na końcu tej piosenki wypełniała mnie nadzieja. Nadzieja, że może kiedyś znów będziemy razem.

– To piosenka twoja i Borysa, prawda? – zapytała Magda pewnego dnia, gdy ta melodia zabrzmiała w radio.

– Tak, to była nasza piosenka – potwierdziłam, a potem spojrzałam przez okno na zatłoczone ulice miasta. – Zawsze nią będzie – dodałam cicho.

Trudno przeżywać swoje własne, osobiste piekło. Jest to jeszcze trudniejsze, gdy jesteś zakochaną nastolatką, która dosłownie przeżywa piekło dantejskie, mając własne romantyczne kręgi, do których powoli, bezwiednie zstępuje.

Zaczęło się niewinnie, tak jak Pierwszy Krąg dantejskiego *inferno – limbo*. Było nieco niepewności, ciągłe zastanawianie się, czy warto. Ale byłam ciekawa, czy to jest ta miłość, o której tak dużo czytałam.

– Jestem w limbo – wyznałam Madzi podczas jednej z naszych nocnych rozmów.

– Limbo? Jak z Piekła Dantego? – Spojrzała na mnie ze zdziwieniem. – Tak, dokładnie. Ciągle nie wiem, gdzie jestem, ani dokąd idę.

Gdy spotkałam Borysa, znalazłam się w Drugim Kręgu – tuż na skraju piekła, pełna pożądania. Ale potem, gdy dowiedziałam się o jego zaręczynach, spadłam prosto do Kręgu Trzeciego – głodu i zimna.

– Madziu, czuję, jakby coś we mnie zamarzło – wyznałam przyjaciółce. Wtedy zaczęłam czytać o Kręgu Czwartym – gniew oraz zazdrość. Uświadomiłam sobie, że to jest dokładnie to, co czuję. Wściekłość na Borysa, zazdrość o jego narzeczoną. Ale potem zrozumiałam, że to nie koniec.

Ciągle schodziłam niżej, do Kręgu Piątego – lenistwo i płacz, potem do Szóstego – herezja, Siódmego – gwałt, Ósmego – kłamstwo i Dziewiątego – zdrada. Każdy krąg był jak nowa faza mojego związku, jak nowa rana na moim sercu.

– To jest jak jakaś koszmarna podróż – powiedziałam w końcu Magdzie, kiedy doszłyśmy do końca wyprawy przez dantejskie piekło.

– No cóż, Dante musiał przejść przez piekło, zanim dotarł do raju. Może teraz ty też tam trafisz – zastanawiała się zupełnie poważnie przyjaciółka.

Może Madzia miała rację. Może musiałam przejść przez to wszystko, aby nauczyć się czegoś o sobie, o miłości, o tym, jakie rzeczy naprawdę mają znaczenie. Może musiałam przejść przez te dantejskie kręgi, żeby zrozumieć, jak ważna jest dla mnie moja godność i jak cenne jest moje ciało.

Niestety, niczego się wtedy nie nauczyłam.

Kiedy Puszka Pandory zostaje otwarta, tak naprawdę wszystko z niej wydostaje się na zewnątrz, a my stajemy się bezradni. To jest fakt, a ja go doświadczyłam na własnej skórze. Gdy straciłam swój najcenniejszy skarb, moje dziewictwo, czułam, że to był moment przełomowy, coś niepowtarzalnego, coś, co zdefiniowało moje następne lata. To był moment, po którym czułam, że stałam się kimś innym. Czułam, że straciłam coś niezwykle cennego, coś, co było tylko moje, czego nigdy już nie odzyskam.

Otworzyłam więc swoją Puszkę Pandory na oścież, nie myśląc o konsekwencjach. Moja naiwność każe mi teraz płakać nad rozlanym mlekiem. Gdy straciłam już to, co najcenniejsze, czułam, że nie ma znaczenia, kto jeszcze do niej zajrzy. Moje ciało, które kiedyś było skrywane, nagle stało się przedmiotem zainteresowania innych. Przecież już nie było co chronić, nie było co ukrywać.

– To już nie ma znaczenia – powtarzałam do swojego odbicia w lustrze, próbując przekonać siebie do własnych słów. – Teraz już każdy może zajrzeć do mojej Puszki Pandory.

Chciałam wierzyć, że to prawda, chciałam uwierzyć, że moja wartość nie zależy od tego, co stało się w przeszłości.

Nie wiedziałam wtedy, że powinnam nadal chronić i siebie, i swoje ciało. Nie miałam świadomości, że moje ciało to nie tylko skarb, który można stracić, ale także świątynia, którą trzeba szanować i pielęgnować. To było coś, czego nikt mi nigdy nie powiedział, czego nikt mnie nie nauczył. No bo kto miał to zrobić?

– Mamo, czy mogę z tobą porozmawiać? – zapytałam pewnego dnia.

Spojrzała na mnie zaskoczona.

– Czy powinnam… Czy powinnam chronić siebie? – brnęłam nadal w ten absurd.

W jej oczach widziałam zaskoczenie, a potem smutek. Wiedziała, o co mi chodzi. Wiedziała, że straciłam coś cennego, a teraz nie miałam pojęcia, jak sobie z tym poradzić.

W domu miałam raczej kiepski przykład. Dlatego zdarzały się jednorazowe przygody łóżkowe. Jednak tak prawdę mówiąc, nigdy nic nie poczułam, żadnej przyjemności, żadnej bliskości.

– To wszystko? – zapytałam pewnego dnia Magdę, gdy opowiadałam jej o moim najnowszym romansie.

– Co masz na myśli? – odpowiedziała pytaniem, patrząc na mnie z niepokojem.

– Czy to ma tak wyglądać? Czy tak to właśnie ma być? – pytałam dalej.

W ten sposób i ja, i moja godność, staczałyśmy się na dno.

– Musisz sobie poradzić – powiedziała mi Magda pewnego dnia, gdy znów wpadłam w spiralę samozniszczenia. – Nie możesz się tak poddawać.

– Ale co mam robić? – odpowiedziałam, patrząc na nią z rozpaczą. – Przecież straciłam już wszystko.

I wtedy Magda niespodziewanie odpowiedziała:

– Masz jeszcze siebie. To jest najważniejsze.

W końcu nadszedł kres mojej szalonej podróży przez licealną dolinę łez. Jak współczesna Beatrycze, wpatrując się w nieosiągalną gwiazdę Dantego, czułam się zagubiona. To była niekończąca się droga przez mój osobisty labirynt emocji, moje własne piekło.

– Dlaczego Dante musiał napisać to tak piekielnie trafnie? – zapytałam Madzię pewnego dnia, ściskając swój egzemplarz „Boskiej Komedii". – Czy nie mógł być nieco mniej dramatyczny?

– Przecież to Dante, głupia! – zauważyła Madzia, marszcząc czoło.

I tak, jak Dante przez dziewięć kręgów piekła, tak ja, wędrowałam przez dziewięć etapów związku, który rozpalił moje serce na nowo. Każda faza była jak nowy krąg mojego osobistego piekła: od niewinnej fascynacji, przez namiętność, po zawód, zazdrość, rozczarowanie, zdradę, rozstanie, rozpacz i w końcu – poczucie straconego czasu.

Wystarczyło spojrzeć na moje życie, a miałoby się gotowy scenariusz do współczesnej adaptacji Piekła Dantego. Miałam nawet własnego Wergiliusza – Magdę, która prowadziła mnie przez te piekielne kręgi, choć nie zawsze wiedziałam, czy na pewno chciałam tam wejść.

– Czy to już koniec naszej podróży, Madziu? – spytałam, gdy doszłyśmy do ostatniego kręgu mojego piekła, tego, w którym rozstałam się z Borysem.

Madzia znowu trafnie zauważyła:

– Pamiętaj, że Dante przeszedł przez piekło, aby dojść do raju. Więc kto wie? Może to jest dopiero początek twojej podróży.

Szczerze mówiąc, nie byłam pewna, czy chcę iść dalej. Jednak wiedziałam, że muszę to zrobić. I tak, jak Dante, musiałam iść naprzód... oby do mojego własnego raju.

Bo choć piekło było straszne, bez niego nigdy nie dostrzeglibyśmy prawdziwego piękna miłości.

Tak przechodziłam przez te relacje z facetami, zawsze z tą samą nadzieją i zawsze z tym samym wynikiem. Jak Syzyf, który robił krok w górę tylko po to, aby ponownie spaść na samo dno.

Z każdą porażką, z każdym nieudanym związkiem moje poczucie wstydu i bezsilności rosło.

A mimo to, nadal żebrałam o miłość, skamlałam o uwagę i akceptację. Prosiłam o te wszystkie uczucia, których nie doznałam w dzieciństwie.

Zaczynałam wątpić, czy kiedykolwiek odnajdę miłość, o której marzyłam. Czy kiedykolwiek zaznam prawdziwej bliskości, autentycznej czułości i pełnego zrozumienia?

Moje serce stało się istnym cmentarzem miłości. Było pełne grobów... pełne przeszłości... pełne smutku...

– Pozostało mi tylko uciekać w świat marzeń i w świat miłości ukrytej na kartach książek – powtarzałam sobie, zasłaniając twarz poduszką i próbując zagłuszyć łkanie, które mnie przepełniało.

Czułam, jak moja godność stopniowo zanika, jak zgniata ją ciężar moich błędów, moich niedoskonałości i zranień.

Zamknęłam oczy, próbując na chwilę oderwać się od tej rzeczywistości, w której czułam się tak bezsilna. Bezsilna wobec tych wszystkich związków, które okazały się błędami. Bezsilna wobec tych mężczyzn, którzy obiecywali miłość, ale dawali tylko ból.

Rozpaczliwie szukałam czegoś, co mogłoby zastąpić ten rosnący wstyd, ten niewypowiedziany żal. Ale co mogło zastąpić poczucie straty? Czy mogłam zastąpić je czymś innym, co sprawiłoby, że nie będę czuła się tak bezradna, tak samotna?

Poczułam, jak moja dusza krzyczy, a moje ciało drży. Chciałam uciec, chciałam zniknąć. Ale nie mogłam. Wstyd i bezsilność były ze mną, towarzyszyły mi, przypominały o mojej przeszłości. W środku tego wszystkiego znalazłam mały promień nadziei. Czytałam „Boską komedię" Dantego i zrozumiałam, że moja sytuacja nie jest jedyna. Dante, mimo że przeżył piekło, zawsze wierzył, że jeszcze zobaczy Beatrycze. A ja? Czy mogłam mieć taką wiarę? Czy mogłam mieć nadzieję, że pomimo tych wszystkich błędów, mimo tego wstydu, mimo tej bezsilności, mogę znaleźć prawdziwą miłość? Czy mogłam mieć nadzieję, że zobaczę mojego Dantego, mojego własnego bohatera, który przeprowadzi mnie przez moje własne piekło?

Czytałam słowa Dantego. Te słowa, które stały się moim drogowskazem, moim światełkiem w tunelu. *W środku ciemnej doliny życia, gdzie prawdziwa droga była stracona...* Prawdziwa droga, moja droga, wydawała się stracona. Zgubiłam ją gdzieś pośród złamanych obietnic, zdradzonych uczuć i serca rozerwanego na strzępy. Czy mogłam ją odnaleźć? Czy mogłam wrócić na właściwą ścieżkę, podobnie jak Dante?

Bezsilność zdawała się mnie przygniatać, każdy kolejny nieudany związek tylko zwiększał ciężar. Wstyd był jak ostrze, przecinające moją duszę, raniące mnie każdym ruchem, każdym przypomnieniem o przeszłości.

ROZDZIAŁ 5

To były czasy nastoletniego zapomnienia, gdy niedojrzałość i lekkomyślność mieszały się z nadzieją i wiarą w lepsze jutro.

Wiatr przemknął przez moją pamięć, niosąc ze sobą zapachy młodości, beztroski i brawury. W tamtych czasach, gdy miałyśmy siedemnaście-osiemnaście lat, wszystko wydawało się prostsze. Te lata były jak taniec na linie, na granicy świadomości i niewiedzy. Chwilami złapanie równowagi na cienkim sznurku życia było trudne, ale jednocześnie bardzo ekscytujące.

Razem z Magdą fruwałyśmy jak motyle od jednego kwiatu do drugiego, z jednego miasta do innego, zawsze w poszukiwaniu czegoś nowego, emocjonującego.

Dopiero co skończyłam liceum, świat leżał u moich stóp, gdy Madzia z oczami lśniącymi miłością, pożądaniem i tęsknotą stwierdziła:

– Jedziemy do Warszawy, do mojego chłopaka Rafała. Musimy!

– Oczywiście, że jedziemy – odpowiedziałam, nie potrzebując żadnej perswazji. Spakowałyśmy kilka rzeczy do plecaka i tak oto nasza pogoń za przygodą rozpoczęła nowy etap w naszym życiu.

Warszawa, wraz z Rafałem i resztą Ekipy, przywitała nas otwartymi ramionami, a Borys, w którym się zakochałam, wzniecił we mnie uczucie, którego nigdy wcześniej nie zaznałam. Był jak błyskawica w letnią noc – zaskakujący, piękny i ulotny.

To jednak już wiecie.

Po tym, jak zostałam przez niego porzucona, świat znowu wydał mi się szary i zimny.

Wtedy pojawił się on, Antoni. Należał również do ekipy Świrów ze Stolicy. I to właśnie on zaopiekował się mną, kiedy już wszyscy mnie wykorzystali i porzucili, pozostawiając smutną i samotną, z rozdartym sercem.

– Nie płacz – prosił, obejmując mnie czule. – To nie jest rozwiązanie.

Był jak ciepłe słońce po burzy, delikatny i łagodny. Kiedy potrzebowałam wsparcia, był tam, gdzie trzeba. Kiedy bałam się samotności, siedział ze mną do późna, rozmawiając o życiu, o marzeniach, o przyszłości.

I tak przez kolejne miesiące, był zawsze obok.

Wspaniały człowiek, cudowny przyjaciel.

– Jesteś wyjątkową osobą – szepnął mi kiedyś Antoni, patrząc głęboko w moje oczy.

Już wtedy podejrzewałam, czym może się to skończyć. Podejrzewałam, ale przecież w to nie wierzyłam. Borys – on był wszędzie! Tyle że to wszystko nie było takie proste, jak komuś mogłoby się wydawać.

Myślałam, że Antoni zaopiekował się po prostu biedną, porzuconą owieczką z czystej dobroci serca. Dopiero dużo później dowiedziałam się od Magdy, że On się na mnie uparł. Postanowił, że będę jego! Tylko ja – żadna inna! Wykorzystał chwile mojej słabości i pod osłoną przyjaźni wkradł się po cichutku do mojego życia.

W każdym razie, w tamtym czasie dbał o mnie jak nikt inny wcześniej. Był dla mnie dobry. Po prostu dobry. I chyba tego wtedy potrzebowałam. Nawiązało się jakieś uczucie między nami, ale nie była to raczej miłość, bo ja ciągle w sercu nosiłam innego.

W końcu Antoni bardzo się we mnie zakochał. Często patrzył na mnie z tą mieszaniną podziwu i zachwytu, którą znały tylko jego oczy. Swoją drogą, nie wiem, za co mnie pokochał.

– Jesteś miłością mojego życia – mówił mi, uśmiechając się przy tym zalotnie.

Słowa te brzmiały tak prawdziwie, że nie mogłam im się oprzeć.

– Jak to się może skończyć? – pytałam Madzi z troską w głosie.

– To miłość – odpowiadała, pełna nadziei i naiwności, zakochana do szaleństwa w Rafale, bracie Antoniego.

Pewnego razu, wracając z imprezy, wpadliśmy z Antonim na szalony pomysł, żeby odwiedzić wróżkę. Była starszą kobietą i słynęła z tego, że stawiała trafne wróżby. Wyglądała na mądrą i doświadczoną, z głębokimi zmarszczkami i błyszczącymi oczami pełnymi tajemnicy.

– Och, widzę, że jesteście prawdziwie zakochani – powiedziała, spoglądając w karty. – Czeka was ślub i dziecko.

Muszę przyznać, że nawet się ucieszyliśmy na taką wieść. Pomyślałam, że wyjdę za mąż, ucieknę z domu, założę rodzinę, zacznę żyć normalnie.

– Czy naprawdę to się spełni? – dopytywałam jeszcze wróżki.

– Karty nie kłamią – odpowiedziała spokojnie. – Ale proszę, pamiętajcie, że los daje i odbiera. Musicie na siebie uważać. Antoni ścisnął moją dłoń, a ja spojrzałam w jego oczy, jakbym chciała go upewnić, że nam się uda, właśnie nam.

Po kilku miesiącach, w magiczny, chłodny wieczór, Antoni uklęknął przede mną, a w jego oczach zaiskrzyło coś niezwykłego.

– Czy zgodzisz się zostać moją żoną? – spytał, wyjmując z kieszeni przepiękny pierścionek z czerwonym oczkiem.

– Tak – pokiwałam głową, chociaż chyba do końca nie rozumiałam, co mówię.

To był początek czegoś pięknego, a przynajmniej tak wtedy myślałam. Wszystko wyglądało tak idealnie. Spotkanie naszych rodziców odbyło się w serdecznej atmosferze. On przyniósł cudowny
kosz aksamitnych czerwonych róż, a wszyscy byli zachwyceni jego
gestem.

– To prawdziwy dżentelmen – oceniła moja matka, patrząc na
Antoniego z aprobatą.

– Jesteśmy bardzo szczęśliwi, że nasza córka znalazła takiego
mężczyznę – dodał mój ojciec, uśmiechając się szeroko do moich
przyszłych teściów.

Rodzice polubili mojego narzeczonego, a wśród nas zapanowała
atmosfera harmonii i optymizmu. Wydawało się, że już nic nie może
pójść źle.

W tym samym czasie przyznaliśmy się rodzicom, że jestem
w ciąży. Była to kolejna wspaniała, choć zaskakująca, wiadomość
dla rodziny. Czułam się spełniona i szczęśliwa, jakby wszystko ukła-
dało się dokładnie tak, jak powinno. To był wspaniały czas, który
karmił moje serce radością i nadzieją. Ciąża otoczyła mnie aureolą
miłości i troski, jakiej nigdy wcześniej nie doświadczyłam. Kochałam to dziecko od pierwszego momentu, gdy dowiedziałam się
o jego istnieniu, a każdy dzień przynosił nowy wymiar tej miłości.

Dbałam o Adasia od pierwszych chwil, szepcząc słodko do niego, śpiewając mu kołysanki, dając mu znać, że jest kochany. Czułam
jego ruchy, pulsujące życie, a nasze serca biły w cudownej harmonii.
Miała być dziewczynka. Tak wszyscy mówili. A ja tak bardzo pragnęłam syna! Lecz niezależnie od płci, obiecałam mojemu cudeńku,
że będzie kochane bezwarunkowo. I wtedy, w tamtej magicznej

chwili, gdy dziecko się urodziło, a świat na chwilę wstrzymał oddech, położna powiedziała, że to chłopiec. Rozpłakałam się ze szczęścia. To był płacz spełnienia, absolutnej, niezmąconej miłości.

Nasz ślub był piękny – z pozoru. Kościół zdobiły delikatne kwiaty, a orkiestra grała romantyczną melodię. Wszyscy wyglądali na szczęśliwych. Wszyscy, poza mną. Dziś uważam tamtą decyzję za najbardziej bezsensowną w całym moim życiu. Nie powtórzyłabym tego drugi raz. Antoni był promienny, oczekiwał ślubu z utęsknieniem. Jego dłonie trzęsły się z emocji, gdy trzymał mnie za rękę. Gdy spojrzałam mu w oczy, widziałam tam miłość, nadzieję, przyszłość. Ale moje serce było gdzie indziej. Przy świadku pana młodego. Był nim Borys. Tak! Borys był świadkiem Antoniego! Tkwiliśmy przed ołtarzem, a ja patrzyłam na Borysa, który stał tuż obok. Był przecież przyjacielem Antoniego. Wydawał się nieco nieobecny, jego spojrzenie było chłodne i zdystansowane. Jego oczy – te same, które kiedyś patrzyły na mnie z miłością – teraz wydawały się zupełnie puste.

Ołtarz, ksiądz, przysięga – wszystko to stało się nieważne. Moje słowa były skierowane do Borysa, nie do przyszłego męża! Przysięgałam, ale na pewno nie Antoniemu. I tak stanęłam przed ołtarzem, związana z człowiekiem, który chyba znalazł się tam przypadkowo. Który stał pomiędzy mną a Borysem jak jakiś anonimowy przechodzień.

Po ceremonii, w trakcie przyjęcia weselnego, Borys podszedł do mnie wyraźnie niepewny.

– Gratuluję – powiedział, próbując się uśmiechnąć.

Jednak jego uśmiech nie był prawdziwy. W jego głosie słyszałam coś, co wydało mi się smutkiem. A może po prostu chciałam go tam odnaleźć?

– Dziękuję – odpowiedziałam, ale w głębi wiedziałam, że to nie były słowa wdzięczności za gratulacje. To podziękowanie za jego obecność. Za to, że pozwolił mi spojrzeć w swoje oczy raz jeszcze. Tamtego dnia nie było łez radości. Były jedynie szepty serca, tęsknota za tym, co mogło być, a nigdy się nie stało. Był to początek końca. Wiedziałam to już wtedy. Tylko nie miałam odwagi, żeby się do tego przyznać.

Małżeństwo z Antonim było jak piękny sen, który przerodził się w koszmar. Czułam coś do niego, ale chyba nie to, co powinnam. Borys był zawsze tam, w kąciku mojego serca – nieśmiertelny, niemożliwy do zignorowania. Antoni był czuły, dbał o mnie, ale on wiedział. Czuł to przez całe nasze małżeństwo. Czasem spojrzał na mnie tym przenikliwym wzrokiem, pełnym smutku i bólu, pytając:

– Czy kiedykolwiek będę dla ciebie kimś więcej niż on?

Moje serce pękało, gdy słyszałam te słowa, ale nie mogłam mu obiecać niczego więcej. Wiedziałam, że odpowiedź na to pytanie byłaby kłamstwem.

– Staram się, Antoś – odpowiedziałam kiedyś, a łzy płynęły mi po policzkach. – Naprawdę się staram.

Dni mijały, a niewidzialna ściana między nami rosła. Borys był jak cień, który nie chciał odejść. Czasem widywałam go na ulicy, przypadkowo spotykaliśmy się na imprezach u znajomych. Każde spojrzenie, każde słowo było jak sztylet w sercu. Antoni patrzył na nas z ukrycia, widział, jak serce mi bije szybciej, jak dłonie się trzęsą. Cierpiał, ale nigdy tego nie pokazywał. Był zbyt dumny, zbyt honorowy. Aż pewnego wieczoru, gdy siedzieliśmy przed telewizorem, Antoni zapytał mnie wprost:

– Czy kiedykolwiek pokochasz mnie tak jak jego?

Chciałam wykrzyczeć, że tak. Chciałam mu dać nadzieję, ale prawda była zbyt okrutna.

– Nie – szepnęłam. – Przepraszam.

Nie było już nic do powiedzenia. Antoni wyszedł, a ja zostałam sama z moimi myślami, ze wspomnieniami i miłością, która nie miała prawa istnieć.

To był kolejny etap destrukcji. Erozja naszego małżeństwa przyspieszyła. Wszystko zaczęło rozpadać się z coraz większym hukiem. Antoni wiedział od początku, że kocham Borysa, ale się łudził. W końcu złudzenia rozwiały się na wietrze jak poranna mgła. Potem zawsze twierdził, że nasze małżeństwo rozpadło się, bo ciągle kochałam tamtego. Cóż, było w tym dużo racji.

Niestety, taka była prawda! Borys nadal był w moim sercu. Był to smutek, który towarzyszył mi latami. Cień, który nie chciał zniknąć. To był ból, który nie mógł przeminąć.

Na początku tego małżeństwa była jednak nadzieja. *No dobra, jestem już mężatką*, pomyślałam, *teraz będzie lepiej. Mam męża, który zabierze mnie z tego wariatkowa, czyli rodzinnego domu. Zadba o mnie i o nasze dziecko, da mi poczucie bezpieczeństwa, którego przez całe życie tak bardzo mi brakowało.*

Śnij dalej dziewczynko!

Z jednego burdelu trafiłam do kolejnego!

Na początku ciąży i przez pierwsze miesiące życia dziecka, mieszkałam u rodziców, a Antoni przyjeżdżał co weekend, co dwa… co pięć… z czasem coraz rzadziej. Potem zauważyłam, że źle się czuł w moim rodzinnym domu. Czułam, że go rozumiem. Przestał dogadywać się z moim ojcem, bo miał swoje zdanie. A nie powinien był mieć! Miał zgadzać się ze zdaniem teścia zawsze i we wszystkim.

Pewnego wieczoru, gdy Antoni znowu odwiedził nas po kilku tygodniach nieobecności, mój ojciec nie wytrzymał.

– Nie rozumiem – powiedział, patrząc na niego surowo. – Dlaczego przyjeżdżasz tak rzadko? Czy twoja rodzina nie jest dla ciebie ważna?

Antoni spojrzał na niego z zaskoczeniem, a potem zacisnął usta.

– Wcale nie uważam, że przyjeżdżam rzadko – odpowiedział spokojnie, ale z wyraźnym wyrazem niezadowolenia na twarzy.

Atmosfera w pokoju zgęstniała. Ojciec spojrzał na niego z gniewem.

– Taki jesteś cwany? Pamiętaj, że jestem twoim teściem i zasługuję na szacunek! – wykrzyczał.

Antoni wstał z krzesła.

– Nie będę robił tego, co mi każesz! – oświadczył stanowczo. – Jestem dorosłym mężczyzną i mam prawo do własnego zdania.

Ojciec był wściekły, ale Antoni nie dał się zastraszyć. Nie był już posłusznym zięciem, który robił wszystko, co mu kazano.

Potem, kiedy Antoni stracił pracę, sytuacja jeszcze się pogorszyła. Musiał pomieszkiwać w domu moich rodziców, a to doprowadziło do jeszcze częstszych kłótni. Ostatecznie te nieporozumienia, te różnice zdań i te konflikty doprowadziły do tego, że nasze życie stało się nie do zniesienia. Tak więc moja nadzieja na spokojne, szczęśliwe życie z mężem, który miał zadbać o mnie i nasze dziecko, okazała się tylko złudzeniem. Czułam, jakbym znów była zagubiona i osamotniona, bez okruchu bezpieczeństwa, którego tak bardzo pragnęłam.

Antoni był buntownikiem, więc ojciec w końcu nie wytrzymał. Nazbierało się w nim tyle goryczy i niezrozumienia, że w końcu musiał wybuchnąć.

– Wypierdalaj stąd! – wrzasnął któregoś dnia do zięcia.

Ten nie odezwał się ani słowem, ale jego spojrzenie mówiło wszystko. Nie było to spojrzenie pokornego człowieka. W końcu wyszedł, trzaskając drzwiami. Jako dobra żona spakowałam siebie i nasze kilkumiesięczne dziecko, a potem poszłam za nim.

Był początek marca. Zima. Śnieg po kolana. Staliśmy przy drodze z malutkim dzieciątkiem, próbując złapać „okazję". Wiatr chłostał twarze lodowym powiewem, chłód przenikał do kości. Małe paluszki dziecka drżały z zimna, a jego cichy płacz rozrywał mi serce. Czułam się bezsilna. Długo staliśmy tak bezradnie. Zbyt długo. W końcu nie wytrzymałam.

– Co teraz? – zapytałam ze łzami w oczach. – Co z naszym dzieckiem? Co z nami?

Antoni wzruszył ramionami.

– A co ma być? – mruknął, zapalając kolejnego papierosa. – Jedziemy do moich rodziców.

Czas mijał, a my wciąż staliśmy na tym zimnym, ośnieżonym poboczu. Każdy samochód, który mijał nas, nie zatrzymując się, wywoływał we mnie falę rozpaczy. Dziecko płakało coraz głośniej, a ja, z własnym sercem płaczącym razem z nim, próbowałam je pocieszyć. Antoni patrzył w dal, niemal nie mrugając, jakby myślami był gdzieś daleko.

W końcu, gdy już prawie straciliśmy nadzieję, zatrzymał się samochód. Mężczyzna za kierownicą spojrzał na nas z politowaniem i zgodził się nas zabrać. Byliśmy mu wdzięczni jak nikomu wcześniej. Po wielu trudach dojechaliśmy w końcu do domu rodziców Antoniego. Byłam zmęczona, zmarznięta, ale pełna nadziei. Moje myśli krążyły wokół obietnicy nowego życia, daleko od mojego despotycznego ojca.

O, nie moja pani, tak nie będzie! Wkrótce zrozumiałam, że wdepnęłam w jeszcze większe gówno, niż to, z którego wyjechałam. Teściowie okazali się równie trudni albo jeszcze gorsi od mojego ojca. Bez pieniędzy, bez pracy, bez własnego kąta, staliśmy się obciążeniem, którego nikt nie chciał dźwigać.

Nie było to życie, o jakim marzyłam. To był kolejny koszmar. Nie dość, że warunki w domu rodziców Antoniego panowały dosłownie spartańskie, to jeszcze totalne zacofanie w głowach jego mieszkańców dobijało mnie dodatkowo! Wystrój domu i sposoby myślenia wydawały się pochodzić z odległej epoki. Starałam się dostosować do panujących tam warunków, ale czasami ocierałam łzy bezsilności. Ukradkiem.

Brak łazienki, toalety, brak ciepłej wody w kranie, brak ogrzewania. Totalna porażka! Ale nie narzekałam! Cieszyłam się, że uciekłam od ojca!

Prałam w zimnej wodzie, którą musiałam sobie najpierw naciągnąć ze studni. Dłonie mi pękały od zimna, a kręgosłup łamał się od zginania. Ubrania płukałam w plastikowych wiadrach po farbie, ustawionych na podwórku koło studni. Wiatr niemiłosiernie smagał moją twarz, a ubrania, zamoczone w zimnej wodzie, stawały się ciężkie jak kamienie.

Na szczęście Adaś dodawał mi sił. Jego uśmiech, jego nieświadomość trudów dnia codziennego, niewinność i ciepło były dla mnie jak balsam na otwarte rany. Gdyby nie on, prawdopodobnie bym się załamała. Nie mogłam jednak do tego dopuścić. Musiałam wierzyć, że gdzieś tam, za tym ciężkim, mroźnym okresem naszego życia, czeka na nas słońce i ciepło. Ale te spartańskie warunki, to zacofanie, ta codzienna walka z rzeczywistością stawała się coraz trudniejsza do zniesienia. Czułam się jak w pułapce, z której nie było wyjścia. I mimo że uciekłam od jednego koszmaru, wpadłam w kolejny, który zdawał się jeszcze bardziej okrutny i bezlitosny. Ale zawsze, gdy czułam, że tracę nadzieję, patrzyłam na mojego chłopczyka, na jego niewinne oczy i wiedziałam, że muszę iść dalej. Jego uśmiech był moim światełkiem w tunelu, moim kompasem w tej burzy życia.

Takie ręczne pranie bez łazienki zajmowało mi cały dzień, a i tak wieczorem przyjeżdżała moja teściowa i przypierdalała się, że ubrania nie są powieszone kolorami! No ja pierdolę! Ty, kobieto, nie masz poważniejszych problemów w życiu?!

Gertruda, wspomniana już teściowa, była synonimem wszystkiego, co konserwatywne i staroświeckie. Stała się moją codzienną próbą cierpliwości. Każdy dzień, który spędzałam w jej obecności, był jak ciężki egzamin z wytrwałości, gdzie jej dogmaty i zasady stawały się jej orężem. Pewnego dnia, gdy Antoni zajął się maluchem, co było rzadkością, Gertruda wpadła w szał.

– Co to ma być?! – krzyknęła, patrząc na swojego syna kołyszącego dziecko. – Ojciec nie ma obowiązku zajmować się dzieckiem! To powinna robić kobieta!

Patrzyłam na nią, oczarowana wręcz jej zacofaniem. Czy naprawdę żyła w takim świecie?

– No ja pieprzę! Poważnie?! – odpowiedziałam, nie mogąc się powstrzymać. – To ja sama sobie to dziecko zrobiłam, do cholery, czy jak?! Myślałam, że to wspólna odpowiedzialność, ale widzę, że pomyliłam epokę!

Gertruda spojrzała na mnie, jakbym była obłąkana, a jej twarz momentalnie pokryła czerwień złości.

– Nie masz prawa, żeby mi mówić, co jest właściwe! – wrzasnęła – Żyję tak od lat i nie potrzebuję twoich nowoczesnych bzdur, żeby wiedzieć, co jest dobre! W moim domu żyjemy według moich zasad! – oznajmiła na koniec, a ja poczułam, że moje słowa zginęły w próżni jej uprzedzeń.

Wtedy zrozumiałam, że ta walka była przegrana. Nie mogłam przekonać kobiety, która przez całe życie tkwiła w swoim kołtuństwie i nie chciała wytknąć spoza niego nosa. Dla niej świat się nie zmienił. Przynajmniej nie chciała o tym słyszeć. I znów czułam się jak Syzyf, który wciąż próbował wpychać ogromny głaz na górę, tylko po to, żeby zobaczyć, jak znowu spada. Ale byłam również zła i zawiedziona, że musiałam walczyć o coś, co wydawało mi się tak oczywiste. Było to, jak wykrzyczenie prawdy w pustej jaskini, gdzie echem wracały tylko moje własne słowa, a ściany pozostawały nieprzeniknione i nieporuszone. Czułam się zgnębiona i osamotniona, zagubiona w świecie, który nie miał dla mnie miejsca.

Dni mijały jak powolny marsz żałobny, a każdy dzień wypchany był trudem i upokorzeniem. Wydawało mi się, że mogę znieść każdą szpetotę tego miejsca, każdą nieludzką zasadę i każdą cierpką uwagę. Ale w końcu zaczęłam w to wątpić.

Pewnego razu, wracając do domu, usłyszałam teściową, jak szeptała coś do mojego Adasia, trzymając w ręku buteleczkę z dziwnym płynem.

– Kilka kropelek do herbatki i już nie będziesz nerwuskiem – powiedziała z uśmiechem, patrząc na malucha.

Zatrzymałam się w drzwiach, zamrożona tym, co usłyszałam. Stara trzymała w rękach butelkę nervosolu. Moje serce zamarło, a umysł krzyczał.

– CO JEST, KURWA?! – wybuchłam, wbiegając do pokoju. – Co ty robisz?!

Teściowa odwróciła się, zaskoczona moją obecnością.

– To… to tylko kilka kropel… To nic złego – zaczęła tłumaczyć, ale w jej głosie słyszałam tylko fałsz i manipulację.

– Nic złego?! – krzyknęłam znowu. – Dość! Koniec! Nie dam zatruwać mojego dziecka!

Spakowałam błyskawicznie siebie i malucha. Nawet nie pamiętam dokładnie, kiedy i jak, tak byłam wściekła. Nie było już miejsca dla mnie w tym domu, w tej rodzinie. Już wolałam krzyki ojca! Tam przynajmniej nie narażano zdrowia i życia mojego dziecka!

Przez resztę nocy siedziałam, trzymając Adasia w objęciach i słuchając jego oddechu. W tamtych chwilach, między cieniem a światłem, między strachem a nadzieją, znalazłam coś, co wydawało się stracone.

Znalazłam siebie. A rano wsiadłam do autobusu.

Wracając do domu rodzinnego, poczułam, że zostawiłam za sobą coś więcej niż tylko zły dom.

Zostawiłam za sobą kawałek siebie, kawałek wiary w ludzkość, kawałek nadziei na lepsze jutro.

ROZDZIAŁ 6

Obudziły mnie krzyki i trzaski, dobiegające zza ściany… czyli codzienność do jakiej przywykłam. Przetarłam oczy i rozejrzałam się dookoła, by upewnić się, że jestem tu, gdzie chciałam być w tym momencie… naprawdę chciałam być w tym miejscu. Wciągnęłam z całych sił powietrze do płuc, tak jakbym chciała nasycić moje wnętrze w tej jednej chwili tym wszystkim, co mnie otaczało. Wtuliłam twarz w śpiącego obok mnie Adasia. *Nareszcie z powrotem w domu. Lekko nie będzie… ale… na swoim podwórku* – pomyślałam.

By móc utrzymać siebie i dziecko, postanowiłam szybko poszukać pracy.

Dostałam ciekawą propozycję, dobry zarobek i nawet możliwość rozwoju, niestety wiązało się to z wyjazdami. Nigdy nie zapomnę dnia, gdy miałam wyjechać w delegację do Gdyni. To było dla mnie wielkie wydarzenie, szansa na awans i nowe doświadczenie. Adaś miał zostać z Ulą, jak to zwykle bywało, ale tym razem ojciec postanowił, że jako rencista, który spędza całe dnie w domu, sam zaopiekuje się wnukiem. Ucieszyłam się, że mogłam liczyć na jego pomoc, ale wiedziałam, że gdy ten typ pomagał, to i tak trzeba było się bać.

Niestety wyjazd się przedłużył. Podczas podróży mój telefon komórkowy niespodziewanie zaczął wibrować w kieszeni. Odebrałam, bo rozpoznałam numer ojca. Jego głos brzmiał groźnie, był pełen gniewu i nienawiści.

– Jak mogłaś zostawić dziecko na tak długo?! – wrzeszczał do słuchawki. – Wracaj natychmiast albo sam Bóg nie będzie w stanie ci pomóc!

Zaczął mi grozić śmiercią, mówić, że zasługuję na najgorsze. Słysząc te słowa, zaczęłam panikować. Mój syn był z nim. Moje dziecko było z tym potworem!

Wróciłam. Wróciłam do miasta, ale nie odważyłam się wrócić do domu. Zamiast tego schowałam się w niewielkiej altance na czyjejś działce. Przez kilka dni nocowałam tam, drżąc z zimna, ze strachu i głodu, ale bałam się wrócić. Każda noc była zimniejsza od poprzedniej, a strach, który we mnie rósł, był jeszcze bardziej paraliżujący.

Leżałam tam, skulona w altance, słuchając szumów nocy i zastanawiając się, co robi teraz mój syn. Czy jest bezpieczny? Czy dziadek go nie krzywdzi? Czy powinnam wrócić i stanąć twarzą w twarz z moim najgorszym koszmarem?

Nie miałam wyjścia.

Musiałam wrócić i odzyskać moje dziecko. Pełna strachu, ale z determinacją, która pochodziła od miłości do mojego synka, zdecydowałam w końcu stawić czoła ojcu. Dość tego! – wykrzyknęłam w ciemność, a echo potwierdziło tylko moje słowa. Dość tego! Jak długo jeszcze chcesz tak żyć?! Jak długo jeszcze chcesz się go bać?! – pytałam siebie.

I to był moment przełomowy. W tamtej chwili postanowiłam już nigdy więcej nie czuć lęku na myśl o ojcu. I z tym postanowieniem wróciłam po moje dziecko.

To był początek końca!

Stosunki z ojcem były napięte, jak nigdy wcześniej. Już samo spojrzenie na siebie nawzajem tworzyło lawinę iskier nienawiści. Przebywanie pod jednym dachem powodowało ciągłe spięcia, prowadzące do ostrych kłótni.

To był czas, gdy już otwarcie i na całego buntowałam się przeciwko niemu i jego metodom wychowawczym.

Do ojca nie docierało, że jego czas już minął, że już nie pozwolę na kontynuowanie tego, czym karmił mnie w dzieciństwie.

Zaczęłam stawiać mu granice, co doprowadzało go do wściekłości. Niestety jego organizm, osłabiony i udręczony tą odwieczną walką, poddał się. Ojciec się rozchorował i trafił do szpitala.

– Nie chcę jej widzieć, rozumiesz?! Niech tu nie przyłazi! – krzyczał do matki, gdy przyszła do niego w odwiedziny.

Wszyscy mogli przyjść, tylko nie ja.

Nie chciał mnie widzieć.

No i nie zobaczył!

Już nigdy. Prawo przyciągania zadziałało!

Zmarł kilka dni później. Udusił się z powodu zatoru płuc.

Jaki paradoks, umierał, nie mogąc złapać oddechu, tak jak my przy nim nie mogliśmy przez te wszystkie lata.

Jego ostatni oddech, był naszym pierwszym.

Szpitalne dni ojca przesiąknięte były atmosferą napięcia i gniewu. Moje serce biło szybciej z czystej złości, której nie potrafiłam już dłużej tłumić. Nie potrafiłam zapomnieć o wszystkich tych latach, kiedy zgniatał mnie swoimi metodycznymi, surowymi sposobami wychowawczymi, kiedy kształtował moje dzieciństwo swoją żelazną pięścią.

Matka wracała z odwiedzin w szpitalu z czerwonymi oczyma i zbolałą miną. W jej spojrzeniu było coś, co wzbudzało we mnie jeszcze większy gniew. Niemal czułam, że chce mnie oskarżyć, iż to ja byłam sprawcą cierpienia ojca. – Nie chcę jej widzieć! – powiedział matce.

Te słowa uderzyły we mnie z nieoczekiwaną siłą. Czyżby chciał wymazać mnie ze swojego życia, tak jak ja chciałam wymazać jego obecność z mojego? Stało się tak, jak chciał. Nie zobaczył mnie już. Zmarł. Moje serce bijące z gniewu nie poczuło jednak ulgi. Zamiast tego poczułam złość, która wzmocniła się dziesięciokrotnie. Gniew na niego za jego słabość, gniew na siebie za moją bezsilność. Czy prawo przyciągania rzeczywiście zadziałało? Czyżby moje marzenia o uwolnieniu się od niego spełniły się w najgorszy możliwy sposób? Mimo całego gniewu, pomimo nienawiści, której nie mogłam już dłużej ukrywać, nie czułam żalu. Nie pozwoliłam sobie na to. Złość i nienawiść zdominowały moje serce, nie pozostawiając miejsca na rozpaczanie. Nie mogłam pozwolić na takie uczucie z powodu ojca, nawet po jego śmierci. Już na zawsze miał być dla mnie tym samym człowiekiem, którego nienawidziłam. Pozostał człowiekiem, który nie zasługiwał na mój żal.

Śmierć ojca była jak rażący błysk w ciemności. Niemożliwy do zignorowania, niewyobrażalnie intensywny.

Siedziałam w ciepłym, domowym otoczeniu Madzi i jej rodziców, a nie w szpitalu. Bo przecież ojciec nie chciał mnie widzieć. Moje myśli krążyły wokół tego jednego faktu – on nie żyje. Już go nie było na tym świecie. Wydawało się to niemożliwe. – To wszystko minie – powiedziała Magda, a jej głos był delikatny jak dotyk skrzydeł motyla. Siedziała obok mnie, a jej dłoń trzymała moją z troskliwym uściskiem. Rodzice przyjaciółki, zawsze dla mnie życzliwi, patrzyli z niewypowiedzianym współczuciem. Nie wiem, czy rozumieli, co kotłuje się w moim wnętrzu. Nawet nie wiem, czy ja do końca to rozumiałam. To matka przekazała mi wiadomość o śmierci ojca. W pierwszych chwilach nie wiedziałam co dalej. Zawsze ojciec dyktował mi, jak żyć, co robić, czego się bać. Jego słowa, przeraźliwie ostre jak brzytwa, rzeźbiły mój świat i mój strach. Kto teraz będzie kontrolował moje przerażenie? Kto będzie wyznaczał mi kierunek, w jakim podążę?

– Zawsze mi mówił co robić – wydusiłam z siebie nagle. – Co teraz? – Magda spojrzała na mnie z troską.

– Będziesz wiedziała – odpowiedziała. – Będziesz wiedziała, co masz robić.

Ale te pytania, te wątpliwości szybko zanikły. Ulga, która zaczęła mnie wypełniać, była nie do opisania. Czułam, jak całe napięcie, jak cały ciężar, które tkwiły we mnie od dziecka, nagle się kurczą, kruszą. Ojciec zmarł. I nie było go więcej. Ten potwór, który wypaczył moje dzieciństwo, nie miał już nade mną władzy. Potem nie było łez. Żadnych. Tylko ulga. Czy to oznaczało, że byłam potworem tak samo, jak on? Ojciec był już tylko cieniem, który zniknął. Bez niego moje życie było teraz jak pusty pergamin, gotowy na nową historię. Przytłaczająca ulga i niemożliwe poczucie wolności wypełniły przestrzeń, którą on wcześniej okupował swoją dominacją. Moje serce biło jak dzwon wolności. A ja w końcu mogłam zacząć żyć. Jednego bydlaka mniej!

Pogrzeb ojca odbył się w moje dwudzieste pierwsze urodziny. Dzięki za imprezkę! Świetnie się bawiłam! Niech go szlag! Nawet po śmierci postanowił mi dowalić.

Dziwnie się wtedy czułam – ani smutno, ani wesoło. Na moją uroczystość przyjechała cała rodzina, choć nie z okazji urodzin. Były to najbardziej niezwykłe urodziny w moim życiu. Nie było tortu, ani prezentów, ale był pogrzeb. Pogrzeb ojca. Dzień, który powinien być pełen celebracji i radości, był dziwacznie przepleciony ze smutkiem i ulgą.

– Masz ładną cerę – stwierdziła nagle kuzynka, nachylając się do mnie, gdy staliśmy przy wykopanym grobie.

– Samoopalacz – odpowiedziałam automatycznie.

– Naprawdę? Wygląda świetnie. Dobrze rozłożyłaś? – dopytywała, jakby śmierć, pogrzeb i cała ta sytuacja nie miały miejsca.

– Mam nadzieję, że tak. W końcu muszę dobrze wyglądać na tej ceremonii, prawda? – zauważyłam i zaraz potem wyjęłam z torebki lusterko. Długo się w nim przeglądałam.

To były zdecydowanie najdziwniejsze urodziny, jakie kiedykolwiek miałam.

Pierwsze miesiące po śmierci ojca były skomplikowane i niepewne. Mimo że go nienawidziłam, jego brak wypełniał mnie dziwną pustką. Zastanawiałam się, co teraz będzie, jak sobie poradzę bez jego ciągłego nadzoru i tyranii. Z czasem jednak zaczęłam odkrywać nowe możliwości i budować swoją tożsamość na nowo, wolną od jego wpływu. Zrozumiałam, że muszę nauczyć się żyć dla siebie, a nie dla jego oczekiwań. Było to trudne, ale także niezwykle wyzwalające. Każdy dzień stawał się nową szansą na zrozumienie siebie i swoich prawdziwych pragnień. Ojciec przestał być moim cenzorem, a ja mogłam zacząć żyć według własnych zasad.

Jednak dni bez ojca były trudne, choć nikomu się do tego nie przyznawałam. No przecież jestem twardzielką, nie wypada się mazgaić! Gdy żył ojciec, wiedziałam, co robić, jak robić, co mówić, jak myśleć. A potem? Potem byłam totalnie zagubiona. Nikt nie mówił mi, co robić, jak robić. Nikt nie wydawał mi rozkazu, dokąd mam iść i jak iść. Zupełna zawierucha w głowie i w życiu!

Po jego śmierci powoli zaczęłam kształtować swoją osobowość i charakter. To jednak nie było łatwe. Takie zapóźnienie ma cenę. Nie wiem, czy naprawdę można to nadrobić. Nadal do końca nie wiem, kim jestem, kim mam być… Niestety, wyuczona przez ojca-tyrana potrzeba wiecznej rywalizacji, udowadniania czegoś, pozostała w moim wnętrzu do dziś. To, co wpoił we mnie za czasów dzieciństwa, ciągle we mnie tkwi. Jeszcze teraz czasami czuję, że muszę być najlepsza, żeby udowodnić, że jestem godna miłości i szacunku. To myśl, która mnie gnębi od dawna. Dopiero się uczę, że wcale nie muszę być idealna, żeby być kochaną i szanowaną. Odkrywam powoli, że ludzie kochają mnie za to, jaka jestem, a nie za to, co osiągnęłam. Uczę się zatem dopiero akceptować siebie i swoje niedoskonałości. Wciąż jednak jestem zagubiona… Bałagan w głowie pozostał…

Najgorzej było w domu. Ojciec, jaki był, taki był, ale trzymał to wszystko w ryzach. Był jeden dowódca i jego porządek! A po jego śmierci, wszyscy nagle chcieli go zastąpić, każdy pchał się na stołek, aby rządzić! A co jeden to głupszy! Totalny burdel!

Ojciec był chujem w każdej dziedzinie, poza jedną – nigdy nie żałował nam jedzenia. A wręcz przeciwnie, zawsze dbał, żeby lodówka była pełna i niczego nam nie brakowało. Był chory, kiedy któreś z nas na złość nie chciało jeść. Czasami tak myślę, że on nas tak ochoczo dokarmiał, żeby nas kiedyś zeżreć. Jak w bajce o Jasiu i Małgosi. A jednak to on jako jedyny potrafił zgromadzić całą rodzinę przy stole. Po jego śmierci już nigdy razem nie usiedliśmy… Wszystko się rozsypało.

Pamiętam, że ojciec szykował każdemu kolorowe kanapki i kawę albo herbatę. Każdy dostawał swoją porcję na talerzyku i w takiej formie jak lubił. Obiady też gotował z reguły ojciec i robił to bardzo dobrze. Smak jego sosu do dziś pamiętam…

Od czasu do czasu powraca do mnie obraz ojca, który stał przy kuchennym blacie, przygotowując obiad. Z pewnością nie był to typowy obraz, który moglibyście sobie wyobrazić, gdy myślicie o waszych ojcach gotujących dla swojej rodziny. Ale był to mój obraz. Mój!

Stał więc tam, w kuchni, w starej flanelowej koszuli i zniszczonych jeansach, a ręce miał pokryte tatuażami. Stał z wyciągniętym językiem, skupiony na tym, co robił. W jednej ręce trzymał nóż, w drugiej – cebulę. Nie patrzył na to, co robił – po prostu to robił. Jak coś naturalnego, jakby to było coś, co robił od zawsze. I robił to naprawdę dobrze. W kuchni w jego dłoniach wszystko stawało się magiczne. Sos, który przygotowywał, miał niezwykły smak – był pikantny, ale nie za bardzo, słodki, ale w sam raz, był po prostu doskonały.

Pamiętam, że patrzyłam na niego z podziwem, obserwując, jak składa wszystko razem. Każdy kawałek cebuli, każdy liść bazylii, każdy kawałek mięsa – wszystko to było misternie przygotowywane, z troską i precyzją.

Jednak ten obraz nie był w pełni idylliczny. To nie był obraz ojca, który gotuje dla swojej rodziny z miłości. Nie, to był obraz ojca, który gotuje z zimną precyzją, z determinacją przypominającą mi o tym, kim naprawdę był. To była scena rodem z „Piekła" Dantego – scena pełna napięcia i niepokoju. Pomimo tego, był to jeden z najbardziej autentycznych obrazów mojego ojca, jaki znam.

W końcu, po wielu minutach pracy, ojciec odkładał nóż. Jego ręce były pokryte sosem, a na twarzy miał uśmiech samozadowolenia. Wiedział, że zrobił coś dobrego. Wiedział, że stworzył coś wyjątkowego. A potem, z tej ciszy, która go otaczała, wydobywał się jego donośny, groźny głos:

– Zapierdalać do jedzenia, gnoje!

I zawsze, bez względu na to, co robiliśmy, bez względu na to, jak bardzo go nienawidziliśmy, zawsze przybiegaliśmy pokornie. Bo choć ojciec był potworem, to kiedy chodziło o gotowanie, był prawdziwym mistrzem. Ponadto był straszny, gdy nie byliśmy posłuszni.

Wchodząc do kuchni, od razu czuło się zapach przyrządzanej potrawy. Rozpoznawalny, kojący zapach, który wiązał się z jednym z nielicznych szczęśliwych wspomnień z dzieciństwa. Siadaliśmy przy stole, patrząc na danie, które ojciec dla nas przygotował. Tkwiliśmy tak wciąż wypełnieni okruchami strachu, ale jednocześnie z pewną dozą ekscytacji.

Obiad w wykonaniu ojca był zawsze smaczny. Do tego często sos, który tak pieczołowicie przygotowywał, pokrywał wszystko, co było na talerzu, nadając potrawie unikalne, wyjątkowe cechy.

Nigdy nie rozmawialiśmy podczas jedzenia. Ojciec też niczego nie mówił. Była to chwila ciszy. Chwila, gdy każdy z nas skupiał się tylko na jedzeniu. Tę ciszę też nadal pamiętam.

Pomimo wszystkiego, co ojciec nam zrobił, mimo wszystkich bolesnych wspomnień, które nosiłam w sercu, te chwile przy obiedzie były dla mnie jak balsam. Były to chwile, kiedy mogłam zapomnieć o tym, kim był i skupić się tylko na tym, co robił. Były to chwile, gdy mogłam zapomnieć o domowym piekle.

Dania, które ojciec przygotowywał, były tak samo niejednoznaczne, jak on. Były intensywne, pełne kontrastów, delikatne, a jednocześnie podsycone ostrością, niby słodkawe, ale zawsze z nutą goryczy. I pomimo wszystkiego, mimo nienawiści, którą czułam do ojca, zawsze będę pamiętała tamte chwile przy stole. Bo wtedy nie był potworem, tylko mistrzem.

Do dziś doskonale pamiętam to jego:

– Zapierdalać do jedzenia, gnoje!

Wydawało się, że ton jego głosu w tym momencie się zmieniał. Był surowy, ale jednocześnie w swoim krzywdzącym sarkazmie wydawał się nieco mniej straszny, mniej nieprzyjemny.

Siedzieliśmy więc przy naszym stole, jedząc cicho, nie odzywając się do niego, ani do siebie nawzajem. Wszystko, co mogło być powiedziane, zostało już wcześniej wykrzyczane. Teraz tylko jedzenie miało znaczenie, było naszym chwilowym zbawieniem, naszym małym rajem wśród codziennego piekła.

To były chwile, gdy mogłam spojrzeć na ojca i zobaczyć w nim kogoś więcej niż tylko tego człowieka, którego tak nienawidziłam. Mogłam zobaczyć go jako mistrza, który z pasją i talentem tworzył dla nas te wszystkie dania.

W tych momentach, patrząc na ojca-maestra gotowania, zastanawiałam się, czy jest tam na dole, w dantejskim piekle, miejsce dla takich jak on. Czy znajdzie się tam miejsce, gdzie będzie mógł nadal gotować, tworzyć? Czy będzie mógł być tym, kim być może chciał zostać? Czy jest tam miejsce, gdzie będzie mógł zaznać chwili ulgi, tak jak my podczas jego obiadów?

Ojciec był człowiekiem pełnym paradoksów. Był jednocześnie złym tyranem i dobrodusznym tatą, umiejącym czasami na krótką chwilę zapomnieć o swojej roli surowego wychowawcy.

Pamiętam, jak pewnego dnia wrócił do domu upojony alkoholem. Matka była w pracy, a on miał za zadanie kupić nowe auto. Chociaż nie pił zbyt często, to przecież nowy samochód, wiadomo, trzeba opić, żeby się nie psuł. Taka tradycja w tej części Europy. Zatem ojciec opił swój motoryzacyjny nabytek. Wrócił do domu nowym autem, poruszając się wężykiem. Na jego twarzy malował się uśmiech, który rzadko mieliśmy okazję oglądać. Był taki wesoły, taki nierealny. Rozmawiał z nami, robił dowcipy, które wydawały się najśmieszniejszymi na świecie.

Pamiętam, że chwycił mnie i moją młodszą siostrę za ręce, a potem zaczął kręcić się z nami. Śmiech wypełniał pokój. Nasze ściany stały się świadkami czegoś niecodziennego – spontanicznej, prawdziwej radości. Wtedy myślałam o nim, jak o… tacie…

– Wsiadajcie do auta! – zawołał nagle, a my wskoczyliśmy na przednie siedzenia jak posłuszne szczenięta.

Kręciłyśmy kierownicą i udawałyśmy, że prowadzimy samochód. W tym czasie ojciec naśladował dźwięki silnika oraz pisk hamulców. Wszystko to wypełniała niesamowita euforia. Każdy moment tego wieczoru był jak kropla złotego miodu, która spadała na gorzki chleb naszego codziennego życia. Ten wieczór był jak gwiazda na ciemnym niebie, jak lśniący kamień na skalistym brzegu. To był czas, który przypominał, że ojciec, mimo wszystko, nadal był człowiekiem. Był człowiekiem, który potrafił cieszyć się z prostych rzeczy, chociaż tylko przez krótkie momenty. To były jedne z niewielu chwil, gdy ojciec pozwalał nam, i sobie, na odrobinę swobody i beztroski.

Podobnie było podczas rodzinnych wyjazdów. Zdawał się wtedy ponownie zapominać o swojej dominacji, choć tylko na chwilę, przyzwalając nam na oddech.

Opowiadał dowcipy i śmiał się z naszych. Znów potrafił być tatą… Tatą, jakiego pragnęłam mieć.

– Wszyscy na pokład! – krzyczał, gdy wsiadaliśmy do samochodu, a my, z wyjątkiem mojej matki, odpowiadaliśmy mu chichotem.

Na te chwile zawsze czekałam. Wypady do cioci Zosi, siostry ojca, były pełne takich momentów. Podczas jednego z tych wojaży, kiedy szaleńczo śmialiśmy się z jakiegoś absurdalnego dowcipu, którego nie pamiętam, zobaczyłam coś w oczach ojca, co mnie zaskoczyło. Śmiech. Prawdziwy, autentyczny śmiech. Wydawało się, że na chwilę obnażył swoją duszę, a ja zobaczyłam w nim kogoś więcej niż tylko człowieka, którego nienawidziłam. To było jak spojrzenie na niego przez pryzmat innej rzeczywistości. Jak zrozumienie, że nawet on, mój oprawca, miał w sobie coś ludzkiego.

Jednak te chwile były jak przelotne błyski słońca na zimowym niebie – krótkotrwałe i zaskakujące, ale zawsze przemijające zbyt szybko.

W Dzień Wszystkich Świętych, 1 listopada, wyjeżdżaliśmy na cmentarze. To był czas pełen melancholii i refleksji, ale niezmiennie piękny. Po zachodzie słońca cmentarze zamieniały się w krainy światła. Tysiące migoczących zniczy rozświetlało ciemność, tworząc atmosferę nieziemskiego spokoju i piękna. Siedząc na tylnym siedzeniu samochodu, patrzyłam na te mieniące się światła, przypominające gwiazdy, które spadły na ziemię.

To były chwile, gdy moje uczucia wobec ojca stawały się bardziej skomplikowane. Czy mogłam go nienawidzić za to, co zrobił i jednocześnie cieszyć się tymi chwilami spokoju oraz radości? Czy mogłam go nienawidzić i jednocześnie tęsknić za tymi rzadkimi momentami, gdy wydawało się, że jest człowiekiem?

Takie były nasze rodzinne wyjazdy – pełne sprzeczności, wzruszeń, chwilowego ukojenia i stale czającego się w tle strachu. I chociaż te chwile były niejednoznaczne, niezaprzeczalnie wpłynęły na moje odczucia wobec ojca.

Czasami, podczas tych naszych wycieczek, gdy ojciec z niezwykłą pewnością siebie prowadził samochód, wydawało mi się, że mogę zaobserwować coś innego, coś prawie niezauważalnego. Na moment jego oczy zdawały się mniej surowe, jego postawa mniej napięta. Wyglądało na to, jakby na moment pozwolił sobie na oderwanie od swojej zwykłej roli – bezlitosnego dyktatora, który nieustannie kontrolował nasze życie. W tych momentach pojawiało się coś, co przypominało prawdziwe emocje – radość, rozbawienie, a nawet coś na kształt troski.

Te wszystkie sprzeczne momenty i wspomnienia, które pozostawił po sobie mój ojciec, te nieliczne chwile śmiechu i radości, pokazały mi inny jego obraz. Pokazały kogoś, kto mimo swojego okrucieństwa, potrafił odnaleźć okruchy wrażliwości. To właśnie te momenty sprawiły, że pojęłam, jak skomplikowane jest zrozumienie człowieka.

Czasami miałam wrażenie, że ojciec wierzył we mnie bardziej niż ja sama… Że widział we mnie kogoś, kto coś w życiu osiągnie. Niestety, swoim zachowaniem pomógł mi w tym, żebym nie osiągnęła niczego. Jego sposób wychowywania nie był wspierający. Uczył nas, jak kombinować, jak kraść, zamiast nauczyć nas, jak sobie radzić, aby nie musieć tego wszystkiego robić.

Ale mimo wszystko, czasami czułam, że jest ze mnie dumny, że wierzy, iż osiągnę w życiu to, czego pragnę i spełnię swoje, a może jego(?), marzenia. Często prowadził ze mną rozmowy na trudne, skomplikowane tematy. Czytaliśmy razem książki… Nie robił tego z pozostałą trójką rodzeństwa. Czułam, że traktuje mnie inaczej, niż pozostałych… a może po prostu chciałam tak czuć…? Bo wpierdol dostawałam taki sam, jak reszta rodzeństwa.

Ojciec był władczy, zawsze musiało być po jego myśli! Niestety, mam tę cechę po nim. Jak zostać dobrym człowiekiem, mając geny diabła? A może ja wcale nie byłam dobrym człowiekiem? Może to ci wszyscy ludzie byli dobrzy, a ja byłam tą złą? Skoro jestem pomiotem szatana, to mogło tak właśnie być. Niepokój związany z genami i dziedziczeniem dobijał mnie potwornie. Życie pod ciężarem takiego czegoś było, delikatnie mówiąc, męczące. To jak noszenie na plecach gigantycznego kamienia, który z każdym dniem wydaje się coraz cięższy. Mimo to, nie da się go odrzucić, nie da się go zignorować. On jest tam, stale ciągnąc cię w dół.

Twój ojciec to pedofil! Te słowa krążyły w mojej głowie jak bumerang, który rzucony raz, wraca bez końca. Obawiałam się, że ta straszliwa skłonność może być w moich genach. Niepokoiło mnie, że ojciec mógłby przekazać to dalej. Nie jest to myśl, która pojawiała się od czasu do czasu. To coś, co dręczyło mnie każdego dnia, od momentu, kiedy się budziłam, do chwili, kiedy zasypiałam. Bałam się, że może to gówno jest genetyczne.

Strach przed tym, że mogłam odziedziczyć to po ojcu, sprawiał, że unikałam dzieci. Bałam się ich przebierać, kąpać, nawet im pomagać. Wszystko, aby tylko uniknąć możliwości, że mogłabym zrobić im krzywdę. A co, jeśli okazałoby się, że ten skurwysyński „podarek" od ojca jest we mnie? Co wtedy? Zastanawiałam się, czy dam sobie radę z tym samodzielnie i strzelę sobie w łeb, czy będę musiała poprosić kogoś o pomoc w tym akcie, zanim zrobię krzywdę komukolwiek. To strach, który nie pozwalał mi na odpoczynek. To strach, który stał się moim najgorszym koszmarem. Strach. Zawsze wiązał się z ojcem.

Może gdyby poszedł na jakąś terapię, byłby dobrym ojcem, bo ogólnie chyba nie był bardzo złym człowiekiem.

Żaden dzieciak na podwórku nie ośmielił się nas tknąć, wszyscy bali się „Gremlina". A było to tak. Pobliska ulica i gwar dzieci bawiących się na pobliskim podwórku były stałym tłem mojego dzieciństwa. Tam, na granicy naszego domostwa i wielkiego świata, ojciec stawał się niezniszczalnym murem, strażnikiem naszych niewinnych lat.

– „Gremlin" jedzie! Uciekamy! – krzyknął pewnego dnia mały Kamil, widząc naszego ojca, który wjeżdżał na posesję swoim starym Volkswagenem.

Ten pseudonim szybko przyjął się wśród miejscowych dzieci. Kiedyś zapytałam ojca, czy mu to przeszkadza. On tylko się zaśmiał, spoglądając na mnie swoimi przenikliwymi oczyma.

– Niech się boją – rzucił. – Dobrze, że wiedzą, kogo mają unikać. Jak wilki na stepie. Wilk nie atakuje, dopóki nie czuje się zagrożony, ale reszta zwierząt wie, że lepiej trzymać się od niego z daleka.

Nie do końca zrozumiałam wtedy, co miał na myśli. Teraz wiem, że ojciec był jak ten wilk, a my byliśmy jego stadem chronionym przed drapieżnikami, którymi były czasem dzieci z podwórka, a czasem dalszy świat zewnętrzny. Bez względu na to, jak bardzo się go bałam, nie mogłam zaprzeczyć jednemu – na swój sposób chronił nas, tak jak potrafił. Bronił nas przed różnymi typami, nawet przed sąsiadką. Wściekłe walenie do drzwi często oznaczało jedno – konfrontację z naszą sąsiadką, panią Nowak. Każda taka wizyta wyglądała mniej więcej podobnie: zjawiała się z zafrasowaną miną, przytulając do siebie swojego syna, zwykle ze łzami w oczach i dramatyczną historią na ustach. Ojciec zawsze stawał w drzwiach z wyrazem nieskrywanej irytacji.

– Co teraz? – zapytał pewnego dnia, gdy znowu zobaczył sąsiadkę w progu.

– Twoje córki znów uderzyły mojego Michałka! Tym razem łopatką w głowę! – rzuciła, pokazując ojcu siniak na czole swojego syna.

– A co robił twój Michałek? – dopytywał ojciec, mrużąc oczy.

– Nic! – odparła, patrząc na niego z oburzeniem. – Moje dziecko jest niewinne!

Ojciec roześmiał się w odpowiedzi.

– Wszystko jasne – mruknął. – Twój dzieciak to cipa, dająca się napierdalać dziewczynom łopatką!

Sąsiadka już nie słuchała. Biegła, ciągnąc za sobą beczącego Michałka. Widocznie chciała go ochronić przed prawdą.

Tak, ojciec zawsze stawał po naszej stronie. Ta świadomość dawała nam mimo wszystko pewnego rodzaju poczucie bezpieczeństwa.

Tak, bronił nas przed różnymi typami.

Ale nie przed tymi najgorszymi, jak tamten pierdolony Juliusz Cygan.

I nie chronił nas przed samym sobą.

ROZDZIAŁ 7

W moim rodzinnym domu wiele się zmieniło. Po śmierci ojca skończyły się krzyki, ale też skończyły się jakiekolwiek zasady, które w nim panowały. Wszystko się w sumie skończyło. Nadszedł dzień, kiedy dom utracił swojego strażnika, a świat swojego tyrana. Ojciec odszedł na zawsze, pozostawiając za sobą milczenie, które było równie głośne, jak jego krzyki.

Kolejne miesiące były okropne. To był czas jakiejś szamotaniny, a nawet pustki. Próba zrozumienia odejścia ojca, próba pogodzenia się z nowym życiem bez niego była trudniejsza, niż sobie wyobrażałam. Liczyłam na wsparcie matki, ale to było jak szukanie schronienia na pustkowiu. W matkę jakby diabeł wstąpił. Czy to był duch ojca? Czy może to był jego sposób na dalsze dręczenie mnie z zaświatów? Nie potrafiłam tego zrozumieć.

– Mamo, dlaczego się tak zachowujesz? – zapytałam   pewnego dnia, widząc, że znowu zbliża się awantura. – Jesteś jakaś… inna.

– To ty jesteś inna, to ty się zmieniłaś! – krzyknęła, wskazując na mnie palcem. – Ojciec zrobiłby z tobą porządek!

Czy to był jego głos mówiący przez nią? Czy to była jego wola wciskająca się znowu w nasze życie? Nie wiedziałam, co myśleć. Nie wiedziałam, co czuć. W końcu wpadłam w jakiś paradoks. Wszystko się skończyło, ale nic się nie zakończyło. Wszystko było inne, ale nic się nie zmieniło. Byłam uwięziona w tej niekończącej się pętli sprzeczności, poruszając się w rytmie, którego nie rozumiałam.

Nocami siedziałam sama, patrząc na puste ściany, słuchając ciszy, która była głośniejsza niż jakiekolwiek słowa. Myślałam o ojcu, myślałam o matce, myślałam o tym, kim byli przedtem i kim stała się matka. Czy to był plan ojca? Czy to był sposób na utrzymanie kontroli nawet po śmierci? Czy to była jego ostatnia, okrutna zemsta? Nie znałam odpowiedzi na te pytania. Wiedziałam tylko, że była to walka, której nie mogłam wygrać, zagadka, której nie mogłam rozwiązać.

Przez niemal rok, licząc od śmierci ojca, tkwiłam w pułapce rodzinnego domu, który kiedyś był schronieniem (nawet jeśli kiepskim, to jednak), a teraz stał się więzieniem. Matka, która miała być moją ostoją, stała się oprawcą. Słowa, które kiedyś były słodką pieśnią, stały się ciosami. Ręce, które kiedyś były ciepłym dotykiem, stały się batem.

Miałam męża, ale go nie było. Antoni był cieniem, postacią w tle, obrazem bez kształtu. Każde z nas żyło swoim życiem, każde z nas szło swoją drogą. Małżeństwo, które kiedyś było obietnicą, stało się bohomazem bez znaczenia.

Matka, o której kiedyś myślałam z miłością, teraz stała się tylko gniewem i złością. Przywiązała mnie do siebie żelaznym łańcuchem chciwości, bezlitośnie wykorzystując moje umiejętności remontowe. Tak, właśnie te umiejętności! Remont, który kiedyś był przymusem, teraz stał się ceną za schronienie.

– Masz ręce, więc rób coś nimi! – krzyknęła pewnego dnia, rzucając mi w twarz pędzel i rękawiczki robocze. – Ojciec przynajmniej miał nosa i nauczył cię posługiwania się narzędziami. W końcu na coś się przydasz! Spojrzałam na nią z mieszaniną wściekłości i rozpaczy. Była to kobieta, która mnie urodziła, ale teraz stała się obcą istotą, kierującą się nienawiścią i złością.

– Dziękuję – odparłam z gorzkim śmiechem. – Dziękuję za to, że przypomniałaś mi o tym pieprzonym remoncie. Nie dość, że muszę znosić twoje złośliwości, to jeszcze każesz mi zapierdalać młotkiem!

– Jeśli ci się nie podoba, możesz wyjść! – zawarczała niemal jak pies, wskazując drzwi. – Nikt cię tu nie trzyma na siłę.

Chwyciłam pędzel. Co innego miałam zrobić? Przecież mój synek musiał mieć dach nad głową.

Znowu remont stał się moją codziennością i moim koszmarem. Ściany, które kiedyś były tylko tłem, teraz stały się moim towarzyszem, moim przyjacielem i jednocześnie moim wrogiem. W tych ścianach widziałam ojca, widziałam męża, widziałam siebie…

Remontowałam dom, ale nie potrafiłam „wyremontować" swojego życia. W tych murach była moja historia, moja dusza i serce. Była tam moja miłość, nienawiść, nadzieja i rozpacz.

Dzięki ojciec, że mnie nauczyłeś tej trudnej sztuki remontu! Dzięki, że dałeś mi te pieprzone umiejętności, które teraz są moim przekleństwem i moim błogosławieństwem!

Atmosfera w domu była ponura, przepełniona nienawiścią. Powietrze przesiąknięte było goryczą i rozpaczą. Mój mąż stał się odległy, nieosiągalny, jakby w ogóle go nie było. Jego brak wsparcia był jak nóż wciśnięty w moje serce. Matka i starsza siostra stały się moimi największymi wrogami. Gniew, frustracja i poniżenie były ich językiem, a ja byłam ich ofiarą.

Każdego dnia słyszałam ich krzyki, oskarżenia, wyzwiska. Matka, kiedyś pełna miłości i troski, stała się przepełniona złością i agresją. Siostra, z którą kiedyś się śmiałam – śmiała się teraz ze mnie.

– Jesteś nikim! – wrzasnęła matka pewnego dnia, kiedy remont nie posuwał się tak szybko, jak chciała. – Nawet twój mąż cię nie chce! Co zrobiłaś ze swoim życiem, córko?

Jej słowa były jak oszczep, który mnie dobił w tym upodleniu. Upadłam na kolana, a łzy płynęły mi po twarzy jak rzeka bólu i rozpaczy. Chciałam coś powiedzieć. Chciałam coś wykrzyczeć. Otworzyłam nawet usta, ale wymknęła się z nich jedynie bezradna cisza milczenia. Tymczasem matka krzyczała dalej w najlepsze:

– Zawiodłaś! Zawiodłaś nas wszystkich!

A potem, jak gdyby nigdy nic, wymierzyła mi siarczysty policzek. W tej wściekłości chyba nawet go nie poczułam. Patrzyłam tylko na nią z rozpaczą. Nie mogłam uwierzyć, że kobieta, która mnie urodziła, mogła mnie tak zranić.

– Mamo, dlaczego? – wyjąkałam w końcu. – Dlaczego tak mnie traktujesz? Czy nie widzisz, że potrzebuję twojej pomocy, a nie twojego gniewu?

W odpowiedzi tylko się zaśmiała. I był to śmiech złowieszczy, wywołujący dreszcze przerażenia.

Gdzie był mój mąż? Minęły prawie trzy lata od dnia naszego ślubu, a jego ciągle nie było przy mnie. Dlaczego nie zabrał mnie stąd? Dlaczego nie uratował mnie od tej nienawiści, od tego poniżenia?

Bo nasze małżeństwo tak naprawdę nigdy nie istniało! Dlatego!

Byłam twarda, ale była granica mojej wytrzymałości. Byłam silna, lecz istniała granica mojej wytrwałości.

Początek grudnia przyniósł ze sobą pierwszy śnieg, a z nim chłodne spojrzenie matki i jej lodowate słowa.

– Nie sądzę, że powinnaś tu być na Wigilii – powiedziała, patrząc na mnie z ukosa, jakby nawet jej oczy nie mogły znieść mojego widoku. – Chyba lepiej będzie, jeśli spędzisz ją gdzie indziej.

I jak to skomentować? To była moja matka! Moja własna matka!

– Rozumiem – odpowiedziałam, próbując ukryć ból w moim głosie. – Skoro nie chcesz mnie i Adasia na Wigilii, już nigdy więcej nie zobaczysz nas przy świątecznym stole!

W wigilijny wieczór znalazłam się u Magdy. Była to dziwna, niemal surrealistyczna sytuacja. Antoni też tam był, został zaproszony przez swojego brata Rafała. I ponownie odgrywaliśmy rolę małżeństwa, chociaż oboje wiedzieliśmy, że to tylko gra. Znowu siedzieliśmy przy stole, razem, ale jednak osobno. Znów patrzyliśmy sobie w oczy, ale nie widzieliśmy siebie. Trzymaliśmy się za ręce, ale nie czuliśmy swojego ciepła. I tak tkwiliśmy w tej dziwnej, cichej grze, udając, że jesteśmy kimś innym i, że czujemy coś, czego nie czuliśmy.

Przez całą kolację myślałam o Borysie, o jego oczach, uśmiechu, o jego dotyku. W moim sercu nadal był on, niezmiennie, od lat. I wtedy również.

– Chyba tęsknisz za kimś? – zauważyła Magda, patrząc na mnie z troską.

– Tak – przyznałam, nie mogąc ukryć prawdy. – Tęsknię za kimś, kogo nie mogę mieć. Za kimś, kto jest daleko ode mnie, a jednak blisko, bo tkwi w moich marzeniach.

– Może kiedyś to się zmieni – powiedziała, próbując mnie pocieszyć.

– Może – odparłam, ale wiedziałam, że to nie nastąpi. Borys był teraz tylko cieniem mojego życia, zmierzchem mojej miłości, echem mojego serca.

Tak, tamta Wigilia była dziwna, ale była też prawdziwa. Była prawdziwa w swojej absurdalności.

W końcu zamieszkałam z dzieckiem w wynajętym domu, w sąsiedztwie „rodzinnego gniazda". Nie miałam niczego. Spaliśmy na

materacu, prałam w pożyczonej pralce wirnikowej Frani, którą nota-
bene razem z materacem matka zabrała mi po jakiejś kłótni.

Zostałam bez niczego – bez pieniędzy, bez możliwości i z małym dzieckiem. Wciąż mężatka, ale tylko na papierze.

Aby było mnie stać na opłacenie domu, chodziłam na zarobek do
właścicielki budynku, w którym mieszkałam. Pracowałam w polu,
w oborze, zawsze z moim synkiem obok, zawsze razem. Czasem,
kiedy nie mieliśmy co jeść, mogłam liczyć na pomoc młodszej siostry i brata.

Lidzia z Wojtkiem wykradali kanapki ze stołu i przynosili je
nam. Niekiedy szliśmy razem na czyjeś pole, aby nakopać ziemniaków, a potem gotowałam z nich obiad dla Adasia.

Pytanie, gdzie był wtedy mój mąż, gdzie był ojciec mojego dziecka? Nie wiadomo. Był gdzieś. Takie to było moje małżeństwo. Gdyby ojciec żył, myślę, że rozgoniłby w cholerę tę karykaturę małżeństwa! Wiem, że uchroniłby mnie, gdyby wiedział, jak mi źle. Bo
przecież chronił nas przed złem tego świata na swój sposób.

Pewnego dnia Antoni stanął w moich drzwiach.

– Proszę! Daj nam proszę ostatnią szansę! – błagał ze swoją zbolałą miną.

Zaskoczyła mnie ta sytuacja. Nie chciałam tego. Kompletnie nic
do niego nie czułam. Ale widząc szczęście w oczach dziecka na widok
taty, zmiękłam… Zgodziłam się.

Wiedziałam jednak doskonale, że nasz związek nie ma najmniejszych szans na przetrwanie.

Wyjechaliśmy z powrotem do Warszawy, by ratować coś, co już
dawno leżało w zgliszczach, przykryte toną popiołu.

Moje życie z Antonim wyglądało jak piosenka, której melodii już nie mogłam znieść. Na początku była to harmonia, dźwięki pełne nadziei. Lecz z każdym dniem stawała się ona coraz bardziej dysharmonijna, przypominająca niewłaściwie nastrojony instrument. Jak mogłam dopuścić, aby nasze małżeństwo zaczęło przypominać coraz to gorsze powtórzenia tej samej, fałszywej melodii? Przez te wszystkie lata nasz związek blaknął, tracąc kolory i ostrość, jak stara fotografia. Każdy dzień stawał się kolejnym zgubionym puzzlem w skomplikowanym obrazie naszego małżeństwa.

Zastanawiałam się, dlaczego ciągle próbuję dopasować te niekompletne kawałki, gdy w głębi duszy wiedziałam, że obraz nigdy nie będzie cały. Dlaczego zgodziłam się na tę kolejną próbę, wiedząc, jak to się skończy?

W końcu powiedziałam sobie dość! Jak w piosence. Tyle że to nie była piosenka.

– Wyjeżdżam do domu na Sylwestra – oświadczyłam któregoś dnia Antoniemu, chociaż wiedziałam, że to była tylko wymówka, aby oderwać się od tej dysharmonijnej melodii, aby poszukać ciszy w rodzinnym domu. – Jadę tylko na Sylwestra – skłamałam, a przecież nie planowałam już wracać ani do Warszawy, ani do Antoniego.

Tak, poszukać ciszy w rodzinnym domu! Lecz ta cisza była tylko złudzeniem, podobnie jak moje przekonanie, że mogę naprawić coś, co już zostało bezpowrotnie stracone.

Wraz z pożegnaniem stolicy, pożegnałam Antoniego.

Antoni – postać o wielowarstwowej naturze, a jednak przewidywalnej w swoim nieprzewidywalnym podejściu do życia. To była dusza pełna radości.

Podobnie jak Dante, który przechodził przez Piekło na swojej drodze do Boga, tak my z Antonim przemierzaliśmy swoją drogę przez wzloty i upadki naszego małżeństwa. Tyle że tych upadków było o wiele więcej niż wzlotów. Zbyt dużo. Nie zrozumcie mnie jednak źle. Nie mam zamiaru na niego pluć czy go przeklinać. Antoni był w istocie bardzo dobrym człowiekiem. Problem polegał na tym, że był także zabawną osobą i to chyba zbyt zabawną. Wszystko było dla niego jak otwarta księga z przekręconymi literami. Niestety, Antoni zawsze brał wszystko na wesoło. Wszystko traktował niepoważnie, nawet nasze małżeństwo, bycie ojcem, bycie mężem. Z perspektywy czasu tak sobie myślę, że zarówno on, jak i ja mieliśmy pecha. Gdybyśmy zaczęli budować nasz związek teraz, stworzylibyśmy razem na pewno coś pięknego, trwałego. Jestem tego pewna. Może wtedy nasze małżeńskie Piekło miałoby inny wydźwięk. Niestety, spotkaliśmy się zbyt wcześnie.

Nasze małżeństwo było jak zepsuty zegar, który ruszył przedwcześnie i zatrzymał się w złym momencie.

Kilka zmarnowanych lat – bez nauki, bez lekcji, bez przyjemności.

Czas spędzony w złym środowisku, z niewłaściwymi ludźmi, w niewłaściwym miejscu.

Czasem, patrząc wstecz, żałuję tych straconych lat, ale potem przypominam sobie o moim ukochanym synku, którego przecież nie byłoby bez Antoniego. Adaś – jedyne dobro, jakie wyniosłam z tego związku. Jego śmiech był jak melodia, która wypełniała mój świat, gdy wszystko inne zamilkło.

Byliśmy zawsze we dwoje, ja i mój chłopczyk, gdyż Antoni, tak prawdę mówiąc, nawet z nami nie mieszkał. Czasem tylko pomieszkiwał, jak wędrowny ptak, który przelatuje, nie zostawiając śladu.

I tak mimo bólu, rozczarowań i złamanych obietnic, moje serce znalazło schronienie w miłości do dziecka. Bo była to autentyczna miłość – niezachwiana i niezniszczalna.

To było moje przeznaczenie, moja prawdziwa droga, moja lekcja życia.

Nasze małżeństwo było od samego początku skazane na niepowodzenie. Życie z Antonim, zamiast radosnej przygody, stało się codzienną walką. Nie byliśmy gotowi na to, co miało nadejść. Nie rozumieliśmy, że prawdziwa miłość wymaga czasu, cierpliwości i wzajemnego zrozumienia. Że nie wystarczy tylko kochać, trzeba też umieć żyć razem.

I tak oto nasza historia, która zaczęła się tak pięknie, zakończyła się rozczarowaniem i smutkiem. Pozostały wspomnienia, chwile szczęścia i ból utraconych marzeń. Nie byliśmy sobie przeznaczeni.

Nasz związek był jak piękna melodia grana w niewłaściwym momencie.

Spotkaliśmy się w nieodpowiednim czasie… w nieodpowiednim życiu…

.

CZYŚCIEC

WIGILIA W CZYŚĆCU

Zaraz po tym, jak narodził się Jezusek, mój drugi mąż wymierzył mi siarczysty policzek. To było w kuchni. Oskar był w zasadzie dobrym człowiekiem, tylko czasem miewał gorsze chwile. Wiem, że tak tłumaczy się każda ofiara domowej przemocy, a szczególnie żona, ale wcale nie mijam się z prawdą. W końcu przecież wyrwałam się z Piekła swojego życia kilka lat wcześniej i musiałam sobie zdawać sprawę, że nie od razu trafię do Nieba. Nawet Dante musiał przemierzyć Czyściec, żeby dotrzeć do swojej Beatrycze.

Tak, pamiętałam doskonale, jak Dante szedł przez Czyściec między szeregami umęczonych dusz, zrzucających grzechy, jakie oblepiły te dusze przez całe życie. A może same się nimi oblepiły? Na każdym poziomie spotykał tych, którzy oczyszczali się z pychy, zazdrości, gniewu. Każda z tych dusz przypominała mi o tym, co przeszłam z ojcem, czego doświadczyłam później i co przeżywałam teraz z Oskarem.

Ja też musiałam walczyć z różnymi grzechami. Moją pychą była próba utrzymania za wszelką cenę „szczęśliwego domu" dla moich dzieci, nawet kosztem własnego bólu. Doświadczałam zazdrości, patrząc na szczęśliwe, normalne rodziny. Natomiast gniew budził się we mnie za każdym razem, gdy odkrywałam obłudę teściowej i fałsz rodziny Oskara.

A mój mąż nie potrafił obronić ani mnie, ani naszych dzieci przed tym cuchnącym szambem. A jednak musiałam przetrwać wszystko to, aby się oczyścić, aby zasłużyć na moje własne Niebo. Tak wtedy czułam. Nie zastanawiałam się w ogóle, czy miałam rację. Czy taka postawa miała sens?

Jednak nawet w najgorszych chwilach była zawsze iskierka nadziei. Gdy nieraz nocą przesiadywałam w kuchni, grzęznąc w swojej niedoli, pamiętałam o moich dzieciach śpiących w pokoju obok. Wiedziałam, że muszę wytrwać, nie dla siebie, ale dla nich. Dla naszego własnego małego Nieba, które razem tworzyliśmy.

Dziś przeraża mnie postawa, jaką wówczas prezentowałam. To była zwykła głupota! Należało rzucić to bagno od razu i pomaszerować w inną stronę!

W tamtym czasie wydawało mi się jednak, że jestem w tym swoim nieszczęściu tylko przejściowo, że to tymczasowe miejsce i chwilowy stan. Byłam bowiem przekonana, że to mój Czyściec, moja podróż do Nieba. Przystanek do nieustającego szczęścia. Jak Dante, musiałam przejść przez ten okres oczyszczenia, zanim dojdę do miejsca, w którym mogłabym naprawdę żyć. To miejsce było świetlaną przyszłością – dla moich dzieci, dla mnie. I chociaż wiedziałam, że droga przede mną jest długa i trudna, to jednak byłam zdecydowana nią podążać.

– Nawet Dante musiał przemierzyć Czyściec – powtarzałam sobie, aby odnaleźć sens przeżycia kolejnych trudnych godzin.

Tamtego dnia też to sobie wmawiałam. To była Wigilia. Wigilia w Czyśćcu – mój prywatny święty wieczór, pełen bólu i obietnicy. I tak było lepiej niż podczas tych wszystkich Wigilii w Piekle, które spędzałam jako dziecko.

Jak mawiał Dante, *niechaj nie zwycięży nasze zło, lecz dobro*. Na to właśnie czekałam. Dla siebie, dla dzieci, dla naszej przyszłości. Na początku również dla mojego małżeństwa. Moje Niebo czekało. Wiedziałam to i byłam gotowa, aby je zdobyć.

To nie była moja pierwsza Wigilia z rodziną Oskara. Właściwie to wiedziałam, czego się spodziewać. Nigdy nie czułam się tam jak między swoimi. Wiedziałam jednak, że robię dobrze, rozsądnie, budując wraz z nimi rodzinną atmosferę Wigilii. Tyle że to budowanie szło z oporami i było właściwie ułudą. Niczym więcej.

To była polska Wigilia w Niemczech, gdzie mieszkałam wraz z drugim mężem i dziećmi, i… jego rodziną. Świąteczne drzewko migotało kolorowymi światełkami w rogu salonu, a stół uginał się od potraw wigilijnych. Jak w Polsce. Nikt nie był w stanie zjeść ich wszystkich, ale przecież musiały być i musiało być wrażenie przepychu.

Czułam, że jestem tam obca, obserwując ich przy tym wigilijnym świętowaniu. Wyglądali na zadowolonych i szczęśliwych. Nie dajcie się zwieść! Wiedziałam, że za uśmiechami i serdecznymi słowami kryją się ich prawdziwe intencje, pretensje i narosłe latami animozje.

– Dziękujemy Ci, Panie, za ten piękny wieczór – rozpoczął Oskar, patrząc na mnie, jakby chciał potwierdzić, że wszystko jest w porządku. Jednak ja wiedziałam swoje.

– To błogosławieństwo, że możemy być wszyscy razem – dodała jego matka, a moja ówczesna teściowa o imieniu Irena. Kątem oka obserwując, jak nakładam rybę na talerz. Dobrze słyszałam w jej głosie nutę sarkazmu.

Wszyscy przy stole udawali, że jest normalnie, że spotkała się kochająca rodzina, w której nie było wykluczonych. Szwagierka Weronika chwaliła się swoją markową kreacją. Teściowa stwierdziła, że ma na sobie ulubioną białą bluzkę i innej nie potrzebuje. Szwagier Marek pochłaniał pierogi z widocznym zadowoleniem, a wujek z żoną siedzieli cicho, obserwując wszystko bacznie.

Ale ja wiedziałam lepiej. Wiedziałam, co się pod tym kryje.

– O, te pierogi są fantastyczne, mamo! – zarechotał Marek. – Robisz najlepsze pierogi na świecie. Nikt ci nie dorówna! Pewnie dlatego boją się próbować! – Tu spojrzał na mnie jakoś znacząco.

Śmiali się wszyscy z tego. I ja się śmiałam, chociaż wiedziałam, że to był atak wprost na moją osobę. Kilka dni wcześniej Oskar zastanawiał się, czy w tym roku to właśnie ja powinnam zrobić pierogi. W końcu jednak do tego nie doszło. Irena nie pozwoliłaby na to!

Wiedziałam, że temat wróci prędzej czy później. Przy stole wigilijnym poczułam zatem mocne ukłucie. Wszystkie te małe złośliwości, wyśmiewanie, podchody były jak próba sił i dziwnym trafem z reguły zahaczały mniej lub bardziej o moją osobę.

Zresztą, pierogi to był tylko wstęp. Po nich pojawiły się inne złośliwości, których nie warto nawet tutaj przytaczać. Jedne były bardziej, inne mniej zakamuflowane. Ich cel był jeden: ja! Normalnie pewnie trudno byłoby mi tam przetrwać. Zakładałam jednak, że w Czyśćcu nie jest łatwo. Miałam na to sposób. Mur. Już dawno zbudowałam go wokół siebie. Latami oddzielał mnie od tego całego wrogiego otoczenia. Zaczynałam coraz bardziej go doceniać. Nikt nie miał wstępu za mur! Nikt, poza moimi dziećmi. Tam, w środku, byliśmy bezpieczni, choć odizolowani. Cóż, każdy płaci w życiu jakąś cenę.

W miarę, jak mijały lata, mój mur stawał się coraz grubszy, coraz wyższy. Chociaż na zewnątrz widziano tylko szczęśliwą kobietę, w środku czułam pustkę. Przynajmniej ten mur obojętności dawał mi jakąś ochronę. W domu, w którym mieszkałam z drugim mężem, byłam sama. Nawet będąc wśród ludzi, zawsze byłam sama. Jednak ta samotność, zamiast mnie osłabiać, dodawała mi sił. Nie potrzebowałam nikogo. Miałam swoje dzieci, miałam swoją pracę. I miałam swoją samotność.

Ale w głębi serca rosła we mnie złość na męża, na jego rodzinę, na cały ten fałszywy, pełen obłudy świat. Złość na siebie, że nie potrafiłam tego zmienić. Że nie potrafiłam znaleźć innego wyjścia. Że pozwoliłam na to, aby moje życie tak się skomplikowało. Ta złość przekształcała się w żal, a żal – w nienawiść. Nienawiść do tej rodziny, która właśnie obżerała się polskimi potrawami przy wigilijnym stole w tym niemieckim miasteczku. Wiedziałam, że ta nienawiść będzie mnie niszczyła. Tymczasem chciałam iść dalej. Dla siebie, dla moich dzieci. Chciałam zaprowadzić nas do naszego Nieba. Musiałam zatem znaleźć wyjście z obecnej klatki. W czasie tamtej Wigilii jeszcze w niej tkwiłam. To mnie najbardziej dobijało. Jednak te Wigilie w Niemczech były i tak lepsze, niż to piekło świąt z mojego dzieciństwa, które przecież jeszcze majaczyło gdzieś w mojej pamięci. Czułam się tu jednak bezpieczniejsza, pomimo tej całej obłudy, która unosiła się nad wigilijnym stołem.

– Nie wiem jak wy, ale ja jeszcze skosztuję swojego barszczu z uszkami – oznajmiła nagle teściowa, chociaż przecież zdążyła zjeść już drugie, a nawet trzecie danie. – Czy ktoś też chce?

Wtedy zerwałam się od stołu.

– Niech mama się nie fatyguje – krzyknęłam. – Ja przyniosę. Po co się męczyć?

Chciałam dodać „w tym wieku", ale ugryzłam się w język. Dlaczego tak ochoczo się zgłosiłam? Właściwie sama nie wiem. To był jakiś impuls.

Myślę, że zadziałała moja podświadomość.

Pognałam do kuchni i czekając, aż barszcz się podgrzeje, zastanawiałam się, co mi strzeliło do głowy. Zaklęłam nawet pod nosem.

Ta stara kwoka powinna sama nosić sobie zupę! Opanowałam się w końcu. Może Bóg, gdzieś tam w górze, policzy mi to jako dobry uczynek i szybciej opuszczę ten pierdolony Czyściec?

Zaśmiałam się na tę myśl. OK, niech babsztyl ma trochę satysfakcji! Odetchnęłam. Postanowiłam o tym nie myśleć, żeby się nie denerwować. Patrzyłam na małe bąbelki, które powoli zaczynały pojawiać się na powierzchni barszczu. Zapach zupy stopniowo wypełniał kuchnię. Przykryłam garnek i czekając, usiadłam na krześle.

Tak, to było to. Ten moment, kiedy mogłam być sama, w ciszy, z moimi myślami. Niestety, nie trwało to długo. W końcu musiałam opuścić tę spokojną przestrzeń. Szłam ostrożnie. Bardzo powoli.

– Nareszcie! Tyle to trwało! Myślałam, że gotujesz ten barszcz! – zaśmiała się Irena, gdy pojawiłam się w pokoju.

Wszyscy zgromadzeni przy stole wybuchli rechotem.

Tymczasem ja byłam coraz bliżej matki mojego męża. Nie powiem, dłonie zaczęły mi nieco drżeć. Z całych sił próbowałam to opanować.

– Oskarku, może już czas, żeby twoja żona odważyła się ugotować barszcz? – ciągnęła dalej teściowa. – Niech się uczy, żeby ci gotowała, jak u mamy!

Znowu pokój wypełnił śmiech siedzących przy stole.

Dotarłam na miejsce. Uśmiechnęłam się. Nagle przechyliłam talerz. Czerwony barszcz radośnie chlusnął na ulubioną bluzkę mojej teściowej, niszcząc w okamgnieniu biel materiału.

– Ojej, ale ze mnie niezdara! – jęknęłam, robiąc sarnie oczy.

Irena zerwała się z krzesła, wybuchając płaczem. A może to był wrzask rozpaczy?

Teraz już wiecie, za co w kuchni dostałam w twarz od męża, gdy rodził się Jezusek.

– Ty cholerna niezdaro! – wrzasnął na mnie. – Zrobiłaś to specjalnie!

– Nieprawda! – skłamałam, masując obolały po uderzeniu policzek. – Mogę nawet przysiąc. – Na wszelki wypadek skrzyżowałam palce za plecami.

Taka właśnie była ta moja Wigilia w Czyśćcu.

Jedna z wielu, jakie w nim przeżyłam. Jeśli chcecie się dowiedzieć, jak się tam znalazłam, musimy cofnąć się o kilka lat.

ROZDZIAŁ 8

Miałam to szczęście, że w końcu wydostałam się z Piekła, w którym tkwiłam latami. Nie było to jednak proste. Przeszłam naprawdę wiele, aby wygrzebać się z diabelskiego świata. Ta droga była długa i ciernista, naznaczona zwątpieniem, łzami, siarczystymi przekleństwami i zagryzanymi do krwi wargami.

Kiedy rozpoczęło się moje mozolne wspinanie się do życiowego Czyśćca? Wydaje mi się, że początek tej wspinaczki ku lepszemu rozpoczął się w momencie, gdy dotarło do mnie, że to co nazywam życiem, to jedna wielka porażka, że dłużej tak już nie mogę. To był moment, gdy opuściłam wszystko, co kładło cień przeszłości na moje życie… gdy wyjechałam… Ale po kolei.

Niebo wyglądało jak płótno namalowane przez wstrząśniętego artystę. Złote promienie słońca tańczyły ze sobą, próbując przeciwstawić się nadciągającym chmurom, które z zapowiedzią burzy ciążyły nad horyzontem. Czułam, jakby te chmury były utkane z moich lęków, wątpliwości i niepewności. Tylko czy byłam gotowa na deszcz, jaki miały przynieść?

Stojąc na progu rodzinnego domu, zaczęłam się zastanawiać, po co właściwie tu przyjechałam. To było przecież naiwne szaleństwo! Moje myśli były jak wirujące liście targane jesienną wichurą. Wiedziałam, że na współczucie matki nie mam co liczyć. Gdy zapukałam, otworzyła drzwi i patrzyła, jakby w ogóle się mnie nie spodziewała. Cóż, skoro ja sama nie spodziewałam się, że tu przyjadę... Nie po tym, jak byłam wcześniej traktowana. A jednak przyjechałam, bo nic innego nie przyszło mi do głowy. Po prostu uciekłam. Nie zamierzałam wracać do Warszawy, gdzie każdy zakątek przypominał mi o tym, co było. Nie zamierzałam wracać do Antoniego bez względu na wszystko. Nie miałam już na to siły. Niestety, nie mogłam uciec od siebie, od mojego serca rozerwanego na strzępy przez decyzje, które podjęłam i przez te, których nie podjęłam. Czy jednak ucieczka może przynieść ulgę?

W rodzinnym domu nic się nie zmieniło. Atmosfera, jak zwykle, była paskudna i napięta. Na szczęście tuż po mnie przyjechał szwagier – mąż starszej siostry Uli i cała uwaga skoncentrowała się na nim. Ostatnimi czasy nie mieliśmy dobrych relacji. Traktował mnie oschle i z wyższością. Najwyraźniej teraz przybył nie jako intruz, lecz ktoś, kto pragnie naprawić popełnione błędy. Nagle stał się dla mnie dziwnie miły.

– Cześć – rzucił do mnie, próbując się uśmiechnąć – Co słychać? – zapytał miłym głosem.

Wymieniliśmy kilka nieistotnych uwag i wydawało się, że nie będzie tak źle. Okazało się, że mój szwagier potrafi mnie zaskoczyć.

– Mam dla ciebie propozycję – rzucił nagle.

Przyznam, że w pierwszej chwili się przestraszyłam.

– Wkrótce wracam do Holandii i mogę cię zabrać ze sobą – wyjaśnił. – Jak wiesz, pracuję tam od dawna. Teraz szukają tam kogoś do stadniny koni, a wiem, że lubisz te zwierzęta. Potrzebują pracownika na dwa tygodnie. Zainteresowana?

Od razu to zobaczyłam w myślach. Przez moją głowę przemykały obrazy majestatycznych piękności, wspaniałych, dzikich pastwisk, na których konie skubały leniwie trawę z daleka od codziennego zgiełku. Pachniałoby tam wolnością, nieograniczoną przestrzenią. Przyznam, że aż przeszedł mnie dreszcz ekscytacji. I wtedy rzeczywistość sprowadziła mnie na ziemię.

– Ale… co z moim synkiem? – słowa wyleciały z moich ust niemal automatycznie. Tarcza matczynych instynktów stanęła na straży mojego działania, temperując marzenia. – Kto się zaopiekuje Adasiem, gdy będę w Holandii?

Moje myśli zaczęły wirować w tańcu pełnym wątpliwości. Czy mogłabym pozwolić sobie na chwilę oddechu, pozostawiając syna w rękach kogoś innego, nawet jeśli to rodzina? W moim sercu walczyły ze sobą pragnienie wolności i matczyne obawy. Wiedziałam, że ta decyzja może wprowadzić wiele zmian w moim życiu. Ale po co ryzykować największym skarbem, jaki miałam?

Szwagier wstał nagle i wskazał na moją matkę, która siedziała po drugiej stronie pokoju, trzymając w dłoniach filiżankę kawy. Ich spojrzenia spotkały się, a w powietrzu zawisła gęsta atmosfera oczekiwania.

– Mamo, pomożesz? – zapytał w końcu. – Wreszcie będziesz mogła spędzić więcej czasu z wnukiem.

Sprytne! Uderzył od razu w najczulsze tony. Teraz musiała położyć na szali niechęć do mnie i miłość do Adasia.

Matka zastanowiła się chwilę, zanurzając się w myślach. W jej oczach błyszczało coś więcej, niż tylko ciekawość czy troska o wnuka. Był to błysk zachłanności. Ryszard od lat pracował w Holandii i często przywoził stamtąd prezenty, nie wspominając już o pieniądzach. Zawsze był hojny dla mamy. Jestem pewna, że pamiętała o tym.

– Zgadzam się – odpowiedziała w końcu. – Skoro prosisz... –
Tu spojrzała na mnie znacząco, jakby miała pretensję, że przed nią
nie uklękłam. Zięć się uśmiechnął, podszedł do niej i ucałował ją
w czoło. Było w tym coś teatralnego.

– Dziękuję – mruknął, a potem odwrócił się do mnie i pokazał
kciuk w górę.

Czułam, jak emocje buchają we mnie, mieszając się z niepewnością. Czy naprawdę jestem gotowa zostawić mojego syna, nawet na
tak krótki czas? Ale potem przypomniałam sobie o koniach, o wietrze we włosach i poczuciu wolności. Może ta podróż będzie moją
szansą na nowy początek? Początek bez Antoniego.

Noc otulała pokój jedwabistą ciemnością niczym zasłona skrywająca za sobą sekrety i niespełnione marzenia. To była okropna
noc. Położyłam się spać, choć wiedziałam, że nie zasnę. Nie z tym,
co kłębiło się w mojej głowie. Leżałam więc bez ruchu, ze wzrokiem
utkwionym w sufit skryty w ciemności. W jednym zakątku mojego
umysłu połyskiwało złoto holenderskich guldenów, tańczące w promieniach pożądania, kusząc i obiecując lepsze jutro. Zobaczyłam
siebie w eleganckich ubraniach, stawiającą pierwsze kroki na drodze
do niezależności. Ale potem, jak bumerang rzucony przez los, po-
wracała myśl o moim synku, o małej perełce, której blask przysłaniał
to holenderskie złoto. Wyobrażałam sobie jego niepewny uśmiech
podczas śniadania, gdy zapyta, kiedy wróci jego mama. Serce mi się
ściskało, jakby ktoś je gniótł w dłoniach, próbując doprowadzić mnie
do szaleństwa.

Gdzieś głęboko we mnie rozbrzmiewał dźwięk wewnętrznego
dzwonu, bijącego na alarm. Z jednej strony wołał o ucieczce od problemów, o chwilowym oddechu w obcym kraju. Z drugiej strony

wzywał do pozostania, do bycia matką, która nigdy nie zostawi swojego dziecka. Te dwie melodie mieszały się ze sobą, tworząc dysonans w moim sercu.

Przekręciłam się na bok, próbując uciec od tych myśli. W desperacji przydusiłam głowę poduszką, próbując odnaleźć chwilę spokoju. Ale w moim umyśle był teraz chaos, burza emocji, które rzucały mnie to w przerażenie, to w euforię. Czułam, że moje serce bije w szalonym tempie, jakby chciało wyskoczyć z piersi i uciec od tych dylematów. Noc mijała, a ja nadal walczyłam ze sobą, zastanawiając się, jaką cenę jestem gotowa zapłacić za zyskanie niezależności. W końcu podjęłam decyzję.

Nadszedł czas wyjazdu i jednocześnie moje 23 urodziny. Może ta zbieżność była jakimś znakiem od losu? Tego nie wiem, ale muszę przyznać, że to był dziwny przypadek.

Wyjeżdżaliśmy wieczorem, zatem zdążyłam jeszcze zjeść kawałek tortu w rodzinnym domu i popić go kolejnym drinkiem. Potem ruszyliśmy samochodem w ciemną noc, w której kryła się niewiadoma dnia jutrzejszego. Czekała na mnie Holandia, czekał świat. Czy byłam gotowa? *Czas pokaże*, pomyślałam.

Kiedy stawiałam pierwszy krok na holenderskiej ziemi, poczułam, jakbym przeniknęła do obrazu namalowanego pastelowymi kredkami. Niebo wydawało się większe, bardziej błękitne, roztaczając się nad płaskimi, zielonymi łąkami, które kończyły się gdzieś na horyzoncie, przytulone do srebrzystego lustra kanałów.

Holandia była jak piękna melodia – spokojna, harmonijna, a jednocześnie pełna życia. Czułam, jakbym stała się częścią tej malowniczej symfonii – zieleni, wody, nieba i ludzi. Holenderska wieś była dla mnie jak kojąca kołysanka, za którą tęskniłam przez całe życie, nie wiedząc nawet o jej istnieniu. W tym kraju, wśród tych ludzi, odnajdywałam siebie na nowo, odkrywając prostotę, piękno i harmonię codziennego życia.

O poranku, kiedy pierwsze promienie słońca lśniły na kroplach rosy, wkraczałam w świat koni. Wśród złocistych kłosów i zielonych łąk stadnina wznosiła się majestatycznie jak pałac dla tych wspaniałych zwierząt.

Zaczynało się od przywitania. Nozdrza konia rozchylały się w delikatnym szeleście, badając mój zapach, podczas gdy wielkie, ale jakże ufne, oczy spoglądały na mnie z głębi ciekawości. Czułam doskonale te wszystkie emocje, jakimi mnie obdarowywały konie.

Prace w stadninie nie były łatwe. Czyszczenie sierści z zapachów poprzedniego dnia, zaplątanej w gałęzie i trawę, wymagało cierpliwości.

Lecz każde przeczesanie grzebieniem, każde ślizganie się dłoni po miękkiej skórze dawało wyjątkowy efekt ufności. W rezultacie konie dość szybko się ze mną zaprzyjaźniły. Stały się istotnym elementem mojego dnia. I chociaż dłonie mi puchły z wysiłku, plecy masował ból, to jednak w sercu była radość.

Gdy noc rozciągała swoje aksamitne skrzydła nad holenderskim krajobrazem, moje ciało krzyczało z wyczerpania. Ale gdy spoglądałam na konie, ich sylwetki rysujące się na tle zachodzącego słońca, czułam, że zmęczenie jest nieważne. Stały tak niczym tańczące cienie, pochylając łby, jakby chciały mi podziękować, że zajmowałam się nimi w ciągu dnia.

– Trzymajcie się, piękne – szeptałam do nich, kiedy opuszczałam stadninę. A one, te wspaniałe stworzenia, w milczeniu odpowiadały mi swoim spokojem, który był jak balsam na moje rany.

W kalendarzu dni mijały niczym kolejne nuty w ulubionej melodii, która w pewnym momencie dobiegła końca. Miałam wrócić, zostawić za sobą ten kraj, który stał się dla mnie miejscem pełnym magii. Jednak podobnie jak księżniczki w baśniach, które tracą poczucie czasu w zaczarowanym lesie, tak i ja zgubiłam się w holenderskim krajobrazie. Nie wiem jak, ale moje dwa tygodnie przeciągnęły się niepostrzeżenie, zmieniając się w miesiące. Czyżby to była magia tego miejsca? Czy może tkwiło w tym coś głębszego?

Najgorsze było tłumaczenie się z tego wszystkiego matce. Nie zrozumcie mnie źle, nie jestem niewdzięcznicą. Bardzo doceniałam to, co robiła dla mnie i swojego wnuka. Muszę jednak dodać, że nie robiła tego za darmo. Wysyłałam jej pieniądze nie tylko na utrzymanie Adasia, ale i płaciłam jej wynagrodzenie za opiekowanie się moim synkiem.

Przypomniałam sobie wszystkie jej narzekania, każdą skargę, każdy sarkastyczny żart o tym, jak to ja sobie żyję jak pani, a ona musi ciężko pracować. Narzekała i przyjmowała ode mnie pieniądze.

– Kiedy wracasz? – zapytał brat, gdy kolejny raz zadzwoniłam do domu. Jego głos był pełen niepokoju i tęsknoty.

– Wkrótce – obiecałam, chociaż nie byłam pewna, kiedy dokładnie nastąpi to „wkrótce". – Bardzo tęsknię za wami. I wiem, że zostawienie Adasia na tak długo, to duże wyzwanie. Dziękuję wam za pomoc – dodałam ze łzami w oczach. Brat zaśmiał się w odpowiedzi.

I takie to było nasze gawędzenie przez telefon.

Z każdym dniem, który spędzałam w Holandii, doceniałam coraz bardziej moją rodzinę. Wiedziałam, że mimo trudności i napięć, które czasem między nami się pojawiały, byli przy mnie, gdy ich najbardziej potrzebowałam.

Z każdym dniem, z każdym nowym kontraktem, odnajdywałam w sobie coraz więcej siły i determinacji. Tyle że nie mogłam wrócić do Polski. W końcu doszło do tego, że Adasiem zaopiekował się Antoni. Dobrze, przecież to był jego syn! Dowiedziałam się, że pomagała mu w tym jego starsza siostra. Zawsze budziła we mnie jakiś dziwny lęk i niepokój! Nigdy mnie nie lubiła... Okazało się, że to właśnie ona była narzeczoną Borysa. Tak, mojego Borysa!

Nigdy nie pomyślałabym, że nasze drogi się przetną w tak niecodzienny sposób. To ironia losu, że to właśnie ona, narzeczona mojego dawnego ukochanego, stała się aniołem stróżem mojego synka w czasie mojej nieobecności. Nie miałam okazji nigdy jej za to podziękować. A szkoda. Czy czas, ten najbardziej bezlitosny z sędziów, da mi jeszcze taką okazję? Czy kiedyś będzie jeszcze na to szansa? Kto wie? Czuję, że jestem jej to winna.

Byłam młoda, więc nie ograniczałam swojego życia tylko do pracy. Przecież takie są prawa młodości. Przynajmniej tak twierdzi się powszechnie, więc nie będę z tym dyskutować. Wszak młodość musi się wyszumieć. W Holandii kierowałam się również tą maksymą. Gdy zapadał wieczór, moje drugie życie zaczynało się rozbudzać. Nocne ulice holenderskiego miasta, pełne tętniących barów i klubów, stały się dla mnie nowym obszarem badania rzeczywistości. Światła neonów rysowały kontury budynków, a z otwartych drzwi lokali dobiegała różnorodna muzyka. Byłam jak motyl nocny, przyciągana do jasnych reflektorów.

W jednym z klubów tańczyłam do upadłego, otoczona ludźmi z różnych zakątków świata. Bas przeszywał powietrze, a rytm wciągał w wir, w którym nie czuło się zmęczenia.

– Jesteś niesamowita! – krzyknął do mnie pewien wysoki, blond-włosy Holender, którego imienia nawet nie pamiętam. Śmiałam się, unosząc się na falach euforii, czując, jakby wszystkie moje zmartwienia zostały za drzwiami klubu.

W innych miejscach poznałam cudowne osoby, które pokazały mi, że życie można celebrować na wiele sposobów. Były pikniki nad kanałami, wieczory w jazzowych barach, gdzie czuło się ducha starej, romantycznej Europy. Wokół mnie przewijały się różne osoby. Weźmy choćby przykład pierwszy z brzegu – Ludwig, niemiecki artysta, który malował nocne pejzaże miasta.

– W twoich oczach widzę tęsknotę, ale też dzikość i nieokiełznaną pasję – szepnął do mnie którejś nocy, gdy patrzyliśmy razem na gwiazdy. A potem dostał w twarz, bo zaczął sięgać tam, gdzie wzrok nie sięga.

Były też te inne niewinne szaleństwa. Przygody, których nawet teraz, po latach, nie mogę opowiedzieć bez rumieńca na twarzy. W pewnym momencie zdałam sobie sprawę, że balansuję na krawędzi – między wolnością a samozniszczeniem. Jednak to była część mojej podróży, część mojego poszukiwania samej siebie. Holandia nie tylko dała mi wolność, ale nauczyła mnie też, jak ważne jest, by znaleźć równowagę.

Wśród nocnych tańców i dzikich imprez, odnajdywałam siebie – młodą kobietę, która mimo wszystko wiedziała, że w pewnym momencie będzie musiała wrócić do rzeczywistości. Ale aż do tej chwili byłam gotowa czerpać z życia pełnymi garściami. Przecież wcześniej nie miałam okazji, żeby się wyszaleć. Szybko wyszłam za mąż, urodziłam dziecko, mając dziewiętnaście lat. Natłok codziennych obowiązków mnie przygniatał, a w Holandii czułam się wolna.

I wtedy nadszedł dzień, który znowu zmienił moje życie. Słońce odbijało się od okien, a przez zasłony wpadały promienie, które przygasały w cieniu korytarza. Gdy schodziłam, każdy krok na schodach nabierał wagi, jakby nagle każdy centymetr przestrzeni był nasiąknięty magią i oczekiwaniem. I rzeczywiście miejsce okazało się magiczne.

Zobaczyłam go z daleka, stojącego tuż obok szwagra. Był doskonałością wprost wyrzeźbioną w postaci człowieka. Widać musiał ukształtować go geniusz, którego dłuto prowadziły same boginie. Był wysoki, szczupły, miał ciemne włosy i ciemne oczy. A do tego patrzył z wyraźnym zawstydzeniem, z dziwnym zakłopotaniem.

Nie może być! – pomyślałam – *Czyżby anioł spadł prosto z nieba, aby stanąć w tym holu?* Szybko przypomniałam sobie scenę z filmu „Titanic", kiedy to Rose pojawia się na wielkich schodach, a Jack patrzy na nią z otwartymi ustami. O, tak! Dokładnie tak się czułam!

Z każdym krokiem, który robiłam, czułam, jak moje serce bije mocniej. Te drżące nuty emocji, które wypełniały powietrze między nami, były niemal namacalne. Nasze oczy spotkały się, a świat wokół nagle przestał istnieć. Wszystko inne zbladło, a my byliśmy niczym dwa magnesy przyciągające się nieodpartą siłą.

– To Rolando – przedstawił go mój szwagier z lekkim uśmiechem, widząc, jakim skarbem mnie obdarował.

– Cześć! – wyszeptałam z trudem, próbując ukryć emocje, które mnie wprost rozsadzały.

Rolando, nie przerywając kontaktu wzrokowego, kiwnął głową i uśmiechnął się lekko.

– Miło cię poznać – powiedział z radością.

W tym momencie nie wiedzieliśmy, co powiedzieć dalej, ale jedno było pewne: nasze życie, nasze drogi nagle się przecięły, a przyszłość wydawała się teraz pełna nieskończonych możliwości.

Kiedy mówią, że miłość przychodzi niespodziewanie, myślisz o takich chwilach jak ta. Między nami płonęła iskra, której nie dało się ukryć ani stłumić. Każde nasze spojrzenie przesycone było niewypowiedzianymi słowami, każdy uśmiech był jak słodka melodia serca.

Zaczęliśmy spotykać się pod byle pretekstem – a to Rolando przywiózł mi papiery z biura, a to brakowało mu mojego zdjęcia do dokumentów… Okazja zawsze się znalazła. Spotykaliśmy się coraz częściej, a te nasze tête-à-tête przeradzały się w coraz gorętsze randki. Wiatr rozwiewał moje włosy, a w sercu rozbrzmiewała symfonia uczuć. Można powiedzieć, że w naszych duszach tańczyły motyle. Chociaż życie nie zawsze jest proste i pełne róż, to były chwile, kiedy czułam, że jestem naprawdę żywa. I to wszystko dzięki Rolando. Chociaż nie znałam go jeszcze do końca, wiedziałam, że będzie ważną częścią mojego życia.

W sercu miasta, wśród zakrętów uliczek i szeptów nocy, nasze dwie dusze odkrywały siebie na nowo, krok po kroku, dotyk po dotyku. To było jak taniec dwojga ludzi, którzy badają nieznane terytorium – pełne tajemnic, niepewności, ale przede wszystkim nieskończonej radości. W środku nocy, gdy światło księżyca prześwitywało przez zasłony, mogłam poczuć ciepło jego skóry, delikatne bicie jego serca. Nasze spojrzenia były jak obietnica nieskończonych chwil szczęścia. Potem nasze usta spotykały się w ciszy bezgwiezdnej nocy.

– Jesteś jak ta pieśń, której melodii nie znałem, a teraz nie mogę przestać jej nucić – szeptał Rolando, oplatając mnie swoimi ramionami. Jego oddech grał na mojej szyi jak muzyk na instrumentach, a każdy dotyk był jak nuta w tej pieśni miłości.

Nocami oddawaliśmy się sobie w namiętnym tańcu, w którym każdy ruch, każde spojrzenie było pełne pożądania i czułości. Był to taniec, w którym pragnienie podsycane było namiętnością, a nasze serca biły w jednym rytmie. Jego dłonie przesuwały się po mojej skórze niczym pędzel po płótnie, malując obrazy pełne miłości i ciepła.

– Jesteś jak sen, z którego nie chcę się budzić – szeptałam, przyciągając go bliżej siebie. W odpowiedzi Rolando całował mnie z namiętnością, która była jak burza w środku letniego dnia, dzika, niespodziewana, ale jednocześnie piękna i porażająca.

Kiedy w końcu świt nas odnajdował, leżeliśmy obok siebie bez słów, zatopieni w uczuciu, które było silniejsze niż cokolwiek innego. Wiedziałam, że to coś między nami jest niepowtarzalne, jak ta jedna chwila, kiedy wszystko jest idealne i właściwe. Nasza namiętność była jak ogień, który płonie jasno, ale nie spala, lecz przynosi ciepło i światło w ciemności. Mówiąc wprost: oszaleliśmy na swoim punkcie!

Jeśli kiedykolwiek słyszeliście o Bliźniaczym Płomieniu, to tak, to było właśnie to.

Któregoś dnia Rolando zaproponował coś więcej niż alkohol. Z niebezpiecznym błyskiem w oku, wyjął z kieszeni tajemnicze zawiniątko.

W środku były małe pigułki.

– Chcesz odlecieć daleko? – spytał, uśmiechając się intrygująco.

Ostrożnie wzięłam jedno ecstasy. Rzeczywiście, poszybowałam w inne rejony świadomości.

Z czasem się rozkręciliśmy. Zaczęliśmy eksperymentować z innymi używkami. Grzyby halucynogenne, choć ich smak był gorzki, to obietnica podróży kusząca. Gdy amfetamina i kokaina dołączyły do naszej nocnej mieszanki, wszystko zaczęło przyspieszać. Serce biło mi jak bęben w trakcie dzikiego rytuału.

W ten sposób noce stały się jeszcze bardziej intensywne. Kolory stały się jaśniejsze, dźwięki bardziej wibrujące. W jednym momencie, wśród rozmazanych świateł i muzyki czułam, jakbyśmy z Rolando unosili się nad podłogą, patrząc na świat z perspektywy ptaków. Wszystko było takie realne, a jednocześnie takie złudne.

– Czujesz to? – pytał Rolando, chwytając moją dłoń. Jego palce pulsowały energią. – To jest jak lot w kosmos, prawda?

Uśmiechałam się szeroko.

– Tak, to jest jak podróż poza ten świat – krzyczałam. – Jakbyśmy byli w filmie, gdzie niemożliwe staje się możliwe.

Wszystko to wywoływało w nas gwałtowny przypływ najprzeróżniejszych emocji. Doznawaliśmy wzniosłego uczucia rozchodzącej się promieniście życiowej siły, której szczyt był wysoko ponad naszymi głowami, a ona sama rozpływa się gdzieś w mglistej dali. Skąpani w blasku oszałamiającej ekstazy zapominaliśmy o otaczającym nas świecie.

Ale wśród euforii i wzlotów był też cień. Świadomość, że to, co tak fascynujące, może stać się pułapką. Śmiechy i rozbawienie ustąpiły miejsca chwilom refleksji. Kiedy narkotyki opadały, pozostawiając nas zamroczonych, czułam, że coś w naszej relacji zaczęło się zmieniać. To, co zaczęło się jako nieskończona zabawa, zyskiwało ciemniejsze barwy.

Ale wtedy, owinięci w chwile niemożliwego, nie dostrzegaliśmy ostrzeżeń.

W powietrzu unosiła się ciężka woń namiętności. Między mną a Rolando iskrzyło tak, że świata zewnętrznego już prawie nie było. Odczuwaliśmy i wchłanialiśmy siebie nawzajem, łącząc się w niewymownej przestrzeni. Wibrowaliśmy razem w harmonii. Było to czymś więcej niż muzyka, którą znaliśmy… Jego dotyk był jak przebłysk piekła, którego wrzenie czułam każdą komórką swojego ciała. Jego oczy, głębokie i tajemnicze, stały się moim wszechświatem.

Mimo naszej namiętności, cienie nieodłącznie zaczęły nas otaczać. Biała linia na stole była początkiem każdego dnia, kreską dzielącą sen od rzeczywistości. Choć wiedziałam, że schodzę na niebezpieczną ścieżkę, nad mroczną przepaść pomiędzy tym, kim byłam, a tym, kim się stałam, nie potrafiłam oprzeć się pokusie.

– Tęsknię za tobą, nawet gdy jesteś obok – wyznałam pewnego dnia, patrząc w oczy Rolando. Byłam uzależniona od niego tak samo, jak od tych narkotyków.

Za każdym razem, gdy jechałam do Polski, mój umysł był rozerwany pomiędzy potrzebą bycia z rodziną, a tęsknotą za Rolando i pragnieniem kolejnej dawki. Kupowanie narkotyków stało się rutyną. Wszystko, co dawniej było mi bliskie i ważne, zaczęło blednąć w porównaniu z tym, co teraz mnie pociągało.

W pewien deszczowy wieczór, siedząc przy oknie w moim rodzinnym domu i patrząc na krople deszczu, które tańczyły na szybie, zrozumiałam.

– Jestem jak mucha w pajęczej sieci – szepnęłam do siebie.

Jednak zamiast szukać wyjścia, sięgnęłam po kolejną dawkę, aby zapomnieć o tej smutnej prawdzie. Wtedy, nie wiedzieć czemu, w mojej głowie huknęły słowa, które kilka lat temu wykrzyczała mi matka:

– Pamiętaj, wszystko ma swoją cenę!

Zaśmiałam się szyderczo, wciągając kreskę.

W roziskrzonej tęczy uczuć, które wirowały między mną a Rolando, był jeden kolor, którego brakowało. Jedno uczucie, które choć tak silne i wszechogarniające, nie spełniało się należycie w mojej nowej rzeczywistości. Było to uczucie matki do dziecka. Uczucie, które pomimo całego bogactwa chwil z Rolando, nadal budziło się we mnie każdego dnia z nową siłą. Przez te wszystkie miesiące w Holandii tęskniłam okropnie za Adasiem. Każdego ranka, kiedy budziłam się obok Rolando, czułam ciepło jego ciała, ale w moim sercu odczuwałam zimny wiatr tęsknoty. W takich chwilach przypominałam sobie małe rączki synka, jego śmiech i to, jak jego oczy błyszczały, kiedy mówił o czymś, co go pasjonowało. Zaczynałam wtedy płakać i nie potrafiłam przestać.

– Rolando – rzekłam pewnego wieczoru. – Czy kiedykolwiek myślałeś o tym, aby mieć dzieci?

Uśmiechnął się lekko, patrząc w dal.

– Nie zastanawiałem się nad tym wcześniej – przyznał. – Ale od kiedy jesteś ze mną, myśl o rodzinie nie wydaje mi się już tak bardzo odległa.

Przełknęłam z trudem ślinę.

– Chciałabym, żeby Adaś był tutaj, z nami. Chcę, żeby poznał prawdziwe życie rodzinne, którego nigdy nie doświadczył – oświadczyłam z przejęciem.

Rolando spojrzał na mnie z głębokim zrozumieniem w oczach. Pokiwał głową, a potem pocałował mnie w czoło. Nic więcej nie musiał mówić.

Kolejne dni mijały, a moje pragnienie sprowadzenia Adasia stało się obsesyjne. Wyobrażałam sobie nasze wspólne dni w Holandii – chodzenie po parkach, karmienie kaczek nad kanałem, nauka jazdy na rowerze na brukowanych uliczkach. Chciałam, aby miał to wszystko.

Jednak w głębi duszy nurtowały mnie obawy. Czy byłam w stanie dać mu stabilne życie, zwłaszcza biorąc pod uwagę moje wcześniejsze decyzje? Czy Adaś zdoła się zaaklimatyzować w zupełnie dla niego nowym otoczeniu? Czy nie zrobię mu krzywdy, zabierając go od tego, co zna?

Stwierdziłam jednak, że skoro tak świetnie układa mi się z Rolando, ściągnę synka do Holandii. Stworzymy mu rodzinę, której tak naprawdę nigdy nie miał. To stało się moim celem i szybko zaczęłam go realizować.

ROZDZIAŁ 9

Chyba śniłam... Ale to było tak cholernie realne, że do dziś ciężko mi uwierzyć, iż to mógłby być tylko sen. Nie! To nie był sen!

Pamięć o tym wydarzeniu dopadła mnie teraz znienacka, wywołując ciarki na mojej skórze. Zobaczyłam ojca. To był moment, którego na zawsze nie zapomnę. Odwiedził mnie, chociaż przecież dawno już nie żył. Jego twarz była wykrzywiona od gniewu, jego oczy lśniły kłębiącymi się zarzutami, a do tego wypełniały go ból i wściekłość. Pewnie słyszał, jak poprzedniego dnia opowiadałam komuś o nim z kpiną i bez szacunku.

Przecież dlatego przyszedł... żeby mnie ukarać – mówiłam do siebie, a moje słowa grzęzły w goryczy i strachu.

Nie wiem kiedy znaleźliśmy się w starej, opuszczonej szkole. Miejsce wydawało się zbyt straszne, aby było prawdziwe. Zdewastowana rudera ze ścianami ubranymi jedynie w brud i zdartą farbę. Spróchniałe belki na suficie skrzypiały, strasząc zawaleniem, a resztki szyb w oknach ostrzegały, że boi się tamtędy wejść nawet słońce. Ciemność spowijała zwisające w kątach pajęczyny, rzucając cień na zdeformowaną od nienawiści twarz ojca. Pustka i cisza, wymieszane z unoszącym się w powietrzu smrodem stęchlizny, otaczały nas, a atmosfera była tak gęsta, że mogłam jej niemal dotknąć. Chciałam się stamtąd wydostać, ale on mi nie pozwolił.

– Nie możesz stąd uciec – powiedział, a jego głos przenikał potworny chłód.

Próbowałam uciekać, ale on jednym skinieniem ręki pozamykał wszystkie drzwi. W jednej chwili zostałam zamknięta z moim ojcem w miejscu, które było mroczne, niebezpieczne, jak w najgorszym horrorze. Nagle ojciec chwycił widły. Jego oczy błyskały gniewem, kiedy przyłożył je do mojej szyi. Czułam zimny metal na swojej skórze, a on przyciskał je coraz mocniej, jakby chciał mi je wpakować od podbródka ku górze, przebijając język.

– Za to, co o mnie powiedziałaś! – wrzasnął.

Zaczęłam krzyczeć i płakać. Byłam totalnie bezsilna. Próbowałam się wyrywać, ale on trzymał mnie mocno tymi ostrymi widłami. Byłam potwornie przerażona.

– Proszę, tato, nie rób tego! – błagałam.

On tylko patrzył na mnie w milczeniu. Ta jego cisza jednak wypchana była gniewem, namalowanym na zmarszczonym w dzikim rozdrażnieniu czole i nienawiścią, prychającą z jego mocno zmrużonych oczu i silnie zaciśniętych zębów. Był straszny i zły, a ja czułam, jak widły wbijają się w moją skórę.

Ciągle płakałam i przeraźliwie krzyczałam, a on stał niewzruszony. Wiedziałam, że muszę coś zrobić. Natychmiast! Próbowałam się wydostać. Zebrałam wszystkie siły i zaczęłam się szarpać. Bez skutku. Uścisk ojca był jak ze stali, a ja byłam taka słaba, pozbawiona nadziei...

Widły wbijały się coraz głębiej, a ja nie mogłam niczego zrobić. Ta myśl tłukła się w mojej głowie, doprowadzając mnie do szaleństwa. Czy to się naprawdę dzieje? Czy naprawdę zostanę tutaj, przebita na śmierć przez własnego ojca?

Zrozumiałam wtedy, że moja dusza już tam zostanie. Nie potrafiłam wrócić do swojego śpiącego na łóżku ciała. Coś, co było moją tożsamością, moim ja, zostało zamknięte w tej przerażającej szkole z moim ojcem.

Nie wiem, dlaczego w ogóle opuściłam swoje ciało. Podejrzewam, że to on mnie wyszarpał z niego. Mój strach zalał mnie jak powódź, zatapiając wszystko, co kiedykolwiek znałam.

Płakałam. Wrzeszczałam. Moje krzyki odbijały się od pustych ścian szkoły, tworząc echo, które pogłębiało moje przerażenie. W końcu te krzyki stały się tak głośne, że obudziły Rolando. On się obudził, ale ja nie mogłam się wyrwać z tego mrocznego snu, w którym uwięził mnie ojciec.

Rolando próbował mnie obudzić, potrząsał mną, wrzeszczał mi do ucha. Przez dobry kwadrans nie mógł do mnie dotrzeć, a ja tylko okropnie głośno krzyczałam, płakałam i szarpałam się.

– Obudź się! – prosił, a ja nie potrafiłam odpowiedzieć.

Moje ciało było z Rolando, ale moja dusza nadal była uwięziona w tym przerażającym koszmarze.

Gdy wreszcie „wróciłam", moje ciało zadrżało, a łzy lały się z oczu strumieniami. Mój oddech był płytki i nierówny, a serce biło jak dzwon. Już teraz wiem, co oznacza powiedzenie, że „chce wyskoczyć z piersi". Moje serce chciało.

Cała się trzęsłam i wciąż się bałam! Lękałam się, że to nie koniec, że mogę znowu zasnąć i znaleźć się w tym potwornym koszmarze.

Rolando, widząc mój strach, mocno mnie przytulił. Uspokajał mnie, mówił, że już jest dobrze, że to był tylko sen. Jednak ja wiedziałam, że to nie był tylko sen. To było coś więcej, coś, czego nigdy nie zapomnę.

W tamtej chwili byłam ogromnie wdzięczna Rolando, że nie odpuścił i budził mnie tak długo, aż udało mu się mnie odzyskać dla rzeczywistości. Wiedziałam, że on o mnie walczył, nie poddał się, choć byłam już zgubiona.

– Dziękuję, kochany – wyjąkałam z trudem. – Dziękuję, że się nie poddałeś.

Rolando uśmiechnął się do mnie, ale w jego oczach widziałam strach. Chyba czuł instynktownie, że to, co się wydarzyło, nie było zwykłym koszmarem. To była walka! Walka między rzeczywistością a ciemnością, która próbowała mnie pochłonąć.

Tamtego dnia zrozumiałam, że istnieje coś więcej niż tylko nasze codzienne życie. Istnieje coś, co jest poza naszym zrozumieniem, coś zmieniającego nasze życie na zawsze. I najgorzej, że może to się dziać niezależnie od naszej zgody.

Nigdy nie zapomnę tamtej nocy i tamtego czegoś. Snu? Innej rzeczywistości? Nie wiem, ale wiem, że Rolando uratował mnie wtedy od diabła. Natomiast ja zrozumiałam, że nie jestem sama. Mimo wszystkiego, co się wydarzyło, zrozumiałam, że mogę walczyć, mogę przeżyć.

Zrozumiałam, że nawet w najciemniejszych chwilach, zawsze znajdzie się jakaś iskierka nadziei. Musi się znaleźć. Musi!

Moje ciało nadal drżało, podczas gdy umysł usiłował przepracować to, co właśnie się wydarzyło. Czytałam już o takich zjawiskach. OOBE, eksterioryzacja, podróż poza własne ciało. Czy to właśnie przeżyłam? Czy moja dusza została pochwycona przez ojca? Czy została zwabiona na tę ciemną stronę snu?

– Czy kiedykolwiek słyszałeś o OOBE, Rolando? – zapytałam, patrząc na niego.

Nie dbałam już o to, czy mnie wyśmieje.

– OOBE? – Podrapał się po głowie. – Czy to nie jest coś z dziedziny parapsychologii? Podróż poza ciało lub coś w tym rodzaju?

155

– Tak. Czytałam o tym – powiedziałam nieco niepewnie. – Właściwie czytałam setki książek na ten temat, od kiedy skończyłam czternaście lat. Wiem, jak to brzmi… ale nie mogę przestać myśleć, że to właśnie przeżyłam. Moja dusza z…daje się, że została wyciągnięta z ciała.

W jego oczach dobrze widziałam mieszankę zdziwienia i niepokoju. Ale nie zaprzeczył, nie powiedział, że jestem szalona. Po prostu siedział obok mnie i słuchał.

– Jak to możliwe? – zapytał w końcu, patrząc na mnie z ciekawością.

– Nie jestem pewna – wzruszyłam ramionami. – Ale wiem, że to jest inne niż zwykły sen. W snach zawsze jest jakaś mglista jakość, coś nierealnego. Ale to… to było tak realne, Rolando. Tak bardzo realne!

Zamilkłam na chwilę, próbując znaleźć właściwe słowa. Potem mówiłam dalej:

– Czytałam o tym, że dusza może opuścić ciało podczas snu. Niektórzy ludzie mogą to kontrolować, inni… inni mogą zostać wciągnięci, zwabieni przez kogoś. Przypuszczam, że to mógł być mój ojciec.

Rolando spojrzał na mnie wyraźnie przerażony, ale wciąż milczał. Czułam, że chce zrozumieć, chce mi pomóc. Byłam mu za to nieskończenie wdzięczna. Niestety, był w tym tak samo bezradny, jak ja.

– Musimy to przemyśleć – odezwał się w końcu. – Musimy zrozumieć, co się stało.

Przytaknęłam. Wiedziałam, że ma rację. Ale w tamtym momencie wszystko, czego potrzebowałam, to poczucie bezpieczeństwa, które mi dawał. Poczucie, że nie jestem sama w tym niepewnym świecie. Może to było szalone, może to było coś, czego nie potrafiłam do końca zrozumieć, ale czułam, że muszę zmierzyć się z tym, co mnie spotkało.

– Właśnie dlatego jestem tak przerażona – wyznałam, patrząc mu prosto w oczy. – W tej diabelnej szkole czułam się tak bezbronna i bezsilna, jakbym była tylko lalką w rekach mojego ojca! I to było tak realne, Rolando. Czułam ten ból, ten strach. Czułam nawet zapach potu ojca! Przecież w snach nikt nie czuje zapachów!

Rolando przytulił mnie, usiłując przekazać trochę swojego spokoju.

Czułam jego ciepło, jego tętno. Wiedziałam, że nie jestem sama.

– Będziemy w tym razem, okej? – szepnął.

Jego słowa były kojące jak balsam na moje otwarte rany. Choć wciąż drżałam, czułam, jak powoli wraca do mnie pewność siebie.

Leżeliśmy przytuleni. Nie spałam. Przyznam, że trochę przymykało mi się oko, ale nie byłam jeszcze gotowa na wkraczanie w świat snu. Rolando też. Otulał mnie ramieniem, a drugą ręką gładził moje włosy. Przytulał mnie mocno, jakby bał się, że znowu coś wyrwie mnie z tej rzeczywistości, z jego świata. Nie wiedziałam, co przyniesie przyszłość, ale na razie miałam kogoś, kto pomógł mi stawić czoła temu niewyjaśnionemu strachowi, temu niewiadomemu. I to było wówczas najważniejsze.

Tego wieczoru, z Rolando u mojego boku, zrozumiałam, że OOBE, eksterioryzacja, nie były tylko abstrakcyjnymi koncepcjami w książkach, które czytałam. To realne części tego świata. I chociaż nadal dusiło mnie przerażenie, wiedziałam, że muszę zrozumieć, co się ze mną stało, muszę stanąć twarzą w twarz z tym niewidzialnym strachem.

W końcu Rolando zasnął. Wyślizgnęłam się z łóżka najostrożniej, jak tylko potrafiłam, żeby go nie obudzić. Przez chwilę przyglądałam się, jak śpi, taki spokojny. Zazdrościłam mu tego spokoju. Aby chociaż na chwilę uwolnić się od wspomnienia tamtego koszmaru z ojcem, chwyciłam Dantego i zatopiłam się w „Boskiej Komedii". Nie mogłam się jednak skupić.

Ojciec już nie żył od kilku lat. Jak widać, nie dość nie żył. Może chciał wrócić, żeby się ze mną rozprawić?

Aby o tym wszystkim nie myśleć, zanurzyłam się bardziej w dzieło ukochanego Dantego. Próbowałam skupić się na nim do granic możliwości. Rozważając śmierć mojego ojca i piekło bohatera tej książki, dostrzegłam pewne podobieństwo, pewien aspekt, który przenikał oba te konteksty. Mojego ojca, który pozostawił po sobie trwały ślad bólu i goryczy, nienawidziłam, ale jednocześnie, po jego śmierci, pojawiło się we mnie dziwne uczucie pustki i straty. Była to nienawiść pełna sprzeczności, połączona z lękiem oraz niechęcią, ale też z pewnym rodzajem sentymentu. Podobnie jak Dante, który przechodził przez dziewięć kręgów piekła, poczułam, że po śmierci ojca również ja przemierzam pewien rodzaj swojego piekła. Każda z naszych konfrontacji, każde jego słowo, każda kłótnia były jak kręgi mojego własnego piekła, przez które musiałam przejść, aby osiągnąć jakąś formę pojednania. Dante, obserwując karanie dusz w piekle, postrzegał to jako konsekwencje ich czynów na ziemi. Czy moje własne piekło, moje zmagania z gniewem i nienawiścią do mojego ojca, były konsekwencjami jego czynów? Czy to było moje piekło, które musiałam przetrwać, aby zrozumieć jego wpływ na moje życie?

Mój ojciec nie był człowiekiem, którego nazwałabym bohaterem. Jednak przemierzając kręgi mojego własnego piekła, zrozumiałam, że nawet najgorsze demony, nawet te, których najbardziej nienawidzimy, mogą nas czegoś nauczyć. Zupełnie jak Dante przemierzał piekło, aby dojść do ostatecznej prawdy, tak i ja, przechodząc przez moje własne piekło, próbowałam zrozumieć prawdę o ojcu, o sobie, o naszej skomplikowanej relacji. Śmierć mojego ojca była dla mnie konfrontacją z piekłem, ale tak jak u Dantego, była to też podróż ku zrozumieniu. Mimo nienawiści, mimo gniewu i bólu, pojęłam, że każdy krąg piekielnej drogi, przez który przechodziłam, był nie tylko karą, ale też lekcją. Zrozumiałam, że nawet z najgorszej nienawiści można wyciągnąć jakąś wartość.

Tak, były to trudne czasy. Były to czasy, kiedy czułam się jak Dante, zstępując do piekła. Niestety, żal do ojca i złość pozostały we mnie na zawsze. Nie odwiedzam jego grobu, nie zanoszę kwiatów. Mogę mu jedynie na grób napluć.

Zamknęłam Dantego i westchnęłam. Znowu pomyślałam o tamtym śnie, który mógł być czymś więcej niż snem. I znowu targnął mną dreszcz przerażenia.

ROZDZIAŁ 10

Cisza tego wieczoru była gęsta, jak zasłona, za którą kryły się moje najgłębsze pragnienia. Siedziałam wpatrzona w okno i obserwowałam, jak krople deszczu spływają leniwie po szybie. Mój umysł zdominowała jedna myśl – Adaś. Malutki. Mój synuś. Jego niewinność i śmiech były dla mnie jak balsam na ranę, która do tej pory zdawała się nienamacalna. A jednak zaczynałam ją czuć coraz bardziej.

Wróciłam więc do rozpoczętej kilka dni wcześniej rozmowy.

– Rolando – zaczęłam cicho, niemal szeptem, jakby ta jedna decyzja wymagała całej mojej odwagi. – Chcę, żeby Adaś zamieszkał z nami. Chcę, żeby wiedział, czym jest prawdziwy dom, pełen miłości i ciepła.

Rolando spojrzał w moją stronę, a jego oczy mówiły więcej niż tysiące słów. Wiedział, co dla mnie znaczyło to, żeby mój synek był blisko mnie. Kiwnął głową.

– Musimy tak koniecznie zrobić – powiedział z zadowoleniem.

Ale w głębi duszy czułam, że zanim zdecyduję się na taki krok, muszę coś obiecać. Zarówno sobie, jemu, jak i Adasiowi.

– Gdy mały będzie z nami, koniec z narkotykami! – powiedziałam, nie odrywając wzroku od twarzy Rolando.

Kiwnął głową, a potem się uśmiechnął.

– Nie! Serio! – nalegałam. – Żadnych narkotyków! Przyrzekasz?

– Jeśli to jest cena za dom, który chcesz mu dać, to płacę ją chętnie – oświadczył i pocałował mnie.

Tak, wiedziałam, że droga przed nami nie będzie łatwa. Jednak w moim sercu była pewność, że dla Adama jestem w stanie przenieść góry. Wierzyłam, że Rolando również. Odcięcie się od demonów przeszłości to był krok, który musiałam uczynić dla niego. Dla nas. Skąd taka zmiana? Dlaczego już nie dawałam rady żyć w Holandii bez Adasia? To przez nagły impuls, który poczułam. Kolejny raz stałam na progu domu rodzinnego, w którym pozostawiałam moje serce. Adaś, mój najdroższy synek, stał obok mnie z wielkimi, pełnymi łez oczami. Zbliżały się jego urodziny, a ja miałam ponownie wyjechać do Holandii, zostawiając go znowu pod opieką bliskich. Tym razem coś było inaczej. Moje serce biło mocniej, a dusza była rozdzierana na strzępy.

Kiedy go przytuliłam, czułam ciepło jego ciała i niewinne bicie jego serca. Wtedy właśnie przyszedł ten impuls. Ten, który zmienił wszystko. Czułam potężną falę emocji, której nie doświadczyłam wcześniej. W tym uścisku, w tej chwili, zrozumiałam, że moje życie nie ma sensu bez niego. Każdy wyjazd, każda rozłąka, każde pożegnanie – wszystko to zaczęło nabierać innego, tragicznego wymiaru.

Łzy Adasia spływały po policzkach, a ja, choć próbowałam, nie mogłam powstrzymać własnych. Obiecałam mu wtedy, szeptem:

– To ostatni raz, kochanie. Obiecuję.

Mimo że słowa te wypowiadałam niejednokrotnie, teraz miały Zupełnie inny wydźwięk. Były prawdziwe. Do granic możliwości. Nie były pustą obietnicą rzucaną na pożegnanie. Wiedziałam, że muszę coś zmienić. Adaś, moje słońce, moje wszystko, nie mógł dłużej cierpieć z powodu mojej nieobecności. Chciałam mieć go przy sobie. Chciałam razem z Rolando, który stał się dla mnie ostoją w Holandii, stworzyć prawdziwy, ciepły dom dla Adasia.

Pozostała jeszcze jedna kwestia do rozwiązania. W chwili, gdy podjęłam decyzję o rozwodzie, powietrze wokół mnie stało się gęstsze, jakby czekało na coś doniosłego, coś, co miało przewrócić moje życie do góry nogami. Antoni, chociaż nieobecny w moim życiu, ciągle był obecny na papierze. Byłam jeszcze formalnie związana z przeszłością. Jednak czułam, że nadszedł czas, aby zamknąć ten rozdział. W tej sytuacji złożyłam pozew rozwodowy.

Gdy nadeszła pora, na sprawę rozwodową do Polski zawiózł mnie Rolando swoim samochodem.

Słońce powoli zachodziło na autostradzie, otulając świat w miedziane odcienie zmierzchu. Droga wydawała się nieskończoną taśmą asfaltu, przecinającą serce Europy, prowadząc nas w nieznane. Przy prędkości, na którą tylko autostrada mogła pozwolić, czuliśmy, jak czas staje się płynny. Z każdym kilometrem odcinałam kawałek przeszłości, aby otworzyć się na nowe możliwości. Przyszłość zdawała się czymś cudownym, skryta jeszcze za horyzontem tego, co miało nadejść.

Nagle Rolando zwolnił, a potem zjechał na parking. Zatrzymaliśmy się. W samochodzie zapanowała głucha cisza, jedynie delikatne brzęczenie silnika przerywało niemal sakralny spokój. Wydawało się, jakby wszystko dookoła zamarło w tym jednym, skoncentrowanym momencie. Patrzyłam na niego pytająco. Uśmiechnął się i pogładził mnie po policzku.

– Kiedy patrzę na ciebie – zaczął niespodziewanie. – widzę ocean pełen tajemnic i nieskończonych możliwości. Każda chwila z tobą jest jak drobinka piasku, które razem składają się na wieczność.

Jego oczy, głębokie i nieodgadnione, przypominały tajemnicze jezioro, w którym odbijało się słońce. Przez chwilę miałam wrażenie, że mogę w nich zobaczyć naszą wspólną przyszłość.

– Chcę, żebyś była moją wiecznością – kontynuował, sięgając do kieszeni i wyciągając małe pudełeczko. Otworzył je powoli, jakby chciał, żeby każda sekunda trwała w nieskończoność. Wewnątrz leżał pierścionek, który w promieniach słońca błyszczał jak gwiazda, jak ogromny skarb.

– Czy zechcesz stać się moim kompasem, przewodnikiem przez burze i spokojne dni, moją wiecznością? – Głos mu drżał, a oczy się zeszkliły. – Czy zostaniesz moją żoną?

Przez moment świat się zatrzymał. Moje serce biło tak głośno, że miałam wrażenie, iż bije za nas oboje. W jednym prostym pierścionku zawierała się cała historia naszej miłości, wszystkie jej wzloty i upadki. Jego pytanie było tak niespodziewane, że na chwilę straciłam oddech. Wiedziałam, że mam przed sobą sprawę rozwodową, a za sobą – wiele bólu i cierpienia. Jednak Rolando był jak latarnia w mroku, jak słońce po burzy.

– Nie wiem, co powiedzieć – wyszeptałam.

– Wystarczy powiedzieć „tak".

– W życiu jest tak wiele nieznanych dróg, ale z tobą, Rolando, chcę je wszystkie przemierzać. Tak, chcę być twoją wiecznością – odpowiedziałam, otwierając serce na nowy rozdział naszej wspólnej opowieści. Patrzyłam w jego oczy, szukając tam prawdy, miłości i zrozumienia. Znalazłam je.

W wielkim, surowym budynku sądu panował niesamowity spokój. Wysokie sufity zdawały się oddzielać ludzi od ich problemów, a każdy krok wybrzmiewał echem pośród wielkich marmurowych korytarzy. W takim miejscu łatwo przypomnieć sobie o ulotności ludzkich problemów wobec wieczności.

Zanim weszłam do sali rozpraw, przewidując emocje, które mogą mnie tam czekać, postanowiłam na chwilę zatrzymać się i zaczerpnąć oddechu. Przeszłości nie da się zmienić, ale przecież przyszłość zawsze można napisać na nowo.

Zza rogu wyszedł on. Stanęłam twarzą w twarz z Antonim. Nie widzieliśmy się od dawna, a mimo to, moment ten był pozbawiony niezręczności. Jego oczy, choć nieco zmęczone, błyszczały starą znajomością. Usta wydawały się gotowe do uśmiechu.

– Dawno się nie widzieliśmy – zauważył, całując mój policzek na powitanie.

– To prawda – odpowiedziałam z nutą nostalgii w głosie, przypominając sobie wszystko, co było piękne między nami, chociaż nie było tego wiele. – Ale życie toczy się dalej, prawda?

Zdziwienie w jego oczach zamieniło się w ciepłe zrozumienie.

– Zawsze to mówiłaś. Życie to rzeka, która płynie, niezależnie od naszych decyzji – przypomniał.

Zaśmialiśmy się, przypominając sobie dawne czasy i to, co nas rozbawiało. Nawet na tym sądowym korytarzu, gdzie każdy kąt wykrzykiwała oficjalność, znaleźliśmy miejsce na wspomnienia.

– Szkoda, że to wszystko musiało tak się skończyć – powiedział Antoni nieco bardziej poważnym tonem.

Spojrzałam na niego z delikatnym uśmiechem.

– Takie jest życie – mruknęłam, obdarowując go tym banałem, bo nic innego nie przyszło mi do głowy. Po chwili ciszy, która zdawała się trwać wieczność, dodaliśmy prawie jednocześnie:

– Dziękuję za wszystko.

Rozstaliśmy się w zgodzie i to było najważniejsze. Przecież oboje wiedzieliśmy, że to nie miało szansy przetrwać.

Nastał cichy wieczór, pełen nostalgii i refleksji. Słońce zachodziło na horyzoncie, rzucając czerwone, pomarańczowe i złote refleksy na fasadę mojego rodzinnego domu. W tych łagodnych promieniach, w bramie pojawił się Antoni, trzymając w dłoni zabawkę dla naszego synka. Przekroczył próg domu i przystanął. Rozglądał się dookoła z wyrazem, jakby próbował złapać echa dawnych dni. Nasz synek podbiegł do niego z rozpromienioną buźką.

– Tata! – krzyknął, a Antoni przykucnął, pokazując mu zabawkę.

Nagle w drzwiach pojawił się Rolando, a ja zamarłam na moment, niepewna jak się ta sytuacja potoczy. Jednak obaj panowie spojrzeli na siebie z pewnym rodzajem ciekawości, bez cienia wrogości.

Przedstawiłam ich sobie, a potem usiedliśmy w salonie. Była to dość niecodzienna sytuacja, ale mimo zaistniałych okoliczności, konwersacja była spokojna, pełna szacunku, a momentami żartobliwa. Szybko zniknęło napięcie, które pojawiło się na początku ich spotkania. Spojrzeli na siebie, a ja dostrzegłam cień porozumienia w ich oczach. Mimo różnic kulturowych i życiowych, obaj kochali tego samego chłopca i pragnęli dla niego jak najlepiej.

Przynajmniej tak mi się wtedy wydawało.

Po dłuższej rozmowie i kilku piwach, nadszedł czas pożegnania. Antoni podszedł do mnie, przytulił na pożegnanie. Potem spojrzał na Rolando.

– Dbaj o nią – powiedział i wyszedł.

– To dobry człowiek – rzuciłam, obserwując przez okno, jak idzie przez podwórko w kierunku bramki. – Ma złote serce, ale nasze małżeństwo to była katastrofa. Antoni był dobrym przyjacielem, lecz jako para nie byliśmy dla siebie stworzeni. Ta fikcja musiała się skończyć.

Rolando objął mnie ramieniem.

– Przynajmniej teraz jesteś cała moja – zauważył.

Gdy drzwi za Antonim się zamknęły, ciepło promieni zachodzącego słońca powoli zniknęło, ustępując miejsca nieco chłodniejszemu powietrzu wieczoru. Rolando i ja staliśmy w salonie, zapatrzeni głęboko w siebie. Złapał moją dłoń, a nasze serca zaczęły bić w jednym rytmie. Było coś elektryzującego w sposobie, w jaki patrzył na mnie. To było coś, co niesamowicie iskrzyło. Te iskry były niewidzialne dla oka, ale były jak najbardziej realne w naszych sercach. To uczucie było zupełnie odmienne od tego, co czułam kiedyś wobec Antoniego.

– Zastanawiam się, jak to mogło się stać, że dopiero teraz znalazłaś prawdziwą miłość? – spytał Rolando, a w jego głosie wyczuwałam pasję.

– Nie mam pojęcia – zaśmiałam się i pomyślałam o Borysie.

Rolando zbliżył się do mnie. Poczułam ciepło jego ciała, a zapach jego skóry przywołał wszystkie nasze wspólne chwile.

– Nie wiem, co to było wcześniej – szepnął mi do ucha – ale teraz… to jest prawdziwa miłość.

Jego usta znalazły moje w gorącym, pożądliwym pocałunku, a ja zatraciłam się w tej chwili, poddając się falom namiętności, które nas ogarnęły. Dotyk Rolando sprawiał, że czułam, jakbyśmy byli jednym ciałem, jednym duchem. Wszystko było intensywne, niczym fajerwerki w noc sylwestrową. Oddychając ciężko, oderwałam się od niego na moment, szukając słów, które wyraziłyby to, co czuję.

– Z Antonim... to było jak spacer w bezchmurny, nijaki dzień. Nie było ani burzy, ani słońca. Wszystko było jednostajne, bezbarwne – wyjaśniłam.

Rolando przytulił mnie mocno, a ja poczułam się bezpieczna w jego ramionach.

– A teraz? – zapytał.

Uśmiechnęłam się, patrząc mu głęboko w oczy.

– Teraz, to jest najjaśniejsza gwiazda na niebie. Coś nieziemskiego.

W tamtej chwili, stojąc w moim rodzinnym domu, wiedziałam jedno – prawdziwa miłość jest warta czekania. Nawet jeśli trzeba czekać całe życie.

Tego dnia, po tym, jak Antoni zamknął za sobą drzwi do mojego domu i pozostawił nas pod opieką Rolando, zamknął też drzwi do swojego życia dla Adasia. Jego syn widział go wtedy po raz ostatni.

Nie tylko Antoni wycofał się z życia Adasia, ale prawie cała jego rodzina.

Nie wspominam ich zbyt dobrze. Po rozwodzie z Antonim, musiałam oddać prezenty ślubne niektórym typkom z jego rodzinki! Po sześciu latach! Śmiechu warte! Tak, oddałam. Jednak dziś zrobiłabym to inaczej, w moim stylu.

Osoba z jego rodziny, dla której zawsze mam otwarte drzwi i serce, to młodsza siostra Antoniego, Izabella. Nasza cudowna Bella. Jedyna, która była przy Adasiu przez wszystkie te lata, gdy dorastał, rozpoczynał edukację, gdy wyleciał mu pierwszy ząb, czy wtedy, gdy zdobył ważną bramkę w piłce nożnej... Do dziś są z Adasiem w kontakcie. Nigdy się od niego nie odwróciła i ciągle utrzymywała kontakt, mimo że dzieliło ich naprawdę wiele kilometrów. Zawsze o nim pamiętała.

Oczywiście ciągle obecna w życiu Adama jest też moja Madzia wraz z mężem Rafałem – bratem Antoniego, oraz ich przepiękna córcia Samanta.

Najgorsza była babcia Adasia, a moja była teściowa. Znowu Gertruda! Jebana mać! Wyrzekła się go. Powiedziała, że ona wnuka już nie ma! Zrobiła to przy kilkuletnim wtedy Adasiu. No dobrze! Wedle życzenia! Kiedyś tego pożałujesz!

Wiele lat kazała mi czekać na ten słodki moment. Na szczęście należę do osób cierpliwych. Bardzo cierpliwych!

Gdy Gertruda usłyszała od Belli, jak mój Adaś wyrósł, jaki jest wspaniały i dobrze wychowany, nagle zachciała mieć wnuka z powrotem. Ohh, jak ja na to czekałam!

– Spierdalaj! Ty przecież nie masz wnuka! – rzuciłam jej z rozbawieniem. Odwróciłam się na pięcie i z nieukrywaną satysfakcją odeszłam. Nawet nie próbowałam dusić śmiechu.

Nie było was przy nim przez te wszystkie lata, kiedy sama znosiłam trudy wychowawcze, to teraz Adaś już was nie potrzebuje. Jest tylko mój!

Żałuję jedynie, że mój syn wychowywał się bez ojca. Ma jego charakter i tak samo dobre, wrażliwe serce.

Antoni podobno chciał nawiązać kontakt z Adasiem, gdy ten osiągnie pełnoletność… Nie rozumiem, po co to czekanie… na osiemnastkę, na weekend, na pogodę, odpowiedni moment…

Jedyne, co jest nam dane na pewno, to tu i teraz. Jutro może nie nadejść.

Dla Antoniego nie nadeszło…

Dwa tygodnie przed piętnastymi urodzinami Adasia, dostaliśmy smutny telefon. Antoni zmarł.

ROZDZIAŁ 11

Słońce wschodzące nad holenderskim horyzontem niewątpliwie różniło się od tego w Polsce. Miałam wrażenie, że promienie tutaj były subtelniejsze, bardziej stonowane, ale jednocześnie niosące ze sobą pewną nadzieję. Lubiłam obserwować tam, jak świat przeciągał się w porannych promieniach i budził się do nowych wyzwań. Z każdym krokiem na holenderskiej ziemi czułam, jak ciężar przeszłości schodzi z moich ramion. Stałam się wolna, nie tylko od żelaznych kajdanów małżeństwa, ale przede wszystkim od siebie samej i obciążających mnie nałogów. To było właśnie jak taki cudowny poranek. Poranek mojego dalszego życia. Jeszcze wtedy nie przeczuwałam, jak bardzo się mylę. Jak zresztą mogłam to przewidywać?

Miałam już przy sobie swojego cudownego synka. Moje serce pulsowało rytmem jego śmiechu, tworząc melodię pełną miłości i nadziei.

Przypominałam sobie te dni, kiedy zapadałam w otchłań narkotyków.

Gdy niebo stawało się ciemne, a dni wypełnione były szarością i monotonnym rytmem. Wtedy to prawdziwa miłość, moje macierzyństwo, stało się moją boją ratunkową. Myśl o Adasiu przypominała mi o tym, co ważne.

– Mamo, gdzie jesteśmy? – zapytał Adaś, gdy pierwszy raz wszedł do holenderskiego mieszkania.

– Jesteśmy w domu, kochanie. W naszym nowym domu – odpowiedziałam z ogromną radością.

Uśmiech synka stał się jeszcze szerszy. Jego radość była zaraźliwa i wypełniała całą przestrzeń dookoła. Wiedziałam, że on też odczuwał to samo, co ja: ulgę, nadzieję i radość z nowego początku.

W moim nowym życiu na obczyźnie pojawiało się wiele wyzwań, ale nic nie było trudniejsze, niż walka z własnymi demonami. Sarkazm bywał moim obronnym mechanizmem, gdy mówiłam sobie:

– Z pewnością łatwiej podnieść się po upadku w Holandii niż w Polsce.

Nie wiedziałam, czy to prawda. Najważniejsze, że w to wierzyłam. W pewnym sensie moje życie było niczym rzeka, która płynęła przez góry i doliny, tworząc piękne krajobrazy, ale i przynosząc niszczycielskie powodzie. Bywały chwile, kiedy czułam, jakbym tonęła w jej głębinach, ale zawsze znajdowała się jakaś deska ratunku. Tym razem była nią miłość do mojego syna i pragnienie stworzenia dla niego bezpiecznego domu.

A więc byłam tu, w kraju tulipanów, wiatraków i rowerów, z głową pełną marzeń, sercem pełnym nadziei i synkiem, który był moim największym skarbem. Byłam gotowa na nowy rozdział w mojej książce życia.

Adaś zachwycił się Holandią, podobnie jak ja, kiedy przyjechałam tu po raz pierwszy. Wspólne spacery po parku, zapachy i kolory kwiatów na polach, wycieczki rowerowe, wszystko to sprawiało nam ogrom radości. I „pływanie na pływaniu", tak Adaś nazywał fontanny znajdujące się pośrodku kanałów. Uwielbiał na nie patrzeć.

Pewnego dnia, gdy wróciliśmy z eskapady po mieście, jeszcze zanim otworzyłam drzwi mieszkania, już czułam dziwny niepokój. Atmosfera była gęsta, pełna ciężaru, niczym burza gromadząca chmury tuż przed uderzeniem pioruna. Adaś, chociaż jeszcze nic nie wiedział, instynktownie mocniej ścisnął moją dłoń.

Kiedy przekroczyliśmy próg mieszkania, scena, która ukazała się moim oczom, była jak cios prosto w serce. Rolando, z nosem przy stole, wciągał właśnie białą substancję, której blask był niczym diabelska iskra w półmroku pokoju.

– Adaś, do pokoju! Teraz! – krzyknęłam, nie patrząc na synka.

W moim głosie dało się wyczuć wściekłość i determinację. Chłopiec posłusznie ruszył do drzwi, rzucając zaniepokojone spojrzenie w stronę Rolando. Wiedział, że coś jest nie tak.

Zamknęłam drzwi za Adasiem, a potem odwróciłam się w stronę Rolando, który stał teraz ze wzrokiem wbitym w podłogę. Głos w mojej głowie krzyczał z dezaprobatą, a serce bolało.

– Jak mogłeś? – moje słowa były lodowate, przenikliwe.

– Wiesz, że jestem słaby… Potrzebuję tego – wyszeptał.

Jego odpowiedź wzbudziła we mnie jeszcze większą złość.

– Właśnie wtedy, gdy jest tu mój syn?! – wykrzyczałam.

Wtedy Rolando podniósł głowę. Jego oczy były czerwone, pełne smutku i bólu, ale też zrozpaczonej determinacji.

– Nie rozumiesz. To jest moja walka, moje demony – próbował tłumaczyć.

– Mieliśmy umowę!

Złapał mnie za ramię. Jego uścisk był mocny. Bardzo mocny.

– Nie mów mi, co mam robić! Przecież wiesz, jakie to uczucie, kiedy twoje ciało krzyczy o więcej, kiedy jesteś tak blisko przepaści! – powiedział ze złością.

Przepaść! Właśnie tak się czułam, stojąc tam, w tym mrocznym pokoju z człowiekiem, który był cieniem samego siebie. To uczucie przerażenia, bólu i zawodu uderzyło we mnie z ogromną siłą.

Odepchnęłam go, krzycząc:

– Adaś słyszy wszystko! Wiesz, co mu robisz?!

Rolando opadł na podłogę, opierając głowę o kolana. Widać było, że jest załamany. Ale to nie był czas na litość. Pomyślałam o Adasiu, który siedział w drugim pokoju, pewnie zasłaniając uszy małymi rączkami.

Gdy opuszczałam pokój, zostawiłam za sobą człowieka, który nie miał wystarczającej siły, by walczyć z własnymi słabościami. Ale moja determinacja była silniejsza niż kiedykolwiek.

Musiałam chronić mojego syna!

Obecność Adasia zmieniła moje dotychczasowe życie na obczyźnie. Dla niego przestałam brać narkotyki, od których byłam uzależniona przez 2 lata. Bardzo chciałam stworzyć mu, pomimo wszystko, normalne życie i rodzinę. Niestety, najwyraźniej Rolando nie poszedł w moje ślady i nie przestał brać. Postawiłam jasno warunek, gdy przyjeżdżało moje dziecko: koniec z narkotykami! W odpowiedzi los znowu zachichotał.

W objęciach półmroku pokoju Adasia, otulona w zapach jego dziecięcych marzeń, leżałam i słuchałam własnego serca. Bębniło w piersi rytmem bólu, niepewności i straty, a każde jego uderzenie przypominało mi o decyzjach, które musiałam podjąć.

Wiatr szepczący przez lekko uchylone okno przynosił ze sobą słodkawy zapach kwitnących drzew, który kontrastował z goryczą w moim sercu. W oddali słyszałam nocne dźwięki miasta, które teraz brzmiały jak ironiczny komentarz do mojego życia, które zostało zmięte jak zwykły śmieć i wyrzucone do kosza.

Koniec z narkotykami! – powtarzałam sobie w myślach, próbując przekonać siebie samą, że był to jedyny słuszny wybór – Jeden warunek, Rolando. Jeden!

Oczami wyobraźni widziałam jego twarz – pełną bólu, frustracji, rozpaczy. Czy mogłam mu pomóc? Czy próbowałam wystarczająco mocno? Ale co z Adasiem? Czy nie zasługuje na lepsze życie, wolne od demonów przeszłości?

Myśli te, rozedrgane od emocji, chodziły mi po głowie, tworząc wir uczuć, w którym prawie się topiłam. Światło księżyca rzucało bladą poświatę na ściany pokoju, rysując cienie, które tańczyły niczym moje niepewne myśli. Tęsknota, gniew, smutek, determinacja – wszystko mieszało się w jednym, wielkim, przytłaczającym kotle uczuć.

Po godzinach bezsennego błądzenia w labiryncie myśli, podjęłam decyzję. Kiedy pierwsze promyki poranka zaczęły się pojawiać za oknem, wstałam i cicho spakowałam rzeczy Adasia oraz moje. Potem wyjechaliśmy, zostawiając za sobą przeszłość i kierując się w stronę niepewnej przyszłości. Niestety, nie było w niej miejsca dla Rolando.

Zawiozłam synka do jego babci, a mojej matki. Wtedy też podjęłam decyzję o rozstaniu z Rolando. Chciałam to jednak zrobić osobiście, a nie przez telefon. Uważałam, że zasługiwał na to. Chciałam to wszystko załatwić z klasą. Chociaż tyle mogłam mu dać od siebie na koniec. Zostawiłam zatem synka w Polsce i wróciłam do Holandii samolotem.

W drodze na lotnisko rozmyślałam o wszystkim, co nas łączyło z Rolando. Miłość, namiętność, ale też ból i rozczarowanie.

Czekając na odprawę, przyłapałam się na tym, że obserwuję pary – młode, starsze, te w średnim wieku. Każda z nich miała swoją historię, swoje wzloty i upadki. Dlaczego mi nie było znowu dane być częścią związku z ukochanym mężczyzną?

Gdy samolot wzniósł się w powietrze, w głowie znowu brzęczały mi słowa: „Osobiście, z klasą". Miały stać się moim przewodnikiem w tej trudnej rozmowie z Rolando. Mimo że w sercu czułam pewien lęk, wiedziałam, że moja decyzja była słuszna. On zasługiwał na szczerość, na prawdę. A ja zasługiwałam na nowe życie, w którym mój synek byłby szczęśliwy i bezpieczny.

Rolando czekał na mnie przy wyjściu z lotniska, trzymając bukiet tulipanów w jednej ręce i wyraźne odbicie nadziei na twarzy. Jego oczy rozjaśniły się na mój widok, jakby na chwilę powróciła w nich pewność, że wszystko będzie dobrze. Chciał mnie objąć, przyciągnąć do siebie, zaplątać w kłębowisko uczuć. Jego usta szukały moich w spragnionym pożądaniu, ale odwróciłam głowę, nie chcąc się poddać tej słodkiej kusicielce.

Gdy wsiedliśmy do samochodu, napięcie między nami było wręcz namacalne. Miałam wrażenie, że cały czas prowadzimy jakąś niewypowiedzianą rozmowę, pełną niezrozumienia, bólu i pragnień.

Po przyjeździe do mieszkania nie chciałam przedłużać. Wszystko w środku mnie krzyczało, żeby zakończyć to jak najszybciej. Jak rana, która nie może się zabliźnić, dopóki w niej tkwi ciało obce! Wiedziałam, że muszę to zrobić. To miało być, jak zerwanie z rany plastra – chwila intensywnego bólu, ale później ulga.

Stałam twarzą w twarz z Rolando, patrząc mu w oczy i próbując odnaleźć w nich człowieka, którego kochałam. W końcu zdjęłam pierścionek z palca. Ten sam, który miał symbolizować nasze związane losy i zamknęłam mu go w dłoni. Jego palce zastygły w szoku, a oczy poszerzyły się w niedowierzaniu.

– Przecież ja cię kocham! – wyszeptał z rozpaczą w głosie, przytłoczony tym, co się dzieje. – Ty też mnie kochasz!

Nie odpowiedziałam od razu. Poczułam wewnętrzny ból, gdyż prawda była bardziej skomplikowana niż myślał.

– To nie o miłość chodzi, Rolando – odpowiedziałam cicho, stłumionym głosem.

Kochałam go. Tak głęboko, jak można kochać kogoś, z kim się wiązało całe życie. Ale czasami miłość nie jest wystarczająca, aby wypełnić wszystkie pustki i zagoić wszystkie rany.

Rolando spoglądał na mnie, jakby próbował przebić się przez mgłę mojej decyzji, szukając w moich oczach choćby cienia wątpliwości.

– Nie możesz tego zrobić – osaczał mnie głosem, który brzmiał, jakby chciał przywołać wszystkie nasze wspólne wspomnienia. – Nie możemy tak po prostu skończyć tego wszystkiego… Po tym, co przeżyliśmy razem.

– Czy myślisz, że to dla mnie łatwe? – odpowiedziałam, z trudem łapiąc oddech. – Czy myślisz, że podjęłam decyzję w ciągu jednej chwili?

Chyba wtedy dopiero pojął, że to naprawdę koniec. W jednym momencie nadzieja, jaka się jeszcze w nim tliła, zmieniła się w straszliwy ból. Ta realność, przekonanie, że nie ma już drogi powrotnej, wydobyło z niego bestię. Wrzasnął wściekle i rozpoczął demolkę. Za każdym przedmiotem, który roztrzaskiwał o podłogę, stały wspomnienia chwil, które kiedyś dzieliliśmy.

Gdy rozbijał laptop, przypomniałam sobie nasze wieczory spędzane na oglądaniu filmów i śmianiu się razem. Drukarka, którą z furią zrzucił z biurka, była tym samym urządzeniem, na którym drukowaliśmy zdjęcia ze wspólnych wycieczek. A kiedy w jego rękach znalazły się nasze fotografie, czułam, jak serce roztrzaskuje się na kawałki. Rozdzierał te zdjęcia na strzępy, jakby chciał pozbyć się każdego śladu uczucia, które kiedykolwiek żywił do mnie.

Jednak najboleśniejsze było, kiedy wziął pierścionek zaręczynowy – symbol naszej miłości, naszej obietnicy. Przez chwilę przyglądał mu się z mieszaniną bólu i gniewu, a potem cisnął go z całej siły do kosza na śmieci.

W końcu złość Rolando zmieniła się w rozpacz. Zaczął straszliwie płakać. W czasie, gdy żal wypełniał pokój, a łzy Rolando spływały gwałtownie, jak deszcz w najciemniejszy z dni, zapadła między nami cisza. Nie wiedziałam, co zrobić. Sama miałam ochotę płakać.

– Jak to wszystko ma teraz wyglądać? – wyjąkał w końcu Rolando, łamiąc się w każdym słowie. – Co powiem naszym przyjaciołom? Rodzinie, która planowała nasze wesele, która uwierzyła w naszą przyszłość?

Poczułam jak ciężar odpowiedzialności i bólu mnie przygniata. Wzruszyłam ramionami, choć w środku chciałam wykrzyczeć, że tak właśnie wygląda życie – jest pełne niewiadomych, niezrozumiałych decyzji i nieprzewidzianych skrętów.

– Nie wiem, Rolando. Moje życie też się rozpada – odparłam, walcząc z własnymi łzami. – Wiem, że to boli. Ale to konieczne.

Uczucie beznadziejności, jakie go ogarnęło, było tak wielkie, że sprawiło, iż przez moment zapomniałam, dlaczego tutaj przyszłam. Na szczęście tylko na chwilę, bo wiedziałam, że nie wolno mi już zmienić decyzji. Dla Adasia!

Przytuliłam Rolando po raz ostatni. Potem pognałam do drzwi, zostawiając za sobą rozbity świat, który kiedyś budowaliśmy razem. Jedyne, co zabrałam, to wspomnienia i uczucia. W sercu było tak wiele: miłość, której nie zaprzeczałam, smutek, którym nie chciałam się dzielić i ból, który był zbyt ciężki do uniesienia.

Gdy zamknęłam za sobą drzwi, poczułam, jak łzy płyną mi po twarzy, znacząc każdy krok. Odchodziłam w spazmach płaczu.

Kiedy po raz pierwszy zobaczyłam Rolando, wszystko wokół stało się niewidoczne, jakby świat zniknął, a ja zapadłam się w przepaść jego ciemnych oczu. Jego dłonie były jak pieśni, których nie słyszałam, ale czułam w każdym zakamarku mojego serca. Wiedziałam, że znał moje najgłębsze myśli, zanim jeszcze je wypowiadałam. Jego obecność sprawiała, że chciałam tańczyć w deszczu, nawet jeśli nie padało. Bo nic nie było niemożliwe przy nim.

Tylko nielicznym dane jest doświadczyć takiej chemii. To uczucie, które sprawia, że świat przestaje istnieć, a wszechświat kręci się jedynie wokół nas dwojga. Nasza miłość była jak piękna, ale krucha porcelana w świecie pełnym kamieni. To „coś", co miało nas połączyć, stawało się powodem naszych kłótni, naszego bólu. Mimo tej iskry, tej niewyobrażalnej chemii, nie mogliśmy przetrwać otaczających nas burz.

Wróciłam do Polski, do kraju, który tak bardzo pragnęłam zostawić za sobą. Szarpały mną sprzeczne uczucia. Z jednej strony to była radość z bycia blisko z moim synkiem, a z drugiej – uczucie przytłoczenia i niesmaku, które towarzyszyło mi przy każdej myśli o powrocie do mojej ojczyzny.

Gdy przekroczyłam próg domu rodzinnego, niemal czułam na skórze kajdany przeszłości. Wszystko tutaj przypominało mi o tym, o czym tak bardzo chciałam zapomnieć. Meble, zdjęcia na ścianie, ludzie – to wszystko były relikty mojego życia, które chciałam pozostawić w przeszłości.

Mój syn, świecący jasnością i niewinnością, biegł do mnie z otwartymi ramionami.

– Mamo! Mamo! – zawołał, a jego szeroki uśmiech był jak promień słońca w ciemnym pokoju.

Przytuliłam go mocno, czując, jak jego serduszko bije w rytmie mojego. Jednak w głębi duszy czułam, że nie możemy tu zostać. Dla niego, dla nas muszę znaleźć lepsze miejsce, gdzie będziemy mogli zacząć wszystko od nowa.

Wieczorami, gdy mój synek już spał, wpatrywałam się w sufit, myśląc o tym, jak odnaleźć wyjście z tej sytuacji. Wiedziałam, że Polska nie jest miejscem dla mnie, że moje marzenia i ambicje nigdy tutaj się nie spełnią.

Chciałam, aby mój syn dorastał w miejscu, które oferuje więcej możliwości, gdzie mógłby rozwijać się i kwitnąć. W miejscu, w którym ja sama mogłabym odnaleźć siebie i nową nadzieję.

– Dokądkolwiek pójdziemy, mamo, zawsze będziemy razem – wyszeptał mój synek i obdarował mnie cudownym całusem w policzek.

Pokiwałam głową, bo wzruszenie ścisnęło mi gardło. W głębi serca wiedziałam, że prawdziwy dom nie jest miejscem, ale uczuciem, które nosi się w sercu. I byłam gotowa szukać tego uczucia wszędzie na świecie.

ROZDZIAŁ 12

Niebo nad Polską było jak szarość dni, które tu spędzałam. Niezaprzeczalnie było coś magicznego w podziwianiu nieba pełnego gwiazd razem z moim synem, jednak to miejsce, tak intensywnie pachnące dzieciństwem i nostalgią, nie mogło wypełnić tej pustki, której próżno szukać w słowniku. Przez cały czas, spędzając dni z Adasiem, w mojej duszy rysował się pejzaż tęsknoty. Jakby moje serce zostało uwięzione w jakimś złowrogim zamku, którego mury zbudowane były z kamieni rezygnacji i betonu niespełnionych marzeń.

Spacerowaliśmy razem z Adasiem, ręka w rękę, po zaułkach mojej miejscowości z dzieciństwa, która mogłaby zostać opisana jako urocza, gdyby nie tęsknota w sercu. Każdy krok, który stawialiśmy, wydawał mi się odległym echem kroków, które pragnęłam stawiać na ulicach Amsterdamu, w miejscu, gdzie wszystko zaczęło się kręcić wokół moich marzeń. A nawet te marzenia zaczęły się spełniać.

– Zobacz, mamo! Ptak! – Adaś wyrywał mnie z zamyślenia, wskazując palcem na wróbla, który przysiadł na pobliskim drzewie.

– Piękny, prawda? – zauważyłam, starając się zatopić w chwili, w jego dziecięcej radości, która była jak balsam na moją zmęczoną duszę.

I tak włóczyliśmy się po mieście, po sklepach, wcinając lody i wywołując na naszych twarzach uśmiech. A jednak pod tą maską matczynej troski i radości kryła się dusza nomadki, tęskniącej za horyzontem, który tu, w tym kraju, wydawał się tak niewyraźny.

– Kiedy wrócimy do Holandii, mamo? – Adaś patrzył na mnie z oczekiwaniem, jakby moja odpowiedź miała wskazać kierunek jego własnych marzeń.

– Wkrótce, skarbie, wkrótce – odpowiedziałam, chociaż wiedziałam, że ta obietnica była wątpliwa i chwiała się na krawędzi przepaści moich własnych wątpliwości.

Tak, byłam szczęśliwa obok Adasia, ale czułam, że nie mogę pozwolić, aby ta chwilowa radość stała się wszystkim, co mogłam osiągnąć. Nie chciałam rezygnować z siebie, z mojego własnego „ja", które tęskniło za życiem w Holandii, za życiem, które tam zostawiłam. Nie, nie byłam gotowa z niego rezygnować. Nie teraz. Nie tu. Nie w tym głupim kraju. Całe życie spędzone w Polsce było dla mnie ciągłą walką, nic dobrego mnie tu nie spotkało. Nie chciałam tu zostać.

A potem wszystko potoczyło się tak, jak się tego w ogóle nie spodziewałam. Przyjechał w odwiedziny pewien Oskar – k u m p e l z dawnych czasów, z dawnej paczki, który od jakiegoś czasu mieszkał w Niemczech.

Słońce, zastygłe na południowym niebie, kąpało nasze twarze w promieniach, które zdawały się cieplejsze w towarzystwie starych znajomych. Oskar, zawsze o krok dalej, o jedno słowo za dużo, teraz wydawał się o wiele bardziej dojrzały. Ale czy na pewno? Czy ludzie rzeczywiście się zmieniają, czy tylko zakładają maski, ukrywając swoją prawdziwą naturę?

Po wspólnej imprezie, którą zorganizował dla nas Oskar, aby poczuć znów ten specyficzny klimat naszej dawnej paczki, siedzieliśmy razem na balkonie, otoczeni dymem papierosów i niepewnością przyszłości.

– Ostatnio dużo o tobie myślałem – zaczął Oskar, zerkając na mnie. Uśmiechnęłam się niepewnie, bo nie miałam pojęcia, o co mu chodziło. Oskar jednak kontynuował:

– Czy nie chciałabyś spróbować ze mną?

To pytanie zawisło między nami jakoś niespodziewanie. Nic dziwnego, że otoczyła nas nieco krępująca cisza. W końcu Oskar odważył się ją strzaskać.

– Od zawsze cię lubiłem – wyznał. – A teraz, kiedy jesteś wolna... no wiesz, myślę, że warto by było...

Zaskoczona jego słowami, przez chwilę nie wiedziałam, co powiedzieć. Pamiętałam go jako wiecznego żartownisia, który podbijał z lekkością do każdej dziewczyny. Chyba tylko w stosunku do mnie był nieśmiały. Być może dlatego, że byłam nieco starsza od niego. Ale teraz? To był inny Oskar, bardziej dojrzały. Ale czy na pewno?

W mojej głowie roiło się od myśli. Byłam rozwódką, a w sercu tkwił jeszcze ból po rozstaniu z Rolando. Czy powinnam rzucić się w kolejny związek? A może to była szansa na nowe życie? Z drugiej strony, znałam Oskara. Wydawał się stałym punktem w tym chaotycznym świecie.

– Oskar – zaczęłam niepewnie. – To wszystko jest takie... niespodziewane. Prawdę mówiąc, nie wiem, co powiedzieć. Może to i jest ten moment, kiedy trzeba rzucić wszystko na szalę i zaryzykować. Nie wiem. Zaskoczyłeś mnie.

Oskar uśmiechnął się, ale coś zmieniło się w jego twarzy. Jego oczy błyszczały, jakby światło w nich zaczęło się inaczej łamać. A może mi się wydawało?

– Nie obiecuję, że to będzie łatwe – oświadczył. – Chcę jednak spróbować.

Gdyby ktoś mi powiedział, że po powrocie do Polski znowu wpadnę w jakiś związek, nie uwierzyłabym. Ale tak mogło się stać. W tamtej chwili wcale tego, o dziwo, nie wykluczałam. Uśmiechając się, stałam obok człowieka, którego znałam od lat i chyba byłam gotowa zaryzykować jeszcze raz. W tle, gdzieś daleko, słychać było dźwięki miasta, które zawsze zdawało się dla mnie więzieniem. Ale teraz, z Oskarem u boku, mogło stać się symbolem czegoś nowego, znakiem początku. Czy w tamtej chwili otwierały się dla mnie drzwi do nowego życia? A może do kolejnej pułapki? Czas miał pokazać.

Nie mogłam jednak podjąć decyzji od razu. Nie po tym wszystkim, co już przeszłam w życiu.

Słońce świeciło intensywnie przez okno, gdy pytałam brata o jego zdanie na temat mojego ewentualnego związku z Oskarem. Kołysanka wiatru niosła z sobą szept drzew i wspomnienia z czasów, gdy brat, Oskar i ja przewijaliśmy się na różnych szczeniackich imprezach, marząc o tym, co przyniesie przyszłość.

Reakcja brata mnie zaskoczyła.

– Myślę, że to najlepsza rzecz, jaką możesz zrobić – stwierdził. – Oskar zawsze o tobie marzył. Gdy miał siedemnaście lat, powiedział naszej mamie, że cię kocha i będzie na ciebie czekał. Jak widać, dotrzymał słowa. Inna sprawa, że mamuśka próbowała wtedy wybić Oskarowi z głowy twoją osobę. Przecież byłaś wtedy z Antonim i miałaś już Adasia. Teraz jednak powinniście być razem. Zdecydowanie! To dobra decyzja.

W zasadzie się z nim zgadzałam. W dodatku udawałam przed samą sobą, że za moją ewentualną zgodą na ten związek nie kryje się nic zdrożnego. Jednak prawda była taka, że byłam kobietą złamaną, która w desperacji poszukiwała wyjścia z labiryntu swojego życia.

Wykorzystanie Oskara było egoistyczne, ale w głębi duszy wierzyłam, że gdzieś tam, w tle, mogło kryć się prawdziwe uczucie. Co prawda, jeszcze wtedy nie mogłam go za nic w sobie odnaleźć. Taka jest prawda. Pewnie ten związek zaczął się po prostu z nudów oraz chęci wyrwania się stąd.

Jebana Polska! Czułam wtedy każdą rzeczywistość tego kraju, wszelki dźwięk ulicy i szept ludzi na przystankach. Wszystko to mnie brzydziło! W moim sercu nie było miejsca na miłość do ziemi moich przodków. Polska była dla mnie jak toksyczny związek – pełen bólu, rozczarowań i gorzkich wspomnień.

Kolejne dni upływały w szybkim tempie. Pakowanie, planowanie, pożegnania. Wyjazd z Polski stał się dla mnie metaforą ucieczki od siebie, od swoich demonów. Czułam wiatr pod skrzydłami, wolność, która przynosiła ze sobą nowe życie za granicą. Oskar miał być moim przewodnikiem w tej nowej rzeczywistości.

Znów czułam, że życie zaczyna nabierać kolorów. Ale czy były to prawdziwe kolory, czy tylko iluzja stworzona przez moją desperację? Czas miał dać odpowiedź na to pytanie. Ale wtedy, w tamtej chwili, jedyne, co się liczyło, to fakt, że miałam szansę wyjechać. Uciekałam z kraju, który mnie przytłaczał, u boku mężczyzny, który oferował mi nowy początek.

Zaproponowałam Oskarowi, że spróbujemy, ale nie w Niemczech, tylko w Holandii. Tam czułam się bardziej u siebie. Moja propozycja zaskoczyła Oskara. W jego oczach dostrzegałam błysk ciekawości zmieszany z niepewnością.

– Holandia? – powtórzył, jakby próbując przetworzyć to, co właśnie usłyszał. – Czyżbyś tęskniła za kanałami i tulipanami?

Uśmiechnęłam się, czując, że tamta holenderska ziemia nadal była dla mnie miejscem, gdzie mogłabym być wolna.

– Tam czuję się bardziej sobą – mruknęłam. – To jest kraj pełen kontrastów i niespodzianek, takich jak ja. Może właśnie tam znajdziemy nasze wspólne miejsce na Ziemi.

Zastanawiał się przez chwilę, biorąc głęboki oddech.

– Jeśli chcesz tam pojechać, to jedźmy – oświadczył w końcu. – Chociażby na kraniec świata. Tylko dla ciebie.

Nie spodziewałam się takiej odpowiedzi. Było w niej coś tak pięknie naiwnego, tak młodzieńczego. Te słowa tylko utwierdziły mnie w przekonaniu, że to był kolejny krok w kierunku odnalezienia siebie.

Pierwsze tygodnie w Holandii były trudne. Powrót do tego miejsca przywoływał wspomnienia o Rolando, których próbowałam unikać. Każda ulica, każdy zakątek Amsterdamu przypominał mi o tamtej miłości, która jakoś tak nie chciała do końca rozpłynąć się w przeszłości. Jednak każdy nowy dzień z Oskarem był szansą, żeby zatracić się w jego ramionach, zapomnieć o przeszłości i spojrzeć z nadzieją w przyszłość.

Pewnego dnia, siedząc na brzegu kanału, Oskar zapytał:

– Czy nie obawiasz się, że wracając tu, będziesz żyć tylko przeszłością? Że będziesz tęsknić za tym, co było?

Spojrzałam na niego, zaskoczona jego wnikliwością. Potem pokiwałam głową.

– Obawiam się – wyznałam szczerze. – Ale wiesz co jest gorsze od powrotu do miejsca pełnego wspomnień? Zostać tam, gdzie czujesz się obco.

Uśmiechnął się do mnie, wyciągając rękę, aby przytulić mnie do siebie.

– Będziemy tu razem. W każdym trudnym momencie. Zbudujemy coś nowego, coś pięknego – przekonywał.

Wierzyłam mu. A przynajmniej chciałam wierzyć. Jednak były chwile, gdy moja dusza błądziła po uliczkach Amsterdamu, wracając do wspomnień chwil z Rolando. Wtedy Oskar był moją kotwicą, przypominając mi o obecnej chwili, o tym, co mamy teraz. Ściągał mnie z tego wzburzonego oceanu wspomnień i pozwalał pewnie zacumować w teraźniejszości.

I tak wśród tulipanów, kanałów i starych kamienic, błądziliśmy, próbując budować nasz własny mały świat. Chociaż przeszłość wciąż do mnie wracała, to wiedziałam, że mam obok siebie kogoś, kto pomoże mi ją przezwyciężyć. Nie było łatwo. Naprawdę! Jedyne, co mieliśmy, to głowy pełne marzeń, kilka ubrań, stary namiot i mój samochód, który, jak się później okazało, był dla nas wybawieniem. Nie potrafiliśmy znaleźć mieszkania w Holandii, więc przez kilka tygodni mieszkaliśmy w aucie, a gdy dopisywała pogoda, rozbijaliśmy gdzieś nad rzeką namiot i tam pomieszkiwaliśmy przez kilka kolejnych dni.

Wśród kanałów i starych brukowanych uliczek Amsterdamu nasze życie przybrało formę cyklu. Dni mijały spokojnie, chociaż mieszkanie w samochodzie i zmaganie się z codziennymi wyzwaniami były dalekie od komfortu. W miarę upływu czasu auto stało się dla nas nie tylko schronieniem, ale też symbolem przetrwania i nieujarzmionej wolności.

Oskar zawsze miał świetny pomysł, jak uczynić każdy wieczór niezapomnianym. Pewnego dnia znalazł malownicze miejsce nad rzeką, gdzie rozłożyliśmy namiot i zostaliśmy na kilka nocy. Szum wody i łagodny powiew wiatru kołysały nas do snu. Gwiazdy nad naszymi głowami były jak lampki, które rozjaśniały ciemność nocy.

– Wiecie, co jest wspaniałe w naszej sytuacji? – zapytał pewnego wieczoru Oskar, patrząc na Adasia i na mnie – To, że mimo wszystkiego, co nas spotyka, mimo trudności, jesteśmy razem. Ta rzeka, te gwiazdy... to wszystko jest dla nas. Nie potrzebujemy luksusów, aby być szczęśliwymi. Mamy siebie.

Adaś, mimo swojego młodego wieku, zdawał się rozumieć powagę sytuacji. Chociaż były chwile, gdy tęsknił za stałym dachem nad głową, zawsze był dzielny. Jego niewinny śmiech był jak melodia, która rozjaśniała nasze dni.

– Mamo, patrz, spadająca gwiazda! – krzyknął pewnego wieczoru, wskazując na niebo.

Wtedy zdałam sobie sprawę, jak wiele tracimy, goniąc za codziennymi sprawami, nie zauważając piękna, które jest tuż obok nas.

Pewnego ranka, budząc się w samochodzie zaparkowanym na stacji benzynowej, zastanawiałam się, jak długo jeszcze będziemy kontynuować ten nomadyczny styl życia. Czułam, że musimy coś zmienić dla dobra Adasia. Ale patrząc na Oskara, który już przygotowywał śniadanie na małym palniku gazowym, poczułam się spokojna. Wiedziałam, że wszystko się ułoży. Po prostu to wiedziałam.

– Powitajmy nowy dzień! – zaśmiał się Oskar, podając mi kubek gorącej kawy. – Każdy poranek to nowa szansa. Kto wie, może właśnie dziś znajdziemy nasz kąt? Czuję, że to będzie cudowny dzień!

Te słowa dodawały mi sił, a także przypominały, że mimo wszystkich przeciwności losu, mieliśmy siebie. Wspólnie pokonywaliśmy każdą przeszkodę. To była szansa na narodzenie się uczucia. Nic tak przecież nie zbliża, jak wspólna niedola.

Jednak tak naprawdę każdy dzień był dla nas wyzwaniem. Wiele razy naszym przeciwnikiem była pogoda. Deszczowy wieczór spędzony w namiocie był jak próba charakteru, a każdy posiłek, który dzieliliśmy w ciasnym wnętrzu samochodu, stanowił małe święto.

Mimo trudności, byliśmy dla siebie wsparciem, byliśmy aniołami stróżami w nieprzyjaznym świecie.

Często przysłuchiwałam się dźwiękom miasta podczas rześkich poranków, gdy tymczasem Oskar szukał miejsca, gdzie moglibyśmy się umyć. Dźwięk klaksonów, ryk silników i gwar ludzi przypominały mi, że poza naszym autem był świat, który nie zawsze był przyjazny, ale bywał też fascynujący.

– Oskarze – zapytałam pewnego ranka, kiedy słońce odbijało się w rzece. – Myślisz, że kiedyś wrócimy do normalnego życia? Czujesz, że jesteśmy jak jakieś ptaki, które szukają bezpiecznego schronienia?

Uśmiechnął się ciepło, patrząc na mnie swoimi błyszczącymi oczyma.

– Wiesz, kiedy ptaki szukają schronienia, to właśnie wtedy najczęściej znajdują swoją drogę do domu – oznajmił mi poważnym tonem. – My również znajdziemy nasz własny azyl, bo mamy coś, czego wiele par pragnie: mamy siebie i naszą miłość, która jest silniejsza od każdej burzy.

Chciałam mu wierzyć. Najbliższe dni pokazały jednak, że ta nasza droga do domu, to poszukiwanie własnego kąta, może być bardziej skomplikowane, niż nam się wydawało. I niekoniecznie może oznaczać pozostanie w Holandii.

Zanim nadciągnęła burza, w powietrzu czuć było napięcie. Noc była mroczna, z gęstą, wilgotną mgłą, która spowiła nasz biwak nad rzeką. Dźwięk kropli uderzających o namiot był niczym łkanie przyrody, dającej nam do zrozumienia, że nie jesteśmy tu mile widziani. Wśród tych naturalnych pomruków burzy z daleka dało się słyszeć inny, bardziej niepokojący dźwięk – kroki i rozmowy w języku, który nie był mi obcy, ale którego w tamtej chwili nie chciałam słyszeć.

To była holenderska policja.

– Nie mamy szczęścia – wyszeptał Oskar, kiedy światło latarek zbliżało się w naszą stronę.

Gdy zobaczyłam cienie postaci na płótnie namiotu, serce zaczęło mi bić szybciej. Głos mówił nam w holenderskim i angielskim języku, żebyśmy opuścili obozowisko. Wychodząc na zewnątrz, zobaczyłam dwoje funkcjonariuszy. Ich twarze oświetlone latarkami wyglądały niczym obrazy z surrealistycznego snu.

– Nie możecie tu biwakować – powiedział jeden z policjantów, ocierając krople deszczu z twarzy.

– Przykro nam, nie wiedzieliśmy, że… – zaczęłam, ale Oskar mi przerwał.

– Przykro nam, ale prosimy o zrozumienie. To nasza ostatnia nadzieja na schronienie – powiedział z desperacją w głosie.

Funkcjonariusz, który dotąd się nie odzywał, wzruszył ramionami i oświadczył:

– Rozumiemy, ale przepisy są jasne. To miejsce jest niebezpieczne, zwłaszcza podczas takiej burzy. – Schylił się i zajrzał do namiotu. – Macie tam dziecko?

Zapaliła mi się lampka alarmowa. Brakowało tylko tego, żeby zabrali mi Adasia. Instynktownie zasłoniłam sobą wejście do namiotu.

Pospiesznie podziękowaliśmy im za zrozumienie i zaczęliśmy pakować nasze rzeczy. Siedząc w samochodzie, patrzyłam na tańczące w oddali błyskawice, a w moim umyśle rodziło się przekonanie, że Holandia, kraj znany z tulipanów i wiatraków, zamieniła się dla nas w pole bitwy. W pewnym sensie to była ironia losu.

– Cóż – rzekłam sarkastycznie. – Wydaje się, że ta przepiękna Holandia nie chce nas u siebie. Może powinniśmy rozważyć inną opcję.

– Pozostają Niemcy – odparł Oskar z zamyślonym wyrazem twarzy. – Tam na pewno będziemy mieli więcej szczęścia.

W czasie podróży do Niemiec, deszcz przestał padać, a my w milczeniu podziwialiśmy krajobraz, który przemykał za oknami. Wypełniała mnie mieszanka nadziei i niepewności. To był nowy rozdział w naszej historii, nowa strona w mojej własnej „Boskiej komedii", która ciągle jeszcze była pisana przez los. Przez chichoczący los.

Czego spodziewałam się po miejscu, do którego jechaliśmy? Sama nie wiem. Na pewno nie tego, co tam zastałam. Szybko się okazało, że będę musiała zmagać się z mamusią Oskara Ireną i jego siostrą Weroniką. To było męczące i okropne. Za to jego brat Marek był w porządku.

Od początku czułam się tam jak intruz. Co tu dużo pisać, Irena miała dobre serce, ale inteligencją nie grzeszyła. Wkrótce opowiem Wam o niej więcej. W każdym razie nie pasowałam do nich w ogóle! Od samego początku to czułam!

Cienie niemieckiego domu Oskara przenikały moją duszę, każdego dnia, budując mur między mną a jego rodziną. Już styl ubierania Ireny i Weroniki świadczył o ich konserwatywnym podejściu, w którym nie było miejsca na mój punkt widzenia. Nic dziwnego zatem, że patrzyły na mnie najczęściej z dezaprobatą. Gdy tylko próbowałam nawiązać z nimi kontakt, trafiałam na mur niezrozumienia.

„Nie jesteś stąd!" – W ich spojrzeniach ta myśl nieustannie wracała. Byłam obcą, która zakłócała spokojny rytm ich codzienności. Zmieniałam obraz idealnego świata, w którym chcieli żyć.

– Czy naprawdę nie mógł znaleźć sobie innej dziewczyny? – usłyszałam któregoś dnia głos Weroniki, gdy myślała, że nie ma mnie w pobliżu.

– Nie mogę zrozumieć, dlaczego Oskar przywiózł ją tutaj – odpowiedziała jej Irena.

Jej dobroć była tylko fasadą. W rzeczywistości była naiwna, nieświadoma świata, poza jej małym zakątkiem, w którym zamykało się jej życie.

Dlaczego ludzie tak często osądzają innych, nawet jeśli ich dobrze nie znają? Często się nad tym zastanawiałam w tamtym czasie. Czułam się jak przybysz z innej planety, przypadkowo zgubiony na Ziemi przez jakąś boską pomyłkę. Może to był błąd kosmicznego GPS-u, który wysadził mnie na tej planecie? Może to była kolejna pomyłka w zapisie mojego losu, która wtłoczyła mnie do domu tych ludzi?

Nie chciałam być jednak taka jak oni. Nie chciałam sądzić po pozorach, skoro sama nienawidziłam takiego traktowania. Postanowiłam dać im czas. Może po prostu nie mogli uporać się z tą nową sytuacją? Niestety, szybko doszłam do wniosku, że żaden czas ich nie zmieni. Rodzina Oskara to był jeden wielki konglomerat uprzedzeń.

Czułam się tam jak jakiś obcy organizm, który chce się przyłączyć do ekosystemu, ale jest cały czas atakowany przez białe krwinki. Na szczęście Oskarowi na mnie zależało i widziałam to. Czułam to każdego dnia.

W tym skomplikowanym labiryncie uczuć i nieporozumień z rodziną Oskara, jeśli była jedna rzecz, która mnie uspokajała i czarowała, to było to miasteczko F., w którym zamieszkaliśmy. To zatopione w sercu Nadrenii Północnej-Westfalii miejsce było jak mały zakątek nieba na Ziemi.

Gdy po raz pierwszy wjechaliśmy do F., byłam oszołomiona. Pofałdowane wzgórza otaczały to miasto jak troskliwi strażnicy, a do tego pokryte były plamami zielonych drzew i kolorowych kwiatów.

Na jednym z placów dumnie wznosił się kościół ze strzelistą wieżą, górującą nad okolicą. Wyglądała, jakby podtrzymywała niebo przed upadkiem. Witraże tego kościoła odbijały promienie słońca w taki sposób, że cały plac był jakby spowity kolorowym, tajemniczym blaskiem. Spacerując obok, nie można było oprzeć się wrażeniu, że w środku tego budynku kryją się tajemnice wielu pokoleń tutejszych mieszkańców.

Nieco dalej przez miasteczko przepływała leniwie rzeka Lenne, jakby pilnowała okolicy. Cichym, ale stanowczym szumem przypominała, że nie wszystko ulega zmianie, że są pewne trwałe, niezmienne elementy na tym świecie. Chociażby ona sama. Szeptała więc szumem dzień i noc, płynąc niewzruszenie od wieków. Tuż obok niej spacerowali niespiesznym krokiem miejscowi, jakby wiedzieli co zrobić, żeby okiełznać czas, aby im nie uciekał. Zawsze była tam pewna atmosfera spokoju, a nawet pewnego rodzaju zastoju. Dziwne. W Polsce wszyscy biegali wkurwieni i nerwowi, a tam taki spokój! Może mieszkańcy tego miasteczka lub ich przodkowie dostali już w kość, przeżyli swoje zawirowania i odkryli, że „wszystko chuj", jak śpiewał jeden znany polski zespół rockowy w piosence o tym samym tytule. W końcu mieli już za sobą transformację z rolniczego F. do tego, czym było dzisiaj.

– Wiesz – powiedział Oskar pewnego dnia, podczas naszego spaceru. – Jest coś w tym miasteczku, co po prostu uspokaja. Czujesz to? – Kiwnęłam głową, przytulając się do niego. F. miało rzeczywiście swój urok.

Oskar uśmiechnął się i pocałował mnie w czoło.

– Może to miejsce pomoże nam odnaleźć spokój życiowy – powiedział.

Jakże bardzo się mylił!

Każdego dnia, pomimo trudności, które napotykałam w domu Oskara, spacer po F. pomagał mi na nowo odnaleźć równowagę. Chociaż były momenty, kiedy chciałam się poddać i wrócić do Polski, piękno tego miejsca zawsze przypominało mi, dlaczego tu przybyłam. Mimo wszystko F. stał się moją małą enklawą spokoju w burzliwym świecie.

Chociaż Irena mogła być trudna do zniesienia, to jednak niewątpliwie była kobietą czynu. Po kilku dniach naszego pobytu w F. pomogła nam znaleźć mieszkanie. Było to niewielkie, ale urocze miejsce z balkonem wychodzącym na malownicze wzgórza miasteczka. Dach pokryty czerwoną dachówką przywodził na myśl klasyczne, niemieckie domy, które widziałam na pocztówkach.

– To nie jest pałac – powiedziała Irena. – Ale to solidne, niemieckie mieszkanie. Dla was wystarczy.

Jej ton był mieszanką dumy i sarkazmu, ale była to jedna z tych chwil, kiedy doceniłam jej bezpośredniość.

Najgorsze w tym było to, że drzwi naszego nowego mieszkania wychodziły wprost w drzwi Ireny, a nasze okna na okna Weroniki.

– Poważnie? – zapytałam sama siebie z przerażeniem. – Aż taką kontrolę chcecie mieć nad naszym życiem?

Mimo wszystko, nie chciałam wybrzydzać. Cieszyłam się, że mamy się gdzie podziać.

Oskar wrócił do pracy, zostawiając mnie z Adasiem w naszym nowym domu. W tym czasie moje dni wypełniały się rutyną opieki nad synem i próbą dostosowania się do nowego środowiska.

Chociaż dni w F. miały swoje stałe rytmiczne pulsowanie, przemieszane z monotonnymi obowiązkami i codzienną rutyną, istniały w nich również te chwile, które świeciły jak gwiazdy na nocnym niebie – jasno, przyjemnie, na stałe zostając w mojej pamięci.

Oskar był kimś, kto wiedział, jak nagle wprowadzić do tych dni ekscytujące zakłócenie. Przyzwyczaiłam się do jego spontanicznych gestów, które wzbudzały we mnie salwy śmiechu czy niekontrolowane wzruszenia. Potrafił mnie zaskoczyć i wkrótce z tego skorzystał.

Pewnego dnia jechaliśmy samochodem do Polski. Droga była długa, za oknem szaro-buro. Jeszcze przed granicą zatrzymaliśmy się na stacji benzynowej.

– Zaraz wracam – rzucił Oskar, biorąc portfel.

Z nudów i zmęczenia rozglądałam się, rejestrując automatycznie obrazy, które się wokół pojawiały – ciężarówki, samochody, ludzie spieszący się, aby napełnić baki i ruszyć dalej w drogę. W środku tej rutyny Oskar wrócił do auta z jedną, wyjątkowo dużą, krwistoczerwoną różą w dłoni. Otworzył drzwi z mojej strony. Nagle przyklęknął na kolano, a w oczach błyszczały mu jakieś iskry.

– Czy zostaniesz moją żoną? – zapytał nieco drżącym głosem. – Tak na serio. Znaczy się, naprawdę na serio – zaczął się plątać.

Zaskoczona, wybuchłam śmiechem. Dopiero po chwili się zreflektowałam i zrozumiałam, że Oskar może to odebrać negatywnie. Wzięłam od niego czym prędzej różę. On jednak ciągle patrzył na mnie tym swoim pytającym wzrokiem.

– Co? – udałam zdziwienie, bo kto powiedział, że facet musi mieć od razu łatwo.

– Więc? – jęknął niemal.

– Piękny kwiat. – Powąchałam różę. – Naprawdę wspaniały.

– Błagam, zlituj się…

Uśmiechnęłam się znowu.

– A jak myślisz, głupku? – zapytałam go, a on wyglądał na coraz bardziej skołowanego. – Jasne, że zostanę twoją żoną. Ale tylko wtedy, jeśli obiecasz, że całe nasze życie będzie tak szalone, jak ta chwila.

– Umowa stoi! – zaśmiał się w końcu Oskar, wskakując z powrotem do samochodu.

Pięć miesięcy później, przed niemieckim urzędnikiem Urzędu Stanu Cywilnego, w otoczeniu rodziny i przyjaciół Oskara, przyrzekaliśmy sobie… coś, w stylu: aż do końca naszych dni. Nie miałam pojęcia co, bo nie znałam ani słowa w języku niemieckim. Ale czy takie przysięgi składa się w ogóle szczerze, czy to po prostu wyświechtana formułka wygłaszana automatycznie? Oczywiście w tamtej chwili się nad tym nie zastanawiałam. Wątpliwości pojawiły się później.

Serca dwójki ludzi bijące w jednym rytmie zawsze były dla mnie kwintesencją miłości. I choćby świat wokół nas stanął w ogniu, ta synchroniczność bijących serc dawała poczucie bezpieczeństwa. Ale czy właśnie to odczuwałam, stojąc obok Oskara w dniu naszego ślubu?

– Zawsze mówiłam, że najlepsze związki to te, które dojrzewają jak dobre wino – zaśmiałam się pewnego dnia, patrząc na Oskara z błyskiem w oku.

On uśmiechnął się, unosząc brwi w charakterystycznym dla siebie, lekko sarkastycznym geście.

– No tak, bo nasz związek jest, jak dziesięcioletnie Bordeaux: głęboki, pełen charakteru i… drogi w utrzymaniu? – zapytał prowokacyjnie.

Zatonęliśmy we wspólnym śmiechu.

Marzyłam o drugim dziecku. Pragnienie to narastało we mnie z tygodnia na tydzień, z miesiąca na miesiąc. Czułam się gotowa na kolejne wyzwanie macierzyństwa. Pewnego wieczoru, siedząc na balkonie naszego mieszkania, spojrzałam na Oskara.

– Chciałabym, żebyśmy mieli jeszcze jedno dziecko – wyznałam mu.

Oskar przyglądał mi się przez chwilę w milczeniu, a potem powiedział:

– Jeśli jesteś pewna, to ja także tego pragnę.

I tak niecały rok później, w jednym z niemieckich szpitali, w naszych ramionach leżał mały Artur. Jego skórka była miękka jak aksamit, a każdy jego oddech przypominał mi delikatne muśnięcie wiatru na twarzy w letni dzień. Jego drobne paluszki otoczyły mój palec i w tej chwili czułam, że nic więcej nie jest mi potrzebne.

– Patrz na niego – szepnął Oskar. – To nasz mały cud.

Zakochaliśmy się w Arturze od pierwszego wejrzenia. I chociaż wiedzieliśmy, że życie z dwójką dzieci będzie pełne wyzwań, byliśmy gotowi na każdą przygodę, którą przyniesie nam los. Przynajmniej ja byłam gotowa.

Słońce skąpało pokój w złocistym blasku, podczas gdy w moich ramionach leżał niewielki, pełen życia pakunek: mały Artur – nasza gwiazdka, która rozjaśniała dni swoim dziecięcym śmiechem. Jego czerwone policzki, nosek i małe rączki chwytające wszystko w swoim zasięgu, potrafiły rozbroić każdego. Zakochałam się w nim na zabój, zupełnie jak w poranku zakochuje się ptak śpiewający pierwsze tony nowego dnia. Zauroczyłam się nim, jak wcześniej moim cudownym Adasiem. To było takie samo cudowne uczucie.

Nie tylko ja byłam zadurzona w tym maluchu. Oskar, który wcześniej z troską i życzliwością patrzył na Adasia, teraz spoglądał już tylko na Artura. Adaś stał się niczym księżyc na niebie w ciągu dnia – ciągle obecny, ale niewidoczny w blasku słońca. Serce mi pękało na myśl, że mój starszy syn czuje się pominięty.

– Mamo, dlaczego tata Oskar nie ma dla mnie czasu? Dlaczego spędza wolne chwile tylko z Arturkiem? – Adaś zaczął w końcu zadawać pytania, patrząc na mnie swoimi dużymi, smutnymi oczyma.

Wzięłam go na kolana, próbując znaleźć odpowiednie słowa.

– Adasiu, wiesz, Oskar naprawdę cię lubi – zaczęłam ostrożnie. – Po prostu Arturek jest malutki i potrzebuje trochę więcej uwagi. Ty jesteś już samodzielny. Sam możesz pomagać przy Arturku.

Chociaż Adaś przytulił się do mnie, wiedziałam, że moje słowa nie całkowicie go przekonały. Serce mi się krajało. Podejrzewam, że wszyscy wokół zauważyli, iż Oskar zakochał się na zabój w swoim jednym synku, podczas gdy drugi poszedł w odstawkę. Obserwowałam to ze smutkiem, bo było to naprawdę przykre. Starałam się w każdy możliwy sposób nadrobić miłość i za mamę, i za tatę, żeby Adaś nigdy nie czuł się niekochany.

Pewnie było to zadanie niewykonalne, ale musiałam próbować. Moje dzieci stały się dla mnie całym światem. Nie zauważałam, że lata lecą, a moje drugie małżeństwo składa się nie tylko z męża i żony, ale również z mamusi, siostrzyczki, brata, wujka i pozostałego cholerstwa z jego rodziny. Trwaliśmy tak przez długie lata. Katastrofa jednak nadciągała, bo nadciągnąć musiała. Przecież to małżeństwo nie było wcale oazą spokoju. Oj, nie było!

ROZDZIAŁ 13

Jest coś mrożącego krew w żyłach w rutynie, która stała się jadem w codziennym życiu rodziny Oskara. To życie było jak stara, monotonna melodia gramofonu, gdzie igła nieustannie przeskakuje na te same, znane już wszystkim nuty. Przykłady? Proszę bardzo!

Było poranne słońce, które próbowało przedrzeć się przez zasłonięte rolety w salonie. W jego blasku Oskar siedział na kanapie, trzymając w ręku talerz z resztkami śniadania i zanurzał się w lepkim sosie telewizji. Obok niego stała butelka piwa, której zawartość z każdą minutą malała. Obraz tego mężczyzny wpatrzonego w ekran, nieświadomego świata dookoła, stał się moim codziennym widokiem.

– Oskar, może wyjdziemy dzisiaj na spacer? Może park? – zasugerowałam tamtego dnia, próbując wyrwać go z tej apatii.

– Za chwilę leci mój ulubiony program – odpowiedział, nie odrywając wzroku od telewizora.

– A potem?

– Potem gram na konsoli – rzucił bez żadnej emocji.

W środku dnia, gdy słońce stało najwyżej, matka Oskara siedziała przy kuchennym stole z filiżanką kawy. Jej rozmowy z córką Weroniką, które zawsze obracały się wokół najnowszych plotek, stały się dla mnie jakimś rzępoleniem wściekle atakującym moją głowę.

– Widziałaś, jaką sukienkę miała na sobie tamta zdzira z końca ulicy? Wyglądała zupełnie jak worek ziemniaków! – rechotała Irena. – I ta jej wiecznie czerwona szminka!

Nie mogłam już słuchać tych ciągłych obelg pod adresem tamtej dziewczyny. To było takie okropne! Co wiedziały o niej? Nic! Potrafiły tylko osądzać i nabijać się z ludzi. A tymczasem tamta kobieta okazała się naprawdę cudowną osobą, która w życiu bardzo mi pomogła, za co będę jej zawsze wdzięczna.

– A jej mężulek? Słyszałam, że znowu stracił pracę. Co za rodzina! – Kręciła głową Weronika, kontynuując rytuał upadlania człowieka.

I tak to ciągle wyglądało. Życie rodziny Oskara polegało na tym, że siedzisz, jesz, pijesz, obgadujesz innych i oglądasz telewizję. Nic poza tym. I tak latami. Można się zabić! Straszne! Gdy o tym pomyślę, dostaje odruchów wymiotnych. A niestety musiałam brać w tym udział, bo urządzali regularne rodzinne spotkanka, na które Oskar ciągnął mnie, mimo mojego oporu.

Dni mijały jeden za drugim, a ja czułam, jakby życie toczyło się w jakimś dziwnym, powolnym tempie. Jakby każdy dzień był kopią poprzedniego. Rutyna stała się naszym więzieniem, a ja czułam się jak skazaniec, który dostał dożywocie i będzie musiał je odsiedzieć pośród tego cholerstwa. Może to było życie, jakiego chciał Oskar, ale dla mnie, to było piekło na ziemi. Gdzieś w tej codzienności gubiłam siebie, a moje marzenia i pragnienia zamieniały się w proch.

Wewnątrz złotych krat mojego życia, chociaż świeciło słońce, czułam, jakbym tkwiła w nieustającym cieniu. Wydawałoby się, że otoczona względną stabilizacją finansową i opieką, powinnam być szczęśliwa, lecz moja dusza krwawiła w samotności.

Oskar nie rozumiał, że moje serce pragnęło wolności, tęskniło za prawdziwym życiem. Za każdym razem, gdy patrzyłam w jego oczy, widziałam w nich odzwierciedlenie tej samej złotej klatki, w której tkwiłam. Chciałam krzyczeć, że potrzebuję prawdziwego życia, prawdziwej miłości, ale słowa często nie chciały opuścić mojego gardła.

Wieczorami, kiedy wszyscy już zasypiali, siadałam przy oknie i patrzyłam w niebo pełne gwiazd. Wyobrażałam sobie, że jestem jednym z tych błyszczących punktów, wolnym i niezależnym, zdolnym do latania gdziekolwiek zechcę. Ale potem przypominałam sobie o mojej rzeczywistości, o złotej klatce, w której tkwiłam i łzy zaczynały skradać się po moich policzkach.

Z każdym dniem czułam, jak moje życie ucieka mi przez palce, niczym piasek w klepsydrze. Czułam, że powoli tracę siebie, że staję się cieniem, zaledwie echem tej kobiety, którą kiedyś byłam. Czułam, że powoli umieram, dusząc się w tym więzieniu.

Irena i Weronika. Światu jawiły się jako idealne towarzystwo. Ale dla mnie, to były tylko dwie małpy w jednym ZOO, pełnym zawiści i intryg.

Teściowa i jej córeczka, płytkie i nieszczere, były mistrzyniami w udawaniu przyjaźni. Najpierw piły ze mną kawę z uśmiechem, a zaraz potem obgadywały mnie za plecami, szydziły z moich wyborów, z mojego życia, jakby ich własne było doskonałe.

Jakież było moje zdumienie, gdy dowiedziałam się, że te dwie odwiedziły mój rodziny dom i mojego brata z jego żoneczką. Wszystkie trzy żmije syczały, pluły jadem na prawo i lewo. Bez żadnych zahamowań obrzucały mnie i mojego męża oszczerstwami. Gdyby nie to, że pewna życzliwa mi osoba usłyszała te gówniane tyrady rzucane przy otwartym oknie, pewnie szybko nie dowiedziałabym się, jak „czcigodne" osoby mam wokół siebie! W dodatku wszystko odbywało się w obecności mojego brata. Jak mógł na to pozwolić?! Jego milczenie było głośniejsze niż krzyk. Czyżby został przez kogoś omotany, jak mysz przez węża? Czyjś jad poraził jego serce, a ja stałam się dla niego obca. W końcu doszło do tego, że zerwał ze mną kontakt, a potem stopniowo odciął się od reszty rodziny. Z własną matką nie rozmawiał latami, a do mnie nie odzywa się od ponad dekady. Oczywiście mam swoje nominacje na Żmiję Roku, ale niech to zostanie owiane słodką tajemnicą.

Pewnego razu natknęłam się na korespondencję i przypadkowo, a tak naprawdę celowo i z pełną premedytacją, przeczytałam list od mojej bratowej do Weroniki. Byłam przerażona tym, co tam się znajdowało. Same podłości na mój temat! Wyzwiska od kurew, dziwek, szmat… Pogarda, ba, wręcz nienawiść do mnie! Nie rozumiałam dlaczego, przecież nic złego tym osobom nie zrobiłam, a wręcz przeciwnie, gościłam je z otwartym sercem u siebie w domu.

To okropne, jak perfidna potrafi być kobieta dla drugiej kobiety. Nie wiem, czym podszyta była ta awersja do mnie, ale wiem na pewno, że nie chcę w moim życiu tych dwulicowych, obłudnych osób. Choć bardzo tęskniłam za bratem, to niestety, skoro on nie chciał mnie w swoim życiu, to ja z honorem przyjęłam odrzucenie i się wycofałam, życząc im szczęścia.

Z każdym kolejnym dniem spędzonym w otchłani rodziny Oskara, moja skóra przekształcała się w kamień. Moje serce, które kiedyś tętniło nadzieją, zostało otoczone murami, tak grubymi i wysokimi, że światło dnia nie miało szans na przedarcie się do mojego wnętrza. Stałam się własną fortecą, niewidzialną w oczach innych, nietykalną dla ludzkich uczuć. Każdy nowy cień na mojej drodze dodawał ko-

lejną cegłę do mojego muru, czyniąc go mocniejszym i bardziej nie-
przeniknionym. Mój umysł stawał się labiryntem korytarzy, z których większość prowadziła do nikąd. Wewnątrz tego wszystkiego
moje własne myśli krążyły w kółko, szepcząc o samotności i bólu.
W tej katedrze alienacji ołtarzem była moja samowystarczalność,
a modlitwami – moje najcudowniejsze w świecie dzieci.

Och, jakże była wspaniała moja forteca! Każdy, kto próbował
się zbliżyć, natykał się na ścianę moich murów, tracąc chęć do na-
wiązywania bliższego kontaktu. Byłam jak wyspa wśród oceanu
ludzi – nieprzystępna oraz nieosiągalna. A zewsząd dobiegało mnie
szeptanie wiatru, niosące szyderczy śmiech świata, który zdał sobie
sprawę z mojego wyboru. W ten sposób zabezpieczyłam się przed
zewnętrznym chaosem, lecz wewnętrzny zamęt, który w sobie nosiłam, był równie przerażający. Z każdym dniem, z każdą nocą moja
nienawiść do świata rosła, podobnie jak żal do tych, którzy mieli
śmiałość podążać za swoimi marzeniami.

Stałam się jak wieczna zima w środku lata – otoczona   słońcem,
a jednocześnie zamrożona wewnętrznie. Zawdzięczałam to właśnie
owemu murowi, który budowałam przez lata. Moje ciało mogło być
obecne wśród ludzi, ale moja dusza była jak ptak uwięziony w złotej
klatce, krzyczący o wolność, ale przerażony otwartym niebem. W tej
bezkresnej ciszy mojego wnętrza tylko nienawiść i złość były moim
pocieszeniem. To był mój sposób obrony w tym kłębowisku fałszywych ludzi.

W moim sercu powiewał niespokojny wiatr pełen pytań, który wibrował nutą melancholii. Może gdybyśmy z Oskarem pozwolili naszym
skrzydłom unieść nas daleko od jego rodziny, nasza historia miałaby

inne zakończenie? Może byłoby mniej fałszywych nut, mniej grymasów na twarzy?

Oskar był dobrym chłopakiem, lecz dojrzałość była mu obca. Choć w jego oczach błyszczała iskra miłości, przemykały tam również cienie zaniedbania. Po prostu nigdy nie dorósł, nie dojrzał! Nasze małżeństwo stało się sceną, na której ja grałam matkę trójki dzieci. Z jednej strony – nasza dwójka cudownych pociech, z drugiej – Oskar, wieczny chłopiec z głową pełną marzeń i myśli ulotnych jak opadające liście jesienią.

– Kochanie, może mógłbyś mi trochę pomóc z dziećmi? Wiesz, nie jestem tu przecież sama – próbowałam zwrócić jego uwagę pewnego wieczoru.

Spojrzał na mnie nieobecnym wzrokiem, jakby przenikając przez mgłę swoich marzeń.

– Za chwilę, jeszcze tylko jedna misja – odpowiedział, ściskając pad i nie odrywając wzroku od ekranu, na którym jego żołnierze wykonywali wirtualne rozkazy w świecie konsolowej gry „Battlefield".

Chciałam krzyczeć, wyrwać go z tego świata marzeń, pokazać mu prawdziwe życie. Czasami miałam ochotę traktować go jak buntującego się nastolatka – chwycić za pasek i dać mu nauczkę. Ale jak można karać kogoś, kto patrzy na świat z taką naiwnością?

Jego rzeczywistość ograniczała się do świata pikseli na ekranie, dźwięków i wyzwań, jakie stawiały przed nim wirtualne pola bitew. Często zadawałam sobie pytanie: gdzie jest mój mąż, ten prawdziwy? Czy rzeczywiście zgubił się w tych wirtualnych lasach, czy po prostu ukrywał się tam przed odpowiedzialnością, jakiej oczekiwano od niego w prawdziwym świecie?

Moje serce krwawiło, gdy patrzyłam na niego – na tego chłopca uwięzionego w ciele dorosłego mężczyzny, który nie potrafił znaleźć drogi do rzeczywistości prawdziwej, a nie wirtualnej. Czyż nie miałam prawa czuć się zdradzona przez los, który dał mi za męża wieczne dziecko?

Muszę jednak przyznać, że małżeństwo z Oskarem nie było jedynie wieczną szarością. Mimo trudnych momentów w naszej wspólnej symfonii życia, pojawiały się również pełne słońca interludia. W kalejdoskopie wspomnień, które stanowiły naszą wspólną historię z Oskarem, przewijały się nie tylko chmury burzliwych dni, ale i złote promienie radosnych chwil. Gdy pogrążałam się w refleksji nad naszym małżeństwem, często to właśnie te promienie wychodziły na pierwszy plan, chociażby na chwilę.

Kiedy przypominam sobie nasze wyprawy, moje serce zaczyna bić w rytmie podróży. Europa rozkładała przed nami swoją tajemniczą mapę i razem odkrywaliśmy jej zakamarki. Oskar potrafił być wtedy całkowicie obecny, z oczami pełnymi ciekawości, a ręce, które w codzienności gubiły się w świecie wirtualnym, ściskały moje dłonie z pasją odkrywcy. Przejechaliśmy razem mnóstwo dróg – od wąskich uliczek Rzymu po majestatyczne aleje Paryża.

Europa stała się naszym prywatnym teatrem, gdzie każda scena była innym krajem, a każda kurtyna rozdzielająca akty, była nową granicą.

Z każdą wycieczką, z każdym odwiedzonym miejscem nasze serca biły szybciej w rytmie nadchodzących przygód. Na tych bezdrożach kontynentu nasze dzieci, jak małe motylki, przysiadły na najpiękniejszych kwiatkach kultury, zapełniając skrzydełka barwami nowych doświadczeń. Ich dumne opowieści w szkolnych korytarzach były echem tych wojaży, echem radości z odkrywania świata. Nasze dzieci, maleńkie nomady z plecakami pełnymi przygód, miały okazję stać się małymi ambasadorami świata. I chociaż dla nich najważniejszy był podwórkowy ranking i chluba posiadania największej liczby odwiedzonych krajów na tzw. życiowym koncie, dla mnie te wyprawy były jak lekarstwo na duszę, które na chwilę uśmierzało ból codzienności.

Gdybym miała ocenić naszą symfonię małżeńską, powiedziałabym, że brzmiała jak zbiór kontrastów – między euforią podróży, a smutkiem codzienności. Chociaż przez prawie dwanaście lat nasze serca biły tuż obok siebie, brakowało mi w tym duecie stałej nuty doceniania i opiekowania się sobą nawzajem. Gdy wracaliśmy z podróży, Oskar natychmiast zamykał się w swojej skorupie, stając się niedostępny i niedojrzały. W ten sposób byłam wtłaczana znowu do mroku codzienności.

Za zasłoną tych wszystkich podróżnych uniesień, w cieniu złotych chwil, kryło się coś bardziej przyziemnego, coś, co wciąż bolało. To był brak poszanowania i stabilności, które były dla mnie jak powietrze – niezbędne do życia. Choć Oskar potrafił być wspaniałym kompanem podróży, w domowym zaciszu często zdawał się zapominać o tych podstawowych wartościach. Czekałam na nie, jak pustynia na deszcz, ale były jak miraż – nierealne i nieuchwytne. Czekałam wciąż na szacunek i poczucie bezpieczeństwa. Tego Oskar mi nie dawał.

Doceniam jednak to, że zawsze stawał po mojej stronie w starciach z Ireną lub Weroniką. Bronił mnie przed rodziną, ale równocześnie nieświadomie pozwalał, żebym zaczęła się zmieniać. Z każdym dniem stawałam się więc silniejsza i bardziej dzika. Niechcący, cała jego rodzina uczyniła ze mnie „bestię". Uczynili ze mnie osobę pełną mocy i siły, gotową do walki. A ja pokochałam tę drapieżną stronę siebie. Kiedy patrzyłam w lustro, widziałam ją – tę dziką iskrę w moich oczach. I chociaż były momenty, kiedy bałam się tej nowej „ja", w głębi serca wiedziałam, że stałam się silniejsza. I za to byłam Oskarowi wdzięczna.

Chociaż był też okres, kiedy byłam bardzo słaba, a Oskar ciągnął mnie w dół. Obydwoje mieliśmy od pewnego czasu jeden problem…

Tańczące demony niewidzialnej beznadziei, przenikliwe obrazy chaosu i pustki zdawały się naszym stałym towarzyszem, jakimś bezcielesnym wodzirejem, który prowadził nas przez każdy ból, każdą awanturę i każdą butelkę wódki znikającą w głębi naszych wyschłych dusz oraz gardeł. Choć Oskar i ja rzuciliśmy się w wir tego chaosu, uciekaliśmy w objęcia rozweselającego alkoholu, to znalezienie w nim pocieszenia było równie możliwe, jak spokojny sen w czasie upadku w głęboką przepaść.

Tak czy inaczej, nie było to łatwe życie. Niczym dwie dusze w tańcu z beznadzieją, chwytaliśmy za alkohol, jak za boję ratunkową na rozbudzonym morzu. Przemykały dni i noce, a w naszych sercach, zamiast ciepła i bliskości, zaczęła szerzyć się zwykła pustka.

Byłam często zatopiona w owym morzu gorzkich łez, zanurzona w czerwonym winie. Tańczyłam z Oskarem na krawędzi porzucenia i wyobcowania, gdzie każda kropla trunku była niczym metaforyczne kręgi wodne, które z każdą chwilą ciągnęły nas głębiej w ten mrok.

Jednak przyszedł czas, kiedy życie przemówiło do mnie w inny sposób. W tamtym momencie, gdy poczułam, że pragnę ponownie zostać mamą, zrozumiałam, że muszę zerwać z nałogiem.

Gdy zaszłam w ciążę z Arturkiem, w sercu zaczęła się rodzić nowa nadzieja, nowa miłość. A Oskar? On, niestety, nie zmieniał swoich nawyków. Jego dłonie nadal ściskały kieliszek, jego oczy utraciły blask i stały się zimne niczym stal. Jednej nocy, po kolejnej, dramatycznej awanturze, czułam w sobie taką desperację, że prawie się poddałam. Myśli o zakończeniu tego wszystkiego, o skoku przez balkon, zaczęły mnie osaczać z taką siłą, że trudno było im się oprzeć. Gdy już stałam na balkonie gotowa na ostateczny akt swojej desperacji, poczułam delikatne kopnięcia Arturka w brzuchu. To był znak. Los przypomniał mi o życiu, które nosiłam w sobie. Ta delikatność, ta niewinność, dała mi siłę. To był mój mały cud, który trzymał mnie przy życiu.

Jedno było pewne: Arturek dał mi wtedy powód do walki, powód do życia.

W tej ciemności, którą tworzyliśmy z Oskarem, ten mały punkt światła stał się moim przewodnikiem. I wiedziałam, że muszę go chronić, niezależnie od wszystkiego.

W mrocznych korytarzach umysłu, gdzie echa wspomnień z dzieciństwa plątały się z teraźniejszością, nóż stał się metaforą mojego buntu i desperacji. Często czułam zimny, stalowy dotyk ostrza w dłoni, jakby był cichym świadkiem mojego wewnętrznego dramatu. Czy miał służyć jako narzędzie mojego uwolnienia od cierpienia, czy może jako narzędzie zemsty na Oskarze? Te myśli plątały się w mojej głowie jak ciernie, wciąż kalecząc moje serce. Tak, wiele razy ściskałam w akcie desperacji nóż. Do dziś nie wiem, czy chciałam podciąć sobie nim żyły, aby ukrócić moje męki w tym małżeństwie, czy też zabić Oskara.

Byłam na skraju wyczerpania nerwowego.

Każdy kolejny dzień w tym toksycznym związku przypominał mi sarkastyczny taniec z losem, gdzie ryzyko i ból były jego stałymi towarzyszami. Zastanawiałam się, skąd wzięła się ta moja niewytłumaczalna cierpliwość, by przetrwać w takim środowisku? Odpowiedź tkwiła głęboko w przeszłości, w tych dawnych dniach pełnych krzyku i łez, które kształtowały moją młodość. Zrozumiałam, że moje wybory były kierowane przez demony przeszłości. Trwałam w tym cierpieniu, bo nie wiedziałam, że mogę inaczej. Tak mnie po prostu wychowali, wyniosłam to z rodzinnego domu. Nie znałam innego życia, innego wzorca zachowania. Taka była moja prawda, brutalna i bolesna. W oczach świata byliśmy idealną parą, ale w rzeczywistości byłam więźniem swojego własnego umysłu. W głębi serca nienawidziłam wszystkich za to, co mi zrobili: rodziców, za niewłaściwe wychowanie, Oskara za to, że nie potrafił być moim wsparciem, a siebie za to, że zgadzałam się na takie życie.

Jednak to właśnie ta sama nienawiść stała się moją siłą. Doprowadziła mnie do punktu, w którym zrozumiałam, że mam wybór. Mogłam zakończyć ten koszmar, wyrwać się z tego kołowrotka bólu i cierpienia. Zdałam sobie sprawę, że to ja jestem kowalem swojego losu i tylko ja mogę zdecydować, jakie będzie moje jutro. I wtedy zdecydowałam się uwolnić. Wiedziałam, że prawdziwe szczęście jest w zasięgu mojej ręki, wystarczyło tylko odważyć się sięgnąć po nie. Niestety, trochę trwało, zanim to zrobiłam, zanim się wyzwoliłam.

W środku tej codziennej natarczywości Ireny, gdzie każdy moment, każdy szept stawał się publiczną własnością teściowej, mój świat zamienił się w mały, klaustrofobiczny teatr. Poranne słońce przefiltrowane przez delikatne firanki przyprawiało mnie o ból głowy. Zamiast być zapowiedzią nowego dnia, stawało się codziennym przypomnieniem, że Irena znowu zaraz się pojawi w moim mieszkaniu. Mieszkaliśmy drzwi w drzwi, a jej najwyraźniej w domu się nudziło. Gdy urodziłam jej pierwszego wnuka, teściowa zaczęła przychodzić do nas po kilka razy w ciągu jednego dnia.

Rozumiem, że pierwszy wnuczek, radość i tak dalej, ale, kurwa, kobieto, daj żyć!!!

– Oskar, czy możesz powiedzieć mamie, żeby przestała tak często nas odwiedzać? – błagałam męża, balansując już na krawędzi wściekłości i morderczych myśli.

Spojrzał na mnie z pewną dawką bezradności.

– Wiesz, jaka ona jest... – wzruszył ramionami. – Po prostu chce być blisko wnuczka.

– Bliskość to jedno, ale to, co ona robi, to już paranoja!

– Nie przesadzaj – odpowiedział z jakimś drżeniem w głosie. – Po prostu mama chce być częścią naszego życia.

– Oskarze, to nie jest element naszego życia! To jest prawdziwa inwazja! Gdybym chciała widywać twoją matkę tak często, wyszłabym za nią, a nie za ciebie! – wybuchłam, nie mogąc ukryć wściekłości.

W jego oczach pojawiła się nuta irytacji.

– Ona tylko próbuje być pomocna. – Machnął ręką.

To już był szczyt wszystkiego! Nie mieliśmy za grosz prywatności. Wiedziała, co robimy, co jemy i z kim rozmawiamy. Na sto procent wiedziała też, kiedy się bzykamy. To było okropne! I męczące!

Mroczne chmury gromadziły się nad naszym związkiem, a każda wizyta teściowej przynosiła kolejne burze.

Te pierwsze lata małżeństwa, o ile można je było tak nazwać, przemykały jak taneczne kroki po krawędzi klifu. Gdzieś w oddali czułam echo marzeń i zapewnienia, że będzie inaczej. Ale każdy dzień przypominał mi o rzeczywistości, w jakiej tkwiłam, opierając się na złudzeniach.

Oskar coraz rzadziej patrzył na mnie z miłością. Zamiast tego, w jego oczach widziałam niepewność i agresję zrodzoną z butelek, które opróżniał i które zastąpiły naszą wspólną przyszłość. Z kolejnymi łykami wódki wyparowywała nasza intymność, a jego oczy wędrowały coraz częściej w stronę ekranu i konsoli do gier. Świat wirtualnych postaci i poziomów do zaliczenia zastąpił prawdziwe uczucia, prawdziwe rozmowy.

Nie potrafiłam zrozumieć, dlaczego nasza miłość przekształciła się w takie mroczne widowisko. Zamiast obiecywać sobie wieczne wsparcie, wypełnialiśmy dni pretensjami i nawzajem zarzucaliśmy sobie błędy. Oskar, zamiast troszczyć się o nasze wspólne dobro, topił frustrację w alkoholu, a ja, chociaż próbowałam go wciągnąć z powrotem do rzeczywistości, czułam, jakby prawdziwe życie rozpływało się w moich dłoniach.

Najbardziej bolesne było dla mnie to, że nie potrafiłam zrozumieć, co spowodowało tę przemianę w Oskarze. Przede wszystkim jego chora zazdrość nie miała dla mnie uzasadnienia. To, że spędzał godziny na graniu, zamiast na rozmowie ze mną, mówiło mi, że moje małżeństwo stało się dla niego więzieniem. Stało się pułapką, z której próbował uciec za pomocą alkoholu i gier wideo.

Moje dni przewijały się w dźwiękach pustych butelek i dźwiękach konsoli, zatracając sens naszego małżeństwa. Chociaż starałam się utrzymać nasz związek na tych słabych, niestabilnych fundamentach, z każdym dniem widziałam, jak pęka kolejna nić porozumienia z moim mężem.

Ten smutek, poczucie porażki, zrozumienie, że związek, który budowałam latami, opierał się na złudzeniach, stały się moim codziennym towarzyszem. Oskar nie był już tym samym mężem, którym był kiedyś, a ja nie byłam już tą samą żoną. Nasze małżeństwo przestało spełniać swoją funkcję, a nasze serca, kiedyś tak pełne miłości, stały się pustynią uczuć.

Tak, Oskar, mój „rycerz na białym koniu", stał się nieznośnym koszmarem mojej rzeczywistości, przemienił się w krzyk przerażenia. Twarz, którą niegdyś kochałam, stała się źródłem mojego lęku, a dłonie, które były dla mnie ostoją, stały się narzędziami bólu.

Ciosy Oskara spadały na mnie niczym deszcz w ciemnej nocy – były zaskakujące i przytłaczające. Z każdym kolejnym uderzeniem czułam, jak ginie we mnie kawałek tej kobiety, która kiedyś pełna była nadziei i miłości. Oskar znęcał się nade mną coraz częściej. Moje zdrowie psychiczne upadało, a on, patrzył na mnie po tych brutalnych momentach, jakby nic się nie stało, tak jakby znęcanie się nad słabszym było normą, jakby jego ego nie doznało żadnej szkody. Jego apatia była równie bolesna, jak podły język i ciosy, które zadawał. Brak empatii! Brak skruchy!

Sarkazm mojego życia był oczywisty. Stałam się jednym z tych cieni, które powtarzały do znudzenia ten frazes: „Robię to dla dzieci". Wierzyłam, że moja ofiara jest dla ich dobra, że rodzina, nawet tak patologiczna, jest lepsza niż brak rodziny. Byłam ślepa i głucha na ich cierpienie. Moje dzieci, świadkowie tego teatru groteski, uczyły się życia w strachu, podczas gdy ja zanikałam w moim małżeństwie, poddając się kolejnym aktom przemocy.

Chowałam się w kątach mojego domu i płakałam, gdy tylko miałam na to chwilę. Wciskałam twarz w poduszkę, aby stłumić dźwięk płaczu, modląc się, aby dzieci tego nie słyszały. Ale one wiedziały. Widziały moje zaczerwienione oczy. Wiedziały, że ich mama jest nieszczęśliwa.

Gdybym teraz mogła cofnąć się w czasie i spojrzeć w oczy młodszej wersji siebie, powiedziałabym jej, żeby wstała i odważyła się żyć. Żeby uciekła z tego toksycznego związku i dała sobie oraz dzieciom szansę na lepsze życie. Ale wtedy nie miałam siły, aby przeciwstawić się temu potworowi, którym stał się mój mąż. Wtedy jeszcze nie wiedziałam. Ale teraz już wiem. Wiem, że prawdziwa miłość nie może boleć, a prawdziwa rodzina wspiera i dba.

Nadszedł ten dzień, kiedy w końcu odzyskałam na tyle siły, by stanąć naprzeciwko swojego losu i zacząć bunt przeciw przytłaczającej mnie rzeczywistości. Wiedziałam, że moje małżeństwo to był błąd, niewypał, krzyk w pustkę. Chciałam zakończyć tę beznadziejną symfonię, która grała w tle mojego życia. Otworzyłam serce przed Ireną. Myślałam, że chociaż ona zrozumie, co przeszłam, co przeszły nasze dzieci. Przecież ona też doświadczyła przemocy w małżeństwie.

– Muszę od niego odejść – powiedziałam, patrząc jej prosto w oczy. Chciałam zobaczyć w nich choć odrobinę empatii.

Spojrzała na mnie z jakimś ciepłem, które zmyliło mnie.

– Rozumiem cię – odparła, ściskając moje dłonie. – Widzę, jak się zmienił. Jak zmieniło się wasze małżeństwo.

Przytuliła mnie wtedy. Jej zapach przypomniał mi stare perfumy, których używała, kiedy po raz pierwszy przekroczyłam próg jej domu.

– Nie poddawaj się, nie daj mu się, nie rezygnuj z rozwodu. Zawsze będziesz moją synową – szepnęła mi do ucha.

Jej słowa dodały mi odwagi. Może w końcu miałam po swojej stronie sojusznika, kogoś, kto zrozumiał mój ból i potrafił go nazwać? Byłam pełna nadziei. Tyle że znowu dałam się nabrać. Naiwna idiotka ze mnie!

Ale za to Weronika zbliżyła się do mnie. Czułam, że tym razem szczerze… Spędzałyśmy ze sobą naprawdę dużo czasu. Przestała być dla mnie wredna i podła. Ale to nie zmienia faktu, że pozostałam czujna.

W pokoju pachniało świeżą skórą i lakierem do drewna – klasyczny zapach gabinetu prawnika. Stałam w jego progu z mieszaniną niepokoju i determinacji, która pulsuje w sercu każdego, kto tu przychodzi.

Adwokat od rozwodów, Klaus Hoffmann, był eleganckim, dobrze ubranym mężczyzną o spokojnym spojrzeniu i ujmującym uśmiechu. Nie wiedziałam jednak, czy była w nim iskra zrozumienia dla mojej sytuacji.

– Proszę usiąść – zaprosił mnie, wskazując na skórzaną sofę.

Zaczęłam ostrożnie:

– Nie jestem pewna, czy chcę to kontynuować, jak wspomniałam przez telefon. Skontaktowałam się z panem, ale chyba bardziej dlatego, żeby pokazać mężowi, iż nie żartuję, że jestem gotowa na wszystko.

Moje słowa brzmiały tak bezradnie w tym profesjonalnym otoczeniu. Mecenas Hoffmann uniósł brew.

– Chce Pani dać mu szansę? – zdziwił się. – Kolejną?

Przygryzłam wargę.

– Chciałam, żebyśmy poszli razem na terapię – powiedziałam. – Myślałam, że to pomoże. Może jeśli zobaczy, że mówię poważnie, wtedy zrozumie i zacznie się leczyć.

– A jeśli nie? – Adwokat spojrzał na mnie przenikliwie.

Przez kolejne tygodnie próbowałam udowodnić, że Klaus Hoffmann się mylił. Bez skutku. Przekonywałam usilnie Oskara do terapii, do podjęcia jakiegoś kroku, aby nasze małżeństwo nie legło w gruzach.

– Oskar, spróbujmy razem. Przecież kochaliśmy się… Czy możemy dać temu jeszcze szansę? – pytałam z coraz mniejszą nadzieją.

Ale jego odpowiedź zawsze była taka sama, twarda i nieugięta:

– Nie potrzebuję żadnej terapii. Niczego nie żałuję.

Za każdym razem, gdy słyszałam te słowa, czułam, jak coś się we mnie kruszy. Czułam się jak szklanka, w której krawędź ktoś codziennie stuka, aby w końcu pękła.

Podczas drugiej wizyty w kancelarii, byłam już pewna siebie.

Wiedziałam, czego chcę.

– Szczerze mówiąc, panie Hoffmann, to nie ja zdecydowałam o naszym końcu. To on – oświadczyłam. – Przez cały ten czas prosiłam, błagałam go, żebyśmy spróbowali razem walczyć. Ale on odmawiał.

Nadszedł czas działania!

W tamtym momencie czułam, że postępuję właściwie. Czasami musimy podjąć najtrudniejsze decyzje, aby ocalić to, co najcenniejsze.

Tamtego dnia, gdy oficjalnie złożyłam pozew rozwodowy, poczułam, jakby z mojego serca spadł ciężar. Ale ta chwilowa ulga była ulotna. Gdy Oskar dowiedział się o rozwodzie, zareagował z całą furią niespełnionego męża, skrzywdzonego i zrozpaczonego. Jego codzienne przekleństwa były jak sępy, które wyszarpywały moje uczucia, zostawiając rany na mojej duszy. Jego narastająca agresja była jak niewidzialne ręce duszące mnie, skracające mój oddech, przeciskające się przez mrok, jaki panował w naszym wspólnym życiu.

Doprowadził mnie do tak głębokiej depresji, że nie raz myślałam o tym, aby przestać walczyć i po prostu odpłynąć w mroczny bezmiar. Jego nienawiść była jak trująca mgła, która z każdym dniem zasłaniała mi słońce coraz bardziej. Może to był jego sposób na radzenie sobie z moją decyzją albo wręcz przeciwnie – biczowanie mnie, abym poczuła, jak nędzna jestem, jak bardzo go potrzebuję.

W pewnym momencie zrozumiałam, że pozostanie w tym otoczeniu stanowi zagrożenie nie tylko dla mojego zdrowia psychicznego, ale i fizycznego. Musiałam odejść, uciec przed jego toksycznym wpływem, zabierając ze sobą dzieci. Gdy stanęłam przed nim, aby oddać klucze, które były symbolem naszej wspólnej przeszłości, jego wzrok był wściekły. Gdyby mógł, przeszyłby mnie nim na wylot. Ale zamiast tego, uczynił coś gorszego. Plunął mi w twarz. Ta plama na mojej skórze paliła jak żelazna pieczęć, zdradzając całe jego pogardliwe podejście do mnie.

– Jak mogłeś?! Po tym, co ci dałam?! – krzyknęłam, patrząc na niego z przerażeniem i gniewem.

Oskar zaśmiał się szyderczo.

– Dałaś mi dziecko, ale jednocześnie odebrałaś mi życie! – rzucił słowami wypchanymi pretensją.

Oddychałam głęboko, próbując się uspokoić.

– Dałam ci wszystko, co miałam – wycedziłam przez zaciśnięte zęby. – Ale ty, nawet mając wszystko, zdecydowałeś się na niszczenie, zamiast budowanie.

Odwróciłam się. Nie chciałam go dłużej oglądać. Chociaż pognałam w stronę nowego życia, myśli o tym, co przeszłam, pozostały. Pomyślałam o rodzicach Oskara, o tym, jak jego ojciec traktował jego matkę. Jak Oskar miał nauczyć się kochać, szanować i doceniać? Przecież naśladował te trujące wzory, które obserwował w domu rodzinnym.

Jedno było pewne: nie zamierzałam pozwolić, aby Oskar dłużej definiował moją wartość.

Gdy dziś spoglądam wstecz, widzę, że z tej relacji wyniosłam cenne lekcje, mimo całego tego bólu, tej nienawiści, która pożerała nas od środka. Zrozumiałam, czego chcę, czego potrzebuję i na co zasługuję. Nie mogłam żałować tego małżeństwa. Te dwanaście lat sprawiły, że stałam się mądrzejsza, chociaż zapłaciłam za to dużą cenę. Tak skończyła się historia moja i Oskara. Na pewno nie żałuję tego związku, bo dał mi cudownego syna, którego bardzo, bardzo kocham. Mój wspaniały Arturek!

Adaś i Arturek – moje dwa największe skarby! Kocham Was!

ROZDZIAŁ 14

Rok 2016 był jak burza, która zniszczyła starą konstrukcję mojego życia, pozostawiając jedynie fundamenty, na których mogłam zbudować coś nowego. To był czas, kiedy moje osobiste światy – rodzinny i emocjonalny – weszły w spiralę chaosu, aby potem odrodzić się z zupełnie innej perspektywy.

W tym samym miesiącu, w którym złożyłam papiery rozwodowe, jakby los ze mnie zakpił, straciłam również pracę, a dokładniej, z powodu kłamstw osoby wyżej postawionej, zostałam z niej, bez najmniejszych skrupułów, z hukiem wyrzucona. Nigdy nie zapomnę tych krzyków szanownego Pana Szefa, który wykorzystując swoją pozycję, wrzucił mnie do najniższych głębin mojej i tak już ciężkiej depresji. Łzy zalewały moją twarz z powodu bezsilności, strachu oraz upodlenia, jakie otrzymałam w podziękowaniu za wiele lat oddanej pracy.

To był moment, kiedy życie, które budowałam latami, rozpadło się jak domek z kart. W jednej, brutalnej chwili straciłam nie tylko małżeństwo, ale i środki do życia, moją niezależność finansową i zaufanie do ludzi. Zostałam sama z dwójką dzieci i mrocznym cieniem depresji, który zaczął kłaść się na moje dni.

To był czas, kiedy każdy mój dzień wydawał się walką o przetrwanie. Rano budziłam się z uczuciem ciężaru, który przygniatał mnie do łóżka, a wieczory spędzałam na rozmyślaniach, jak poradzić sobie z kolejnym dniem. Utrata pracy była jak ostatni cios wymierzony przez los, który pozbawił mnie resztek sił.

W tym okresie mojego życia czułam się niczym rozbita łódź, wyrzucona na skaliste wybrzeże bezlitosnego losu. Moje dni były bezkresną, szarą pustynię czasu, gdzie każda minuta ciągnęła się jak godzina. Nocami leżałam nieruchomo, wpatrując się w sufit, jakby był mapą moich nieskończonych obaw i lęków. Myśli o przyszłości, o tym, jak zapewnić moim dzieciom bezpieczne i stabilne życie, krążyły w mojej głowie niczym roje mrocznych motyli, nie dając mi spokoju.

Walczyłam z wszechogarniającą pustką, która rozprzestrzeniała się w moim sercu niczym czarna dziura, pochłaniająca wszystko, co kiedyś było dla mnie radosne i kolorowe. To uczucie było ciężarem, który nie pozwalał oddychać. Przyszłość rysowała się w moich myślach niczym bezkresny, mroczny labirynt bez wyjścia.

Nieraz zadawałam sobie pytanie, co jest dla mnie ważne, co daje mi siłę do dalszej walki. W tych chwilach rozpaczy myślałam o moich dzieciach – małych iskiereczkach światła w tej ciemności. To one były moją kotwicą, która trzymała mnie w bezpiecznym miejscu, gdy wszystko wokół porywał zdradziecki prąd życia.

Walczyłam o każdy promyk nadziei, jak tonący, który chwyta się desperacko wszystkiego, co ma w zasięgu ręki. Wiedziałam, że muszę być silna, muszę przetrwać dla nich. Jednocześnie czułam, że każdy dzień odbiera mi kolejne pokłady energii, że każda noc jest walką z demonami niepewności i strachu.

Czułam się jak wojownik, który, chociaż pokonany, wciąż musi podnosić się z kolan, aby walczyć dalej. W tej wojnie z rzeczywistością, w tej bezustannej walce o przetrwanie odkryłam w sobie siłę, której wcześniej nie znałam. Nauczyłam się, że czasami życie wymaga od nas tego, żeby stać się wojownikami swojego własnego przeznaczenia, żeby walczyć o każdy oddech, każdy dzień, o każdy moment radości, który możemy wydrzeć z rąk nieprzewidywalnego losu.

Walczyłam z depresją, która stawała się moim codziennym towarzyszem, a mój były mąż dbał o to, bym każdego dnia zapadała głębiej w jej paszczę. Czasami, upadając na kolana z bezsilności, prosiłam Boga, by to się wreszcie skończyło. Ale Oskar się nie poddawał, dręczył mnie, nękał i wykańczał psychicznie jeszcze przez długie miesiące, a potem kolejne lata po naszym rozstaniu.

Po pewnym czasie zaczynałam dostrzegać, że ta bolesna katastrofa małżeńska, która właśnie się zakończyła, otwierała przede mną drzwi do nowego świata, do nowego ja.

W tej pustce zaczęłam teraz dostrzegać nieskończone możliwości, jakby sam wszechświat dawał mi szansę, aby na nowo zdefiniować siebie i swoje życie.

W myślach przemalowywałam każdy kąt mojego istnienia, dodając barw tam, gdzie wcześniej panowała szarość. To było niczym tworzenie nowego obrazu, gdzie każda pociągnięta linia, każde odważne maźnięcie pędzlem było wyrazem mojej wewnętrznej siły i odwagi, by zmierzyć się z nowym. Nauczyłam się cenić każdy moment spokoju, każdy uśmiech moich dzieci, każdy promień słońca, który przebijał się przez chmury mojej codzienności.

Stopniowo zaczęłam odbudowywać siebie na nowych, mocniejszych fundamentach. To był proces powolny, czasami bolesny, ale i pełen nadziei. Byłam niczym feniks, który z popiołów swojego minionego życia, ze swoich błędów i zawodów powstaje w pełnej okazałości, aby wznieść się w górę, ku nowym wyzwaniom, nowym marzeniom.

W mojej nowej rzeczywistości znalazłam spokój i harmonię, których tak bardzo pragnęłam.

Grzęznąc w tym trudnym czasie, nauczyłam się, że czasami życie wymaga od nas zburzenia wszystkiego, co znamy, abyśmy mogli zbudować coś nowego, lepszego. Z każdym dniem, z każdym krokiem, który robiłam, czułam, że powoli odzyskuję kontrolę nad swoim życiem. Stawałam się silniejsza, bardziej świadoma i odporna na przeciwności. Zaczęłam rozumieć, że prawdziwa siła płynie nie z tego, co mamy, ale z tego, kim jesteśmy i jak radzimy sobie z trudnościami, które stawia przed nami los. Nauczyłam się, że życie to nieustanne balansowanie między radością a bólem. Z każdym dniem, z każdym wyzwaniem, czułam się coraz bardziej uziemiona. Zaczęłam rozumieć, że każda trudność, każda przeszkoda, jest lekcją, która prowadzi mnie do lepszego poznania siebie samej.

Z odwagą, która zrodziła się z najgłębszych zakamarków mojej desperacji, postanowiłam skierować się na ścieżkę, która kiedyś była jedynie mglistym snem mojej młodości. Przypomniałam sobie o moim dawno zapomnianym marzeniu – prowadzeniu wielkich, potężnych samochodów ciężarowych, tych mechanicznych olbrzymów, które królują na autostradach. Z determinacją godną walki z własnymi demonami, zdecydowałam się zdobyć prawo jazdy kategorii „CE".

Pamiętam dzień, w którym po raz pierwszy wsiadłam za kierownicę ciężarówki. Był to moment, w którym poczułam nie tylko ciężar odpowiedzialności, ale też niezwykłą siłę i wolność. Wielki, głośny silnik pod moją kontrolą, przestrzeń kabiny otaczająca mnie jak forteca dawały mi poczucie, że mogę stawić czoła wszystkiemu. Każdy kilometr, jaki pokonywałam, był jak kolejny krok w mojej wewnętrznej podróży – od samotnej walki do triumfu nad własnymi ograniczeniami.

Nie był to łatwy wybór zawodowy, szczególnie dla kobiety. W świecie ciężarówek panowała dominacja mężczyzn, którzy nie zawsze przyjmowali mnie z otwartymi ramionami, ale byli i tacy, którzy chętnie by mnie w te ramiona wzięli. Lecz każde sceptyczne spojrzenie, każdy kąśliwy komentarz tylko wzmacniał moją determinację. Chciałam pokazać, że mogę być równie dobrym kierowcą, co każdy z nich, a może nawet lepszym. Nie brakowało też napaleńców.

– Hej malutka, może się umówimy? – słyszałam każdego dnia.

– NIE!!! – odpowiadałam z pewnością w głosie. Nie! Żadnych facetów więcej! Tego byłam pewna!

Ten nowy rozdział w moim życiu był niczym podróż przez nieznany ląd, pełen wyzwań, ale i niespodziewanych radości. Na trasie, w samotności kabiny, odnajdywałam spokój, którego tak bardzo mi brakowało. Krajobrazy przesuwające się za oknem były jak żywe obrazy, malujące przed moimi oczami nieskończoną galerię piękna i zmienności świata.

Z każdym kilometrem, który przejechałam, rosła moja pewność siebie i wiara w to, że nie ma rzeczy niemożliwych. Ta nowa praca, choć wymagająca i często wyczerpująca, dawała mi coś więcej niż tylko środki do życia – dawała mi poczucie celu, dawała mi wolność. Byłam jak odkrywca, który na nowo poznaje świat, a każdy przejechany most był jak kolejny krok na drodze do odnalezienia siebie.

Zrozumiałam, jak ważne jest, aby być autentyczną, aby żyć zgodnie z własnymi przekonaniami i marzeniami. Przestałam bać się bycia sobą, przestałam bać się wyrażania swoich uczuć i pragnień.

Rok 2016 był więc dla mnie rokiem przemiany, rokiem, w którym zamknęłam pewien rozdział swojego życia, aby rozpocząć nowy. Był to czas, w którym nauczyłam się cenić chwile spokoju, ale także akceptować i przekształcać chaos. W ten sposób, przez burzę i spokój, dotarłam do miejsca, w którym jestem teraz – miejsca pełnego siły, mądrości i gotowości na nowe życiowe przygody.

ROZDZIAŁ 15

Przez labirynt życia, który wiódł mnie przez burze i wichry, przez momenty, gdy samotność była moim jedynym towarzyszem, trafiłam na M. Znaliśmy się już wcześniej z firmy, w której uprzednio pracowałam. Młody, nieśmiały chłopak, inny niż cała ta banda erotomanów dookoła. Czasem zaproponował pomoc przy komputerze, innym razem przy zmianie kół w aucie, ot po prostu kolega. Nigdy nawet nie przeszło mi przez myśl, by zbudować z nim coś, poza zwykłą znajomość.

Po wszystkich rozczarowaniach, jakie w życiu przeżyłam, po wszystkich burzach w moim sercu, miałam dość związków. Chciałam tylko spokoju. Tylko spokoju.

I M. dawał mi to ukojenie. Niczego nie chciał, niczego nie oczekiwał, nic nie wymuszał… po prostu był. Spotykaliśmy się po przyjacielsku. Wspólne treningi na siłowni, spacery, wycieczki rowerowe, rozmowy do świtu… czasem po prostu leżeliśmy w milczeniu na świeżo skoszonej trawie, wdychając jej aromatyczny zapach… innym razem włóczyliśmy się bez celu podczas deszczu… i tak przez wiele miesięcy, nasza relacja trwała, do niczego nas nie zmuszając.

Z czasem jednak zaczęliśmy patrzeć na siebie w inny sposób, niż na początku znajomości. Ale M. był jak cichy wiatr, który niepostrzeżenie zmienia kierunek żagli, nie nalegał, nie forsował. Był obecny, z ciepłym uśmiechem, z otwartością, którą tak rzadko spotykałam. Jego spokój był niczym bezpieczna przystań w moim burzliwym życiu.

Jego żarty, jego lekkość bycia, inteligencja i sposób, w jaki słuchał – wszystko to zaczęło budować most przez przepaść moich obaw.

Pewnego dnia, podczas wspólnego spaceru, M. złapał moją dłoń. Jego dotyk był delikatny, ale pełen znaczenia. Spojrzał na mnie swoimi urzekającymi oczyma i powiedział:

– Nie wiem, dokąd zmierzamy, ale chcę iść tą drogą z Tobą.

W jego głosie nie było nacisku, tylko szczerość. To był moment, w którym poczułam, że moje serce zaczyna się otwierać.

Z każdym kolejnym dniem, z każdą wspólną chwilą moje mury, które tak starannie budowałam, zaczęły pękać.

M. wprowadzał do mojego życia spokój i harmonię, której tak bardzo pragnęłam. Nauczył mnie, że można być blisko kogoś bez utraty siebie, że można kochać i być kochanym bez cienia strachu.

W końcu zdałam sobie sprawę, że M. nie był tylko przystankiem w mojej podróży – stał się jej częścią. Był jak spokojna melodia, która wypełniała przestrzeń mojego życia. Z nim czułam się bezpiecznie, jakby moje serce znalazło schronienie przed wichurami przeszłości.

Czyż to nie cudowne, jak życie potrafi zaskoczyć? Jak po sztormach przychodzi czas na spokojne morze? Wtedy zrozumiałam, że szczęście, to nie tylko cisza po burzy, ale także odwaga, by pozwolić komuś zobaczyć nasze prawdziwe ja i zaakceptować nasze blizny. Moje serce, które kiedyś było jak pusty pokój, teraz wypełniło się światłem i ciepłem. Wciąż miało pełno blizn, ale teraz każda z nich opowiadała historię przetrwania i odrodzenia.

W moim życiu pojawiali się mężczyźni, którzy byli teraz echem przeszłości. Każdy z nich nieświadomie przypominał mi o świecie, w którym rządził strach, ból i niesprawiedliwość. Jakby los ciągle wystawiał mnie na próbę, rzucając w moją stronę ludzi, którzy tylko potwierdzali moje przekonanie, że miłość to walka, a nie spokój.

Jednak M. był inny. Był jak światełko w mroku przebijające się przez burzowe chmury. Z nim zrozumiałam, że miłość nie musi być bolesna, że może być lekka, pełna zrozumienia i akceptacji.

Pewnego wieczoru, siedząc na kanapie, owinięta w jego ramiona, podzieliłam się z nim moimi przemyśleniami.

– Wiesz – zaczęłam, patrząc mu w oczy. – z tobą po raz pierwszy czuję, że miłość może być inna. Że nie musi być walką, ale może być wspólnym tańcem.

M. uśmiechnął się ciepło i odpowiedział:

– Dla mnie miłość, to partnerstwo, szacunek, wzajemne wsparcie i radość z bycia razem. Chcę, żebyś wiedziała, że zawsze będę tu dla ciebie, by cię wspierać i kochać.

Jego słowa były jak najpiękniejsza muzyka. Wcześniej miałam wrażenie, że w związkach muszę walczyć, że muszę być silna i niezależna. Ale z M. mogłam być po prostu sobą, bez potrzeby udowadniania czegokolwiek.

Z nim nauczyłam się, że zdrowa relacja to taka, w której obie strony czują się bezpiecznie, gdzie można być sobą bez strachu przed odrzuceniem. Dzięki niemu zaczęłam wierzyć, że miłość może być piękna, że może być lekarstwem na rany, a nie kolejnym źródłem bólu.

Z M. każdy dzień był jak odkrywanie nowego świata, w którym miłość nie była walczącym wojownikiem, ale spokojnym strażnikiem naszego szczęścia.

Kiedy pierwszy raz spotkałam M., uderzyło mnie, jak różny był od ludzi, których do tej pory znałam. Pochodził z domu, w którym

miłość i szacunek nie były tylko pustymi słowami lecz codziennością. Wychował się w rodzinie, w której emocje były wyrażane swobodnie, a nie tłumione i skrywane pod maską obojętności. W jego
domu dzieciństwo miało smak beztroski i radości, a nie ciągłego
strachu i niepewności.

Miłość mojego ojca, jak już wiecie, była niczym słaby promień słońca
w pochmurny dzień – rzadko doświadczany i jeszcze rzadziej trwały.
Była to miłość warunkowa, która przychodziła i odchodziła, zostawiając nas w niepewności i nieustannej tęsknocie za czymś stałym
i trwałym. Chwile, kiedy ojciec okazywał czułość, były jak krótkie
momenty oddechu w długim maratonie przetrwania.

Życie w takim domu było jak ciągła walka o równowagę na cien-
kiej linie nad przepaścią. Uczucie stałego zagrożenia było moim codziennym towarzyszem, a każdy dzień przynosił nowe wyzwania.
Nauka radzenia sobie z tymi emocjami, z tą nieprzewidywalnością,
stała się częścią mojej osobowości.

Tak, w moim domu rodzinnym uczucia były jak potężne żywio-
ły, nieokiełznane i nieprzewidywalne. I choć przez lata starałam się
nauczyć, jak z nimi żyć, dopiero teraz, w dorosłym życiu, zaczęłam
rozumieć, jak bardzo odbiły się na mojej psychice i na tym, jak po-
strzegałam świat oraz relacje z innymi ludźmi. Moje dzieciństwo
ukształtowało mnie jako osobę wiecznie czekającą na kolejną burzę,
niezdolną do doświadczania spokoju bez strachu o to, co może przynieść jutro.

Z M. było inaczej. Jego dom był jak bezpieczna przystań, gdzie
burze emocjonalne były rzadkością.

Jego obecność była jak ciepły, spokojny wieczór po burzliwym dniu. Natomiast jego spokój i równowaga emocjonalna były dla mnie czymś nowym, niemal obcym.

Obserwując jego relacje z rodzicami, zaczęłam rozumieć, jak wiele straciłam w dzieciństwie. Rodzice M. byli dla niego wsparciem, byli przewodnikami, a nie tyranami. Ich miłość była bezwarunkowa, a nie uzależniona od nastrojów czy zachowania.

M. pokazał mi, że można inaczej. Że rodzina nie musi być polem bitwy, że powinna być miejscem spokoju i miłości. Że emocje można wyrażać swobodnie, bez strachu przed konsekwencjami. Dzięki niemu nauczyłam się, że miłość nie musi być walką, a może być kojącym balsamem na zranioną duszę.

Dzięki M. dowiedziałam się, że w życiu można mieć różne oblicza miłości. Że można budować relacje na szacunku i zrozumieniu, a nie na strachu i kontroli. Jego rodzinny dom był jak nowy świat, w którym miałam szansę na nowy początek, na życie, które zawsze chciałam mieć, ale nigdy nie wierzyłam, że jest możliwe.

Pozwólcie zatem, że opowiem Wam, jaki był początek mojego cudownego związku z M.

ROZDZIAŁ 16

Światło księżyca tańczyło na naszych twarzach, gdy po raz pierwszy zauważyłam, jak jego oczy błyszczą niczym gwiazdy w bezchmurną noc. Zaczęliśmy spotykać się na poważnie, a każda nasza randka była jak kolejna strona w baśni, która nie chciała się zakończyć.

Nasze spotkania były jak wędrówki przez ogród pełen róż, gdzie każdy płatek miał swoją historię, a każdy cień skrywał obietnicę czegoś nowego. Wspólne chwile spędzane przy blasku świec, z winem o smaku letniej beztroski, były pełne upojnych rozmów. Jego głos brzmiał jak piosenka, która koiła moje zmysły i uspokajała burzę w moim sercu.

M.! Mój M.!

Podczas jednej z naszych cudownych nocy, siedzieliśmy na starym moście, patrząc w dół na spokojną rzekę. Woda odbijała księżyc, tworząc złote refleksy na swojej powierzchni. Wtedy nagle M. ujął moją dłoń, a jego dotyk był jak delikatne muśnięcie motyla.

– Czy to jest to? – zapytał niby retorycznie, a w jego głosie dało się wyczuć mieszaninę nadziei i obawy.

Czy to jest to? Przez chwilę milczałam, rozważając każde słowo, każdy gest, który dzielił nas od naszej przeszłości. Oboje wiedzieliśmy już doskonale, że to, co utkało się między nami, było czymś więcej niż tylko chwilowym zauroczeniem. Było jak szept wiatru przynoszący zmianę, jak pierwszy uśmiech słońca po burzy.

Czy to jest to?

Tak, to była właśnie najsilniejsza więź, o jakiej marzy zawsze dwoje ludzi wydanych na pastwę niepewności tego świata. To było to!

Mimo tej pewności, decyzja o zapoznaniu M. z moimi dziećmi nie przyszła łatwo. Musiałam mieć pewność, że to będzie trwały i ważny związek. Obiecałam sobie, że jeśli ktoś pozna moje dzieci, zostanie z nami już na zawsze.

Pewnego wieczoru, kiedy gwiazdy błyszczały wyjątkowo jasno, podjęłam decyzję.

– M., czy jesteś gotowy stać się częścią naszego świata? – zapytałam, patrząc mu głęboko w oczy.

Jego odpowiedź była cicha, ale stanowcza, pełna determinacji i miłości.

To był moment, kiedy nasze osobne ścieżki zaczęły się splatać w jedną, prowadzącą w przyszłość pełną nieznanych, ale obiecujących możliwości.

W końcu nadszedł ten dzień. Bałam się tego nieco, ale jednocześnie nie mogłam się doczekać. To był dzień, gdy moje ukochane urwisy miały poznać M.

Świat za oknem zdawał się zastygły w oczekiwaniu, gdy Adam i Artur wrócili do domu. Ich radosne śmiechy rozbrzmiewały echem w korytarzu, nieświadome napięcia, które zalegało w powietrzu kuchni. Tam, przy wyspie, na hokerze, M. zastygł, niczym rzeźba wykonana z lęku i nadziei.

Na jego twarzy, która zwykle była pewna siebie, teraz wyraźnie widać było napięcie. Nogawki jego spodni lekko drżały, a jego dłonie, zwykle tak pewne i spokojne, teraz błądziły bez celu, raz po raz poprawiając idealnie ułożony krawat. Siedział nieruchomo, z wyjątkiem nerwowego bicia nogą, które przypominało rytmiczne tętno ze-gara odmierzającego czas do nieuchronnego spotkania.

Jego wzrok, zazwyczaj taki ostry i skupiony, jakby wykuwał rze-czywistość z otaczającego go świata, teraz błądził po pomieszczeniu, niepewny i zagubiony. Unikał moich oczu, jakby obawiał się, że w ich głębi odnajdzie pytania, na które nie był gotów odpowiedzieć. W jego spojrzeniu, które zwykle iskrzyło życiem i humorem, teraz widziałam mieszankę obaw i nadziei, przypominającą promienie sło-neczne przebijające się przez gęste chmury burzowe, niepewne, czy rozpędzą ciemność.

Jego postać, zwykle tak pewna siebie, niczym rzeźba greckiego boga wydobyta z kamienia stuprocentowej męskości, teraz zdawała się skulona pod ciężarem niewypowiedzianych pytań. Każdy jego mięsień, zazwyczaj napięty w oczekiwaniu na działanie, teraz wyda-wał się drżeć pod niewidzialnym ciężarem. Plecy, które zwykle dum-nie się prostowały, teraz były zgarbione, jakby próbowały schronić serce przed nadchodzącym wyzwaniem.

Zrozumiałam, że M. po prostu się boi. Był przerażony. Trochę nawet mnie to rozbawiło. W jego oczach odzwierciedlała się we-wnętrzna walka, zmaganie się z nadzieją na akceptację i strachem przed odrzuceniem. Każde mrugnięcie wydawało się aktem odwagi, a jego dłonie, które zwykle były źródłem siły i wsparcia, teraz bez-radnie skręcały się, niezdolne do uchwycenia pewności, której tak bardzo potrzebował, której oboje potrzebowaliśmy.

W tym momencie M. stał się człowiekiem stojącym na skraju no-wego, nieznanego świata, gdzie każdy krok mógł oznaczać albo nowy początek, albo bolesny upadek. W jego oczach dostrzegałam od-zwierciedlenie własnych obaw i nadziei, które towarzyszyły mi, kie-dy po raz pierwszy stawałam przed wyzwaniem macierzyństwa. Jego zmaganie się z tymi uczuciami, tak ludzkimi i kruchymi, sprawiało, że jego postać nabrała nowego wymiaru – nie był już tylko silnym mężczyzną, ale kimś, kto odważył się stanąć twarzą w twarz z najbardziej intymnymi obawami i jednocześnie z moimi chłopcami.

Artur wpadł do domu, a jego małe stopy uderzały o podłogę z siłą gromu, lecz jego spojrzenie nie zatrzymało się nawet na chwilę na postaci M. skręcającej się ze strachu na środku kuchni. Dziecięca dusza, pełna tajemnic i niepokojów, skierowała się prosto w głąb domu, ku schodom, które wydawały się w tym momencie jak góra do zdobycia. Głowa Artura była skierowana w dół, ukryta pod kapturem jak skarb zakopany w głębi ziemi.

Wbiegał po schodach, które skrzypiały pod ciężarem niewypowiedzianych emocji. Każdy krok Artura był jak wspinaczka po ścieżce niewyjaśnionych uczuć, gdzie każdy stopień symbolizował kolejną warstwę jego wewnętrznego świata. Ten bieg w górę był nie tylko ucieczką od obecności obcego, ale i odłamkiem jego świata, gdzie każde piętro wydawało się kolejnym rozdziałem w księdze jego młodego życia.

W miarę jak się oddalał, jego kroki zamieniały się to w echo dzieciństwa, które walczyło ze światem dorosłych, to w echo serca bijącego w rytmie niepewności. Z każdym krokiem, który Artur stawiał na schodach, zanurzał się coraz głębiej w swoje królestwo samotności i tajemnic, pozostawiając mnie i M. gdzieś na zewnątrz swojego świata.

Gdy dotarł na szczyt, zniknął w drzwiach swojego pokoju, pozostawiając za sobą ciszę, która opadła na nas jak kurtyna po dramatycznym akcie w teatrze życia. Jego rozmyślna ucieczka była niczym niewypowiedziane pytanie, które wisi w powietrzu, pozostawiając mnie i M. w poszukiwaniu odpowiedzi, której oczywiście nie znaliśmy.

M. spojrzał na mnie blady. Wzruszyłam ramionami. Co miałam odpowiedzieć? Dla mnie było oczywiste, że Artur będzie miał od początku negatywne nastawienie do naszego związku. Jego młode serce zostało zduszone przez dym słów wypowiadanych w przeszłości przez jego ojca i resztę rodziny. Każde z nich niczym igła tkwiło w delikatnym płótnie jego duszy. M. był dla niego intruzem. Był niczym obcy ptak próbujący wedrzeć się do gniazda, które już raz zostało porzucone.

Jednak M., w swojej niezwykłej mądrości i intuicji, nie próbował zmuszać Artura do akceptacji. Nie tkwił przy nim niczym niecierpliwy ogrodnik, który usiłuje zmusić pąk do rozkwitnięcia. Zamiast tego, był jak cierpliwy strumień, który powoli, ale nieubłaganie kształtuje kamień leżący w jego nurcie, bez pośpiechu, bez nadmiaru siły, subtelnie, niemal niezauważalnie.

Dni mijały, a każdy z nich był jak kolejna kropla deszczu w upalny dzień – niepozorna, ale niezbędna. M. nie forsował żadnych spotkań, nie narzucał swojej obecności. Był po prostu sobą – cichym obserwatorem, gotowym do podania ręki, kiedy tylko Artur będzie gotowy, aby ją przyjąć.

Pewnego dnia, gdy jesień malowała świat w odcienie złota i czerwieni, Artur zapytał M., czy zagrają razem w grę. M. spojrzał na mnie, jego oczy lśniły jak gwiazdy w ciemności, a uśmiech był niezwykle ciepły.

– Oczywiście, chętnie zagram – odpowiedział, kiwając głową.

I tak to się zaczęło. Gra po grze, rozmowa po rozmowie, śmiech Artura i M. stawał się coraz głośniejszy, a ich relacja rosła niczym roślina podlewana wspólnymi chwilami. M. okazał się być mistrzem opowieści – wciągających, intrygujących – a chłopiec słuchał z zapartym tchem, jakby każde słowo było zaklęciem.

W końcu pewnego wieczoru Artur podszedł do M. i z nieśmiałością charakterystyczną dla dzieci przytulił się do niego. Był to gest prosty, ale pełen znaczenia. Od tamtego momentu ich relacja stała się jeszcze głębsza. Artur nie tylko polubił M., ale zaczął go traktować jak kogoś bliskiego, jak kogoś, komu można zaufać. Ich wspólne chwile były jak obrazy malowane przez Leonida Afremova – pełne barw i życia.

M., którego obecność początkowo była niczym cień wśród światła, teraz stał się integralną częścią naszego życia, jak słońce, które nie tylko oświetla, ale i ogrzewa. Zrozumiałam, że czasem to, co wydaje się najtrudniejsze do przekroczenia, jest tylko cienką linią, którą można łatwo przeskoczyć, mając obok siebie kogoś, kto prowadzi nas przez mroki niepewności.

Z Adamem sytuacja układała się zupełnie inaczej. Mój najstarszy skarb zawsze czuł się jak strażnik – zarówno mojego serca, jak i naszego domowego ogniska. Jego młode ramiona dźwigały ciężar odpowiedzialności, który w rzeczywistości był zbyt duży dla dziecka. Adam, jako najstarszy mężczyzna w rodzinie, przyjął na siebie rolę obrońcy, chociaż jego jedyną bronią było młode serce i wytrwałość.

Wcześniej, gdy tylko wspomniałam o randce, brwi Adama marszczyły się jak fale w czasie burzy, a oczy błyszczały niepokojem.

– Mamo, nie musisz nigdzie wychodzić – mówił z silną determinacją, która była równie wzruszająca, co przerażająca. – Ja będę dbał o nas. Nie potrzebujesz nikogo innego.

Jego słowa były jak mur, który próbował zbudować wokół mnie, chcąc ochronić swoją matkę przed światem, który już nieraz sprawił jej ból. Każde jego „Nie idź!", było jak cegła w murze troski i strachu.

Kiedy M. pojawił się w naszym życiu, Adam patrzył na niego z mieszanką nieufności i ciekawości. Jego młode oczy, pełne pytań, badały M. jak zagadkę, która musiała zostać rozwiązana.

M., zawsze cierpliwy, odpowiadał uśmiechem na wszelkie wątpliwości Adama. Ten jednak był jak dozorca przy bramie – nieugięty i czujny. W jego młodym umyśle troska o mnie i strach przed kolejnym rozczarowaniem splatały się w skomplikowany węzeł. Jednak z czasem, gdy Adam obserwował, jak M. mnie traktuje – z szacunkiem, ciepłem, a przede wszystkim cierpliwością – zaczął powoli rozplątywać ten węzeł. Z każdym dniem jego spojrzenie stawało się mniej podejrzliwe, a słowa mniej ostre.

Pewnego wieczoru, gdy siedzieliśmy wszyscy przy wspólnej kolacji, Adam nagle zapytał:

– Czy ty naprawdę dbasz o mamę?

Jego głos był miękki, ale wciąż wypełniony ostrożnością.

M. spojrzał mu prosto w oczy, a jego odpowiedź była prosta i szczera:

– Tak, dbam o nią bardziej, niż o kogokolwiek innego na świecie.

W tych słowach było coś, co naprawdę dotarło do Adama. Być może było to pierwsze światło, które przebiło się przez mur jego nieufności. Od tamtego momentu coś zmiękło w jego postawie, jakby zrozumiał, że nie musi już dźwigać całego ciężaru świata na swoich młodych barkach.

Adam zaczął pozwalać sobie na bycie dzieckiem, a M. stał się nie tylko moim partnerem, ale i ważną postacią w życiu moich synów – stał się kimś, kto nie tylko wnosił radość i bezpieczeństwo, ale i pozwalał im na chwile zapomnienia, na chwile beztroskiego dzieciństwa.

Życie z M. było jak odrodzenie po długiej, mroźnej zimie. Jego obecność w moim życiu stała się blaskiem, który rozproszył mroki depresji, w którą wpędził mnie mój były mąż. W jego ramionach znalazłam nie tylko schronienie, ale i siłę do ponownego odkrywania siebie.

Depresja, która mnie osaczyła po rozwodzie, była niczym ciemny, nieprzenikniony las, w którym każde drzewo było obciążone wspomnieniami bólu i zdrady. M., z nieskończoną cierpliwością i zrozumieniem, stał się moim przewodnikiem przez te zarośla smutku, pomagając mi odnaleźć ścieżkę powrotną do światła.

Nigdy nie zapomnę jednego wieczoru, gdy siedzieliśmy w parku, patrząc w gwiazdy. Powietrze było przepełnione zapachem kwitnących kwiatów, a cisza nocna była jak balsam na moje zszargane nerwy. Wtedy M. spojrzał na mnie i powiedział:

– Wiesz, że jesteś silniejsza, niż myślisz? Każdego dnia podziwiam cię za to, jak walczysz ze swoimi demonami.

Jego słowa były jak deszcz na spaloną ziemię mojej duszy. W tym momencie zdałam sobie sprawę, że M. nie tylko mnie wspierał, ale też pokazał mi, jak mogę znów pokochać siebie.

Jego miłość była jak łagodny dotyk, który uspokajał burze w moim sercu. Z każdym dniem czułam, jak staję się silniejsza, jak zaczynam znowu cieszyć się życiem. Jego obecność była jak kotwica, która utrzymywała mnie w bezpiecznym porcie, kiedy fale przeszłości próbowały mnie znowu porwać.

M. nigdy nie próbował zastąpić mojego byłego męża ani wymazać wspomnień, które z nim miałam. Zamiast tego, pomagał mi budować nowe, piękniejsze wspomnienia, które z czasem zaczęły zacierać te stare, bolesne.

Nawet w chwilach, w których moje demony depresji próbowały powrócić, trwał przy mnie niczym najwierniejszy strażnik, niczym anioł.

– Nie jesteś w tym sama – mówił wtedy, a jego głos był pełen determinacji i miłości. – Jestem tu dla ciebie. Jestem i będę zawsze... Z M. moje życie znów nabrało barw. Jego miłość pomogła mi odnaleźć radość, która wydawała się już dawno utracona. Każdy dzień spędzony z nim był jak kolejny krok na drodze do uzdrowienia, jak nowa nuta w symfonii szczęścia, która zaczęła grać w moim sercu.

W moim życiu zapanowała nowa harmonia, niczym delikatna muzyka grająca w tle spokojnego dnia. Praca, która kiedyś wydawała mi się ciężarem, teraz była jak łódź, unosząca mnie na falach codzienności. Cudowny związek z M. był jak światło, które otulało każdy mój dzień, nawet ten najbardziej pochmurny.

Dzieci, które pokochały M., dopełniały tego obrazu. Ich śmiech i rozmowy z nim były niczym eksplozje szczęścia, które wprowadzały radość w każdy zakątek naszego domu. Adam, kiedyś tak podejrzliwy, teraz często siadał z M. do gry w szachy, a ich pojedynki intelektów były niczym fascynujące spektakle, w których każdy ruch miał swoją wagę. Artur zaś, niegdyś nieśmiały i wycofany, teraz z ufnością szukał przy M. wsparcia i towarzystwa.

Pewnego wieczoru, gdy wszyscy razem siedzieliśmy przy kolacji, zdałam sobie sprawę, jak bardzo zmieniło się moje życie.

– Spójrzcie – zaczęłam, patrząc na moich synów i na M. – Jak piękne może być życie, gdy się otworzy na nowe możliwości!

Adam, z uśmiechem pełnym ironii, odpowiedział:

– Kto by pomyślał, że znowu zobaczymy mamę tak szczęśliwą.

Jego słowa, choć lekko sarkastyczne, były pełne ciepła i akceptacji. M., chwytając mnie za rękę, powiedział:

– Twoje szczęście jest moim szczęściem.

Tak, wiem, było to może banalne, ale i tak poruszyło we mnie każdy skrawek wrażliwości.

Każdy dzień był jak kolejny krok na ścieżce do pełnego szczęścia. Świat, który kiedyś wydawał się pełen niepewności i bólu, teraz był jak ogród pełen kwiatów i śpiewu ptaków. Z M. odkryłam na nowo, że szczęście nie jest tylko chwilowym uczuciem, ale jest stanem, który można pielęgnować i rozwijać.

W naszym domu, gdzie kiedyś panowała cisza i niepewność, teraz było ciepło i radośnie. Każdy wieczór spędzony razem był jak małe święto, celebrowane z wdzięcznością za każdą wspólną chwilę. Moje życie, które kiedyś było jak zagubiona melodia, teraz grało radosną symfonię szczęścia.

Po roku, który minął niczym krótka, ale urzekająca piosenka pełna radosnych akordów i delikatnych, wzruszających tonów, ja i M. przystanęliśmy na kolejnej stacji naszej wspólnej podróży. Decyzja o zamieszkaniu razem nie była tylko zwykłym aktem przeniesienia rzeczy z jednego miejsca do drugiego. Była to decyzja o splataniu naszych ścieżek, niczym dwie rzeki, które łączą się, tworząc potężny nurt.

Pewnego wieczoru, gdy siedzieliśmy w blasku świec, otuleni ciszą, która była pełna niewypowiedzianych słów, M. złapał moją dłoń i powiedział:

– Czy nie sądzisz, że nadszedł czas, żebyśmy stworzyli wspólny dom?

Jego słowa były jak delikatny dotyk wiatru na mojej skórze. Zamyśliłam się na moment, patrząc na płomień świecy, który tańczył niczym mały duch, zwiastujący nowy początek.

– Tak, właśnie tak sądzę – odpowiedziałam, a moje serce zabiło szybciej na myśl o tym nowym rozdziale wspólnego życia.

Ta właśnie rozmowa – krótka, ale niezwykle treściwa – sprawiła, że kupiliśmy przepiękny dom. Był on jak z marzeń i nie tylko dlatego, że był nasz wspólny, istotnie był niczym kadr wyjęty z najpiękniejszych snów. Z jego okien rozciągał się widok na malowniczy krajobraz, a każdy kąt budynku był jak strona z bajki, napisanej specjalnie dla nas.

Proces przeprowadzki był niczym malowanie wspólnego obrazu, gdzie każdy przedmiot, który wnosiłam, był pociągnięciem pędzla na płótnie naszego życia. Każdy wazon, obraz, czy kubek, który ustawiałam na półkach, był niczym dodawanie kolejnych detali do tego obrazu. M., z jego charakterystyczną cierpliwością, jak rzeźbiarz, który kształtuje swoje dzieło, delikatnie układał moje książki na nowych półkach, traktując każdy mój przedmiot z szacunkiem i uwagą.

W międzyczasie Adam i Artur biegali wokół niezwykle podekscytowani. Ich śmiech i okrzyki dodawały nam energii do działania.

– Mamo, zobacz, jaki wielki jest ten ogród! – wołał Artur, a jego oczy błyszczały niczym gwiazdy.

Adam, choć starał się zachować powagę starszego brata, również nie krył swojego entuzjazmu.

– Czy mogę zająć ten pokój na górze? – zapytał, wskazując na pokój z najlepszym widokiem.

Gdy w końcu wszystko było na swoim miejscu, stanęłam w progu naszego nowego domu i spojrzałam na M. Jego oczy błyszczały szczęściem, a jego uśmiech był jak obietnica pięknej przyszłości.

– Wygląda jak magiczny – powiedziałam, patrząc na migoczące światło odbijające się od okien.

M. zaśmiał się.

– Magiczny dla nas, moja droga – mruknął – To nasz mały raj na ziemi – po czym objął mnie czule i dodał. – Jesteśmy teraz jak drzewo. Korzenie naszych oddzielnych losów rozrosły się i splotły, tworząc silny, zdrowy pień.

Spodobało mi się to porównanie. Zrozumiałam, że ten krok, który początkowo wydawał się tak prosty, był w rzeczywistości wielkim skokiem w nieznane. Wiedziałam jednak, że damy radę.

Wieczorem, usiedliśmy razem w salonie, otoczeni kartonami i nierozpakowanymi jeszcze rzeczami. M. wyciągnął butelkę wina, którą zachował na tę okazję.

– Wznoszę toast – powiedział, podnosząc kieliszek. – Za nas, za nasze gniazdko i za wszystkie cudowne chwile, które są przed nami.

Jego toast był niczym zaklęcie, które miało chronić naszą wspólną przyszłość w tym miejscu. Poczuliśmy, że rozpoczynamy nowy rozdział życia – pełen obietnic i nadziei.

– Czegóż chcieć więcej? – zastanawiałam się pewnego wieczoru, siedząc na tarasie i patrząc w gwiazdy.

Wtedy M., który siedział obok, z zadumą w głosie zapytał:

– A co powiesz na dodanie jeszcze jednego małego członka do naszej rodziny?

Jego słowa wstrząsnęły mną niczym delikatne fale na spokojnym jeziorze. Myśl o wspólnym dziecku, małej cudownej istotce, która scali wszystkie elementy naszego życia w jedną całość, była po prostu wspaniała.

– Chcesz powiedzieć... – zaczęłam, a moje serce biło szybciej.

– Tak, właśnie to chcę powiedzieć. Myślę, że jesteśmy gotowi na to, aby nasza miłość zaowocowała nowym życiem – stwierdził M., a w jego oczach widziałam iskrę ekscytacji.

Ta myśl o wspólnym dziecku była jak nowa gwiazda na naszym niebie – jaśniejąca, jak pełne przyrzeczenia światełko w tunelu życia. Rozmowa o możliwości powiększenia rodziny stawała się coraz częstszym tematem naszych wieczornych pogawędek. Wizja stworzenia życia z miłości, którą dzieliliśmy, była niczym cudowny sen, który miał szansę stać się rzeczywistością.

Pozostało jeszcze wysondować chłopaków. Kiedy podzieliłam się z nimi pomysłem o nowym rodzeństwie, reakcja Adama i Artura była mieszana. Adam, zawsze ostrożny, zapytał:

– Czy to znaczy, że będziesz miała dla nas mniej czasu?

– Ależ skąd! – Pokręciłam głową. – To znaczy, że naszą miłością i radością będziemy się dzielili z jeszcze jedną osobą.

Artur, z nieukrywaną radością w głosie, wykrzyknął:

– Będę miał młodszego brata!

– Albo siostrę! – zauważył nie bez złośliwości Adam.

W myślach już widziałam, jak witamy to nowe życie, nasze wspólne dziecko, które stanie się mostem łączącym nas wszystkich jeszcze mocniej.

Gdy dowiedziałam się o ciąży, mój świat na chwilę znieruchomiał, niczym scena zatrzymana w kadrze. To odkrycie było jak promień słońca, który przebił się przez chmury, niosąc ze sobą nowe życie i nadzieję. W moim sercu zakwitł ogród pełen radości, a każda myśl o dziecku, które rosło we mnie, była jak delikatny pąk, powoli rozkwitający na wiosnę.

Wiedziałam, że muszę podzielić się tą nowiną tylko z M., nim świat dowie się o naszym małym cudzie. Położyłam malutkie buciki na poduszce i czekałam na jego reakcję, gdy się obudzi. Gdy podniósł głowę, oczy zalśniły mu niczym gwiazdy na nocnym niebie, a uśmiech rozjaśnił całe pomieszczenie.

– M., będziemy mieli dziecko – wyszeptałam, patrząc mu głęboko w oczy.

Objął mnie tak mocno, jakby próbował objąć cały świat.

– To jest najlepsza wiadomość, jaką kiedykolwiek usłyszałem – powiedział, a jego głos drżał ze wzruszenia.

W moim sercu zrodziła się melodia pełna nadziei i radości. Każdy dzień ciąży był jak kolejna nuta w tej pieśni, która opowiadała historię naszej miłości i nowego życia, które razem tworzyliśmy. Czułam się jak kwiat, który powoli rozkwita, wydając na świat owoc najprawdziwszej miłości.

Wenecja, miasto, gdzie historia splata się z magią, była scenerią, w której zdecydowaliśmy się ujawnić naszą radosną nowinę. Plac św. Marka, z jego majestatyczną bazyliką i dzwonnicą, które górowały nad tłumem, był miejscem naszego objawienia.

Siedząc przy stoliku w jednej z kawiarni, otoczeni przez gwar tłumu i odgłosy kołyszących się gondol, czuliśmy, że miejsce jest równie spektakularne, jak nasze wieści.

Plac był niczym scena teatralna – gołębie tworzyły choreografię w powietrzu, a słońce oświetlało starożytne mury, nadając im złoty blask. Wokół nas życie toczyło się swym rytmem, niczym wieczny oddech miasta na wodzie.

– Chłopcy, musimy powiedzieć wam coś ważnego – zaczęłam, patrząc na Adama i Artura, których twarze były pełne ciekawości. M. złapał moją dłoń, jakby chciał mi przekazać nieco odwagi.

– Jestem w ciąży – wyszeptałam, a gwar i ruch na Placu św. Marka jakby się zatrzymał na moment.

Na twarzach chłopców malowało się zaskoczenie, chociaż przecież mogli się tego spodziewać. Adam, zwykle tak opanowany, otworzył szeroko oczy.

– Naprawdę? Będziemy mieli rodzeństwo? – wykrztusił w końcu, a w jego głosie dało się wyczuć mieszankę niedowierzania i radości. – W takim razie gratulacje! – dodał z szerokim uśmiechem.

Artur zaś, zawsze bardziej wyrazisty w emocjach, wyskoczył z krzesła i podbiegł, by nas uściskać.

– To ekstra! – zawołał z uśmiechem od ucha do ucha.

Ich reakcje były jak dwa różne akordy w tej samej melodii – jeden zaskoczony i ostrożny, drugi pełen beztroskiej radości. Obaj chłopcy zaczęli zadawać pytania, ich głosy przeplatały się, tworząc harmonię ciekawości i ekscytacji.

– Kiedy? Jak? Czy będzie chłopiec, czy dziewczynka? – pytania sypały się jak perły z rozerwanego naszyjnika. M. i ja śmialiśmy się, odpowiadając.

– Wszystko w swoim czasie – mówiłam, patrząc na nich z miłością.

Ta chwila na Placu św. Marka stała się dla nas nie tylko symbolem miłości i radości z nadchodzącego życia, ale również symbolem jedności naszej rodziny. W tym magicznym miejscu, wśród historycznych budynków i zatłoczonych kanałów nasza rodzina zyskała nowy wymiar. To był początek nowego, wspaniałego rozdziału w naszej wspólnej opowieści. Niestety, był to także początek czegoś zupełnie innego.

ROZDZIAŁ 17

Gdy zaszłam w ciążę z Sarą, uznaliśmy to z M. za znak opatrzności. W jednej chwili nasze życie nabrało nowego, głębszego sensu, jakby wszystkie drogi, którymi podążaliśmy, prowadziły nas właśnie do tego momentu. Było to ukoronowanie naszej miłości, jej dopełnienie, jakby Sara stała się brakującym elementem, który uczyni nas pełniejszymi.

Dziecko, które nosiłam pod sercem, było dla mnie symbolem największej i najszczerszej miłości, jaka może istnieć między kobietą a mężczyzną. Sara była dla nas wszystkim – była uosobieniem naszych marzeń, nadziei i pragnień. Każdego dnia, gdy budziłam się rano, czułam jej obecność niczym delikatne trzepotanie skrzydeł motyla w moim wnętrzu. To uczucie było jak ciepły promień słońca, który przenikał mnie od środka, napełniając radością i spokojem.

Wiedziałam, że gdy w przyszłości codziennie będę patrzyła w jej oczy, zobaczę w nich potwierdzenie tego, że ja i M. zostaliśmy dla siebie stworzeni. W jej spojrzeniu będzie odbijać się nasza miłość, nasze wspólne chwile i marzenia. Czułam, że każdy dzień, każda chwila, kiedy mogłam wyobrażać sobie jej przyszłość, była błogosławieństwem. Wyobrażałam sobie, jak będzie wyglądała, jakie będzie miała włosy, uśmiech, jak będą błyszczały jej oczy, gdy będzie wreszcie odkrywała świat.

Ciąża była dla nas okresem pełnym ekscytacji i oczekiwania. M. często kładł rękę na moim brzuchu, jakby chciał poczuć bliskość naszej córeczki, jakby chciał już teraz z nią rozmawiać, opowiadać jej o świecie, który na nią czeka. Było to uczucie nie do opisania – połączenie nadziei, miłości i niecierpliwości. Codziennie czułam, że nasza miłość staje się silniejsza, że Sara z każdym swoim ruchem, z każdym delikatnym kopnięciem, przypomina nam, jak wielkie szczęście nas spotkało.

Nieprzypadkowo oznajmiliśmy chłopcom o mojej ciąży w Wenecji. Chciałam, żeby w tamtej chwili wszystko było naprawdę wyjątkowe, a tamto miasto było do tego najlepszym miejscem. Widok ich roześmianych twarzy, błyszczących oczu i niekończących się pytań o siostrzyczkę był dla nas największą nagrodą. Wiedziałam, że Sara będzie miała w nich najlepszych opiekunów, że będą jej towarzyszyć na każdym kroku, będą chronić ją i kochać tak samo mocno, jak my.

Czułam, że nasze życie jest pełne magii i obietnic. Byliśmy najszczęśliwszymi ludźmi pod słońcem, jakby cały świat ugiął się pod ciężarem naszych marzeń. Żyliśmy w świecie pełnym kolorów, zapachów i dźwięków, które tworzyły melodię naszego szczęścia. Urządzaliśmy pokój dla Sary, śmiejąc się przy tym i marząc o przyszłości. Każdy zakup, każdy drobiazg, który dodawaliśmy do jej pokoju, był jak cegiełka budująca nasz wspólny świat. Kolory, zapachy, tekstury – wszystko to tworzyło mozaikę naszych marzeń. Nie musiałam zamykać oczu, by wyobrazić sobie, jak Sara biega po tym pokoju, jak jej śmiech odbija się echem od ścian.

Wieczorami, gdy chłopcy już spali, ja i M. siadaliśmy razem na kanapie, pozwalając myślom unosić się w marzeniach o przyszłości naszej córeczki. Były to chwile pełne magii, gdy nasze serca biły jednym rytmem, a nasze umysły tworzyły obrazy tak żywe i kolorowe, jak najpiękniejsze sny.

M. trzymał mnie w ramionach, a ja czułam jego ciepło, które przenikało moje ciało na wskroś. Jego głos, delikatny i pełen czułości, wprowadzał mnie w stan błogiego spokoju. Marzyliśmy o Sarze, o jej przyszłości, o tym, kim się stanie, gdy dorośnie.

– Myślisz, że będzie miała twoje oczy? – zapytałam cicho, patrząc na jego profil oświetlony delikatnym światłem lampy.

– Może. Ale bardziej chciałbym, żeby miała twój uśmiech – odpowiedział, gładząc mnie po policzku.

– Bez względu na to, jaki będzie miała uśmiech, jestem pewna, że zawsze będzie rozpraszał ciemność – stwierdziłam, zamykając oczy i próbując to zobaczyć w dalekiej przyszłości.

Często wyobrażaliśmy sobie, jak będzie wyglądała Sara, jakie cechy odziedziczy po nas. Myślałam o jej włosach, które mogłyby być podobne do moich. Wyobrażałam sobie jej małe rączki, delikatne paluszki, którymi będzie chwytała świat.

– Zastanawiam się, jakie będzie miała zainteresowania – powiedział M., bawiąc się moimi włosami. – Może będzie uwielbiała książki, tak jak ty?

Może też zakocha się w Dantem jak mamusia?

– A może będzie artystką, malującą obrazy pełne kolorów i emocji – dodałam z entuzjazmem w głosie.

Te wieczorne rozmowy były jak podróże w przyszłość, pełne nadziei i oczekiwania. Marzyliśmy o pierwszych krokach Sary, o jej pierwszych słowach, o jej pierwszym dniu w szkole. Każde takie wyobrażenie było jak klejnot, który dodawaliśmy do skarbca naszych dusz i marzeń.

– Myślisz, że będzie lubiła muzykę? – zapytałam kiedyś, słysząc w oddali dźwięki naszej ulubionej piosenki.

– Na pewno. Będzie miała twoją wrażliwość na piękno – odpowiedział M., ściskając mnie mocniej.

Marzenia o przyszłości Sary były dla nas jak kompas, który wskazywał kierunek naszego życia. Każda wizja, każde wyobrażenie było pełne miłości i troski. Wyobrażałam sobie, jak Sara dorasta, jak staje się młodą kobietą, pełną pasji i energii. Czułam, że jej obecność w naszym życiu będzie niczym błogosławieństwo, które uczyni naszą rodzinę spełnioną.

– Ciekawe, kim zostanie, gdy dorośnie – zastanawiał się M., patrząc w dal.

– Może lekarzem, pomagającym ludziom albo naukowcem, odkrywającym tajemnice świata – odpowiedziałam z nadzieją w głosie – A może będzie poetką, piszącą o pięknie i miłości – dodałam, próbując opanować wzruszenie.

Czułam, że przyszłość jest pełna obietnic i możliwości. Każdy dzień zbliżał nas do momentu, kiedy w końcu będziemy mogli powitać naszą córeczkę na świecie. Niecierpliwiliśmy się okropnie i niemal każdego wieczoru snuliśmy kolejne marzenia, które były dla nas jak najpiękniejsze melodie, niosące nas przez życie i ułatwiające oczekiwanie.

Termin porodu wypadał w okolicach trzydziestych urodzin M. Było to, jak zrządzenie losu, które nadawało naszej historii jeszcze głębszy sens. Sara miała być dla M. cudownym, najwspanialszym prezentem, jakby całe życie prowadziło go do tego momentu. Czułam, że to nie mogło być przypadkowe – każde nasze spojrzenie, każda myśl, każdy uśmiech kierowały nas w stronę tego dnia, który miał zmienić wszystko.

Dla mnie było to symboliczne. Wierzyłam, że nic nie dzieje się bez przyczyny, że los tka nasze życia z najdelikatniejszych nici, splatając je w skomplikowany wzór pełen znaczeń. Termin narodzin Sary i urodzin M. wydawał się częścią tego wzoru, ukrytym w sercu wszechświata sekretem, który teraz miał się ujawnić. Wyobrażałam sobie tę radość, którą ujrzę w oczach M., gdy po raz pierwszy zobaczy swoją córeczkę. Byłam pewna, że lepszego prezentu nie mógłby dostać, że ten dzień będzie wyjątkowy, pełen magii i niewyrażalnego szczęścia. Kupiłam nawet spersonalizowane ubranko z życzeniami dla tatusia od córeczki Sary, w które personel medyczny miał ubrać naszą małą dziewczynkę zaraz po urodzeniu.

Wyobrażałam sobie, jak M. bierze ją w ramiona, jak jego oczy rozświetlają się miłością i dumą.

Każdy ruch Sary w moim brzuchu był jak delikatne muśnięcie skrzydeł anioła, przypominające mi o bliskości tego wyjątkowego dnia.

Czułam, że jesteśmy na progu czegoś wielkiego, czegoś, co odmieni nas na zawsze. Sara miała być naszą gwiazdą przewodnią, światłem, które będzie nas prowadzić przez życie.

Termin porodu zbliżał się nieubłaganie, a ja z każdym dniem czułam coraz większą radość i napięcie. Wiedziałam, że to będzie wyjątkowy dzień, pełen miłości i szczęścia. Byłam gotowa na wszystko, co przyniesie przyszłość, z wiarą, że nasza miłość jest silniejsza niż kiedykolwiek. Sara miała być naszym najcenniejszym skarbem, a jej narodziny – najpiękniejszym prezentem, jaki moglibyśmy sobie wymarzyć. I była prezentem na urodziny M. Najlepszym!

W końcu nadszedł ten upragniony dzień – termin wyznaczonego porodu. Z samego rana miałam ostatnią wizytę u mojej pani ginekolog. To był dzień pełen oczekiwania, w którym radość i nadzieja mieszały się z delikatnym niepokojem, typowym dla każdej matki przed narodzinami dziecka. Świat wydawał się świecić jaśniej, a powietrze było przesiąknięte zapachem kwitnących kwiatów, jakby cała natura świętowała z nami ten wyjątkowy moment.

W gabinecie pani ginekolog panowała spokojna atmosfera, jakby było to miejsce odcięte od wszelkich zmartwień i problemów. Leżałam na kozetce, patrząc na ekran, na którym miało się pojawić ostatnie przed narodzinami USG naszej Sary. Czułam, jak serce bije mi szybciej, wypełnione mieszanką ekscytacji i lekkiego niepokoju.

Pani ginekolog zaczęła badanie. Jej twarz była skupiona, a dłonie pewne i delikatne. Na początku wszystko wydawało się w porządku, lecz nagle jej wyraz twarzy się zmienił. Zamarła na chwilę, patrząc intensywnie na ekran, a potem spojrzała na mnie z przerażeniem w oczach, po czym wyszeptała zszokowana:

– Przykro mi, serduszko dziecka przestało bić.

Te słowa uderzyły we mnie z siłą huraganu.

Poczułam, jak serce mi pęka i rozpada się na milion kawałków.

Świat wokół mnie się zatrzymał, a ja, oszołomiona, nie mogłam uwierzyć w to, co właśnie usłyszałam. W moich uszach rozbrzmiewało jedynie echo tych strasznych słów, które odbierały mi tlen.

– Jak... Jak to możliwe? – zdołałam wydusić z siebie, łapiąc desperacko powietrze.

Lekarka, wyraźnie poruszona, opuściła wzrok, a jej głos drżał, wibrował bezradnością, gdy odpowiadała:

– Nie wiem, co mogło się stać. Wszystko wydawało się w porządku...

Jej zagubienie tylko pogłębiało moją rozpacz.

Wszystko wokół mnie nagle straciło sens, jakby cały świat zgasł i pozostawił mnie w ciemności. To był najgorszy dzień w moim życiu. Moje myśli były jak rozbite szkło, ostry i nieuporządkowany chaos, który przenikał mnie do głębi. Czułam, jakby całe moje ciało zostało zamknięte w lodowej klatce, a każda próba poruszenia się tylko zwiększała ból.

Słowa pani ginekolog odbijały się echem w mojej głowie, nierealne, jakby pochodziły z innego świata. Serduszko dziecka przestało bić. Nie mogłam tego zrozumieć, nie mogłam przyjąć do wiadomości, że nasze marzenia i nadzieje zostały zniszczone w jednej chwili. Sara, nasze ukochane dziecko, nasz cud, miała być tutaj, a teraz wszystko to rozsypało się w proch? To nieprawda!

Czułam pustkę, jakby ktoś wyrwał mi serce i zostawił krwawiącą ranę. Mój umysł nie potrafił pojąć, że to, co miało być najpiękniejszym wydarzeniem w naszym życiu, stało się koszmarem. Ból był nie do opisania, przenikał mnie na wskroś, paraliżując każdą cząstkę mojego ciała.

Siedziałam w gabinecie zrozpaczona, niezdolna do jakiegokolwiek ruchu. Mój świat legł w gruzach, a ja czułam, że nigdy już nie będę taka sama. Wszystkie plany, wszystkie marzenia, wszystko, co budowaliśmy przez te miesiące, zniknęło w jednej chwili.

Wyszłam z gabinetu jak w transie, nie zdając sobie sprawy z otaczającego mnie świata. Ludzie, którzy mijali mnie na korytarzu, byli jak cienie, a ich twarze rozmywały się w świecie, który stał się nieważny. Poruszałam się jak duch w próżni, bez celu i kierunku. Każdy krok wydawał się ponad moje siły, a każdą myśl wypełniał ból.

Dopiero po chwili zrozumiałam, że Sara naprawdę nie żyje. Ta świadomość uderzyła we mnie z siłą cyklonu, przewracając mnie na kolana tam, na tym korytarzu. Ktoś do mnie podbiegł, coś mówił. W odpowiedzi moje ciało drżało, a łzy spływały po moich policzkach, jakby nigdy nie miały się skończyć.

Ten dzień, który miał być najcudowniejszym w naszym życiu, stał się horrorem. Radość zamieniła się w niewypowiedziany ból, a marzenia zostały strzaskane. Sara, nasza ukochana córeczka, która miała wnieść światło do naszego życia, zniknęła, zostawiając nas w mroku.

Jak miałam powiedzieć M., że jego upragnione, wyczekiwane z utęsknieniem dziecko właśnie umarło?! Jak miałam oznajmić mu taką straszliwą nowinę? Moje myśli były jak rozbite lustro, w którym odbijały się fragmenty naszej przeszłości, teraźniejszości i przyszłości, teraz już zniszczonej. Czułam, że cały mój świat rozsypał się w proch, a ja stoję pośrodku ruin, nie wiedząc, jak zebrać się na odwagę, by powiedzieć M. prawdę.

Otumaniona, nieprzytomna wsiadłam do auta i pojechałam do M., żeby nie przekazywać mu tej informacji przez telefon. Chciałam być wtedy przy nim, choć nie miałam pojęcia, jak sobie z tym poradzimy. Każdy kilometr, który dzielił mnie od domu, był jak wieczność, a każda mijająca minuta wydawała się wyrokiem, który coraz bardziej zacieśniał pętlę bólu wokół mojego serca.

Do dziś nie wiem, jak dojechałam do M. Byłam jak automat, prowadzący samochód bez świadomości otaczającego świata. Droga była dla mnie jedynie rozmazanym tłem, a myśli kotłowały się w mojej głowie, nie dając mi chwili wytchnienia. Czułam, jakbym dryfowała w bezkresnym oceanie rozpaczy, bez kompasu i nadziei na odnalezienie brzegu.

Gdy w końcu dotarłam do domu, zobaczyłam M. czekającego na mnie z uśmiechem na twarzy. Jego radość była jak nóż zatapiany powoli w moje serce, przypominający mi o tym, co straciliśmy. Czułam, że nie mam siły, by spojrzeć mu w oczy, by wydobyć z siebie te straszliwe słowa. Jego uśmiech, pełen nadziei i miłości, był dla mnie jak przypomnienie o wszystkim, co miało być, a co teraz było nieosiągalne.

– Co się stało? – zapytał, widząc moje łzy i twarz pełną bólu.

Z trudem podniosłam na niego wzrok. Moje usta poruszyły się bezdźwięcznie. Próbowałam znaleźć słowa, które mogłyby wyrazić mój ból, naszą stratę, ale wszystkie wydawały się takie nieodpowiednie, niewystarczające. Każde słowo, które chciałam wypowiedzieć, kruszyło się jak lód.

– Sara… – wyjąkałam w końcu. – Sara… nie żyje.

Jego twarz zmieniła się w jednej chwili. Pokryło ją szczelnie przerażenie. Patrzył na mnie, jakby nie mógł zrozumieć, co właśnie usłyszał. Jego oczy, przed chwilą pełne radości i nadziei, teraz były puste, jakby ktoś zgasił w nich światło.

– Jak to… nie żyje? – wyszeptał, a jego głos łamał się pod ciężarem rozpaczy.

Nie mogłam znaleźć słów, aby wyjaśnić, by opisać to, co czułam.

Byłam jak rozbita skorupa, z której wylewały się łzy i ból. Próbowałam do niego podejść, żeby go objąć, ale moje nogi były jak z waty. Mogłam tylko stać, chwiejąc się.

– Jej serduszko przestało bić – wyjąkałam znowu, a moje słowa były jak zimny wiatr, który przeszył nas oboje.

M. zgiął się wpół, jakby dostał cios prosto w brzuch. Jego ciało drżało, a ja widziałam łzy spływające po jego policzkach. Chciałam go pocieszyć, ale nie wiedziałam jak, nie wiedziałam, co mogłabym powiedzieć, by złagodzić ten ból.

Staliśmy tam, trzymając się nawzajem, starając się znaleźć w tym chaosie jakiś sens, jakieś ukojenie. Ale ból był zbyt wielki, a nasze serca zbyt rozbite, by mogły się połączyć w jednej chwili. Byliśmy jak dwa dryfujące statki, które straciły kotwicę, unoszące się na falach bólu i rozpaczy.

Wiedziałam, że ta strata odmieni nas na zawsze, że nasza miłość, choć silna, będzie musiała zmierzyć się z najtrudniejszym wyzwaniem.

Ugrzęźliśmy w złym śnie i nie mogliśmy się obudzić. Rozpacz, która nas ogarnęła, była paraliżująca. Strata dziecka, którego tak bardzo pragnęliśmy, którego pokój już był przygotowany, a jego śmiech już słyszeliśmy w naszych marzeniach, była raną, która nie mogła się zagoić.

Urodziłam naszą martwą kruszynkę. Naszą ukochaną Sarę. Było to, jak przebudzenie się z najpiękniejszego snu w najgorszy koszmar, czy też upadek z nieba prosto w otchłań ciemności. Sala porodowa, która miała być miejscem radości i nowego początku, stała się sceną niewyobrażalnej tragedii.

Gdy pielęgniarki zostawiły mnie i M. samych w sali z naszym aniołkiem, czas jakby się zatrzymał. Patrzyliśmy na Sarę, naszą maleńką córeczkę, która wyglądała tak pięknie, jakby spała, jakby zaraz miała się obudzić i uśmiechnąć do nas. Jej maleńkie paluszki były jak delikatne płatki kwiatów, a śliczna twarz – spokojna, bez żadnego śladu cierpienia.

To była najgorsza ironia losu, patrzeć na to maleńkie ciałko, które miało być pełne życia, a teraz leżało martwe przed naszymi oczyma. Nasze serca pękały, rozpadały się na milion kawałków, a każdy kawałek był pełen żalu i bezradności. Świat przybrał ciemne barwy, wszystko wokół nas wydawało się pogrążone w mroku i smutku. Nie chciałam brać jej w ramiona, wiedziałam, że to mnie zabije. Bałam się, że jeśli ją przytulę, moje serce pęknie na zawsze. M. trzymał mnie za rękę. Patrzyliśmy na Sarę, na nasze marzenia i nadzieje, które teraz stały się tylko cieniem.

W tamtej chwili czułam się tak pusta, jakby całe moje wnętrze zostało wydrążone i pozostawione bez celu. Otaczała nas ciemność, a każda chwila była jak wieczność pełna cierpienia. Wiedziałam, że musimy się pożegnać, ale jak pożegnać kogoś, kogo kochało się ponad życie? Jak pożegnać część siebie, która miała być naszą przyszłością?

Teraz żałuję, że jej nie przytuliłam. Żałuję, że nie wzięłam jej wtedy w ramiona, by chociaż na chwilę poczuć jej obecność. Już do końca życia będę tego żałowała.

Wiedziałam, że nigdy nie zapomnę tej chwili, że będzie ona jak blizna na mojej duszy, która nigdy się nie zagoi. Sara była naszą gwiazdą, która zgasła, zanim zdążyła zaświecić pełnym blaskiem.

Chcieliśmy tyle jej powiedzieć, ale nie potrafiliśmy. Tego też żałuję. Potem wiele razy układałam w zdania słowa, którymi mogłam pożegnać Sarę. Co bym jej powiedziała? Choćby to, że ją kocham. Że tak bardzo chciałam otulić ją swoją miłością. Że zasługiwała na piękne życie, a los ją oszukał, świat ją opuścił...

Sama nie wiem, jakie słowa byłyby najlepsze w takiej sytuacji. Pewnie żadne. Być może najodpowiedniejsza jest cisza...

Świat wokół nas zatonął w ciemności. Byliśmy sami, pogrążeni w bólu, trzymając się nawzajem, starając się znaleźć w tym chaosie choćby skrawek sensu. Ale sensu nie było.

Mówią, że czas leczy rany, ale to nieprawda. Czas nie leczy ran, on po prostu przyzwyczaja nas do życia w bólu. Każdego dnia, od momentu, gdy straciliśmy Sarę, czułam, że żyję w cieniu straty, że każdy oddech, każdy krok jest naznaczony cierpieniem, które nigdy nie ustaje. Było to, jak trwanie w wiecznym mroku, gdzie światło nadziei zostało stłumione przez nieprzeniknioną ciemność rozpaczy. Czas nie miał mocy, by ukoić mój ból, tylko sprawiał, że ten ból stawał się częścią mnie, stawał się nieodłącznym elementem mojego istnienia.

Jeśli długo tkwisz w jakimś stanie, to staje się on twoją drugą naturą. Ból po stracie Sary wtopił się we mnie, stał się nieodłączną częścią mojego życia. Nie zniknął, nie złagodniał, jedynie nauczyłam się z nim żyć, jak z własnym cieniem.

Życie po stracie nigdy już nie będzie takie samo.

Odtąd każdego dnia budziłam się z uczuciem pustki, z rozdzierającym serce wspomnieniem naszej straty. Nie miało to nic wspólnego z leczeniem ran. Ból ciągle był tak samo dotkliwy, tak samo przenikający.

Gdy traci się dziecko, ból jest nie do opisania. Nie da się ująć w słowa, jak głęboka jest ta rana, jak bezkresne jest to cierpienie. To jak utrata części nas samych, jakby kawałek duszy został wydarty z ciała.

Wiem jednak, że Sara nigdy całkiem nie odeszła. Czasami czuję, że jest obok. Jej obecność, choć niematerialna, jest dla mnie pocieszeniem, jak ciepły powiew wiatru w chłodny dzień. Wierzę, że nasza miłość do niej jest wieczna, że jej dusza zawsze będzie z nami. To przynosi mi ukojenie chociaż na chwilę w tej niekończącej się męce.

Sara już na zawsze pozostanie z nami. Nigdy o niej nie zapomnimy. Nigdy.

Kochanie, byłaś naszym marzeniem… Jesteś i będziesz naszą miłością…

ROZDZIAŁ 18

Złamane serce, dusza w rozsypce, a w dłoniach biała róża – tak staliśmy, ja i M., wśród szarości chmur nad małą, białą trumienką. Z każdą kroplą deszczu, która spadała na nasze twarze, spływały także łzy, zlewając się z deszczową kurtyną, ukrywającą nas przed resztą świata. Tak, płakało nawet niebo. Chociaż wokół nas byli najbliżsi, ja i M. czuliśmy, że jesteśmy sami, otoczeni murami rozpaczy, które zbudował stracony aniołek – nasza mała Sara.

Głos księdza, niemal utopiony w naszym łkaniu, niósł słowa pocieszenia, które zderzały się z naszym cierpieniem, nie mogąc się przebić. Wiatr, który poruszał gałęziami drzew, zdawał się jedynym, który rozumie nasz ból, wyjąc żałosną melodię pożegnania.

W tym momencie wypełniała mnie tylko myśl, jak bardzo życie jest kruche i nieprzewidywalne. Jak bardzo to wszystko było bez sensu. Pewna była tylko nietrwałość i koniec wszystkiego. Realny był tylko ból. Prawdziwa była jedynie strata, która nigdy nie powinna mieć miejsca. Jak bardzo życie potrafi być okrutne, zabierając najcenniejsze skarby, zanim jeszcze zdążymy się nimi nacieszyć!

Gdy wracaliśmy do domu z pogrzebu, każdy krok wydawał się niezmiernie ciężki, jakby ziemia pod naszymi stopami stała się bagnem pełnym smutku i rozpaczy. W naszych sercach snuł się strach przed pustką, która teraz zapanowała w naszym życiu. Każdy kąt naszego wspólnego domu, który miał być wypełniony śmiechem i radością Sary, teraz dopadał nas straszliwą ciszą, krzyczał brakiem szczęścia.

Nocą, gdy świat dookoła pogrążał się w ciszy, a my zostawaliśmy sam na sam z naszymi myślami, ból stawał się jeszcze bardziej intensywny. W tych ciemnych godzinach, kiedy rozpacz zdawała się jedynym towarzyszem, szukałam ukojenia w M., który, mimo własnego bólu, starał się być dla mnie wsparciem. Razem milczeliśmy, razem próbowaliśmy znaleźć chwilę ulgi od tego nieznośnego cierpienia.

Po pogrzebie malutkiej Sary, otoczyła mnie jeszcze gęstsza mgła bólu i rozpaczy, przez którą trudno było dostrzec choćby najmniejszy promyk światła. Każdego dnia, budząc się do kolejnej odsłony tego samego koszmaru, ogarniała mnie myśl, że już nigdy nie zdołam się pozbierać, że straciłam nie tylko część siebie, ale i całą wiarę w przyszłość.

I rzeczywiście, nie jestem już tą samą osobą, którą byłam przed śmiercią Sary. Ta tragedia zmieniła mnie w kogoś, kogo ledwo rozpoznawałam, w kogoś, kto nosi w sobie ciężar niewypowiedzianego smutku.

Mój świat wywrócił się do góry nogami, a ja znalazłam się na skraju otchłani, do której spoglądałam każdego dnia, zastanawiając się, czy cokolwiek ma jeszcze sens. Strata Sary wydawała się niemożliwa do udźwignięcia. Czułam, jakbym nosiła w sobie ogromną, niekończącą się pustkę, która pochłaniała każdy promyk światła.

Świat, który kiedyś znałam, przestał istnieć. Otoczyłam się murem bólu tak wysokim, że nie byłam w stanie spojrzeć ponad jego krawędź. Moje życie stało się ciągłą walką z traumą, niekończącym się ciężarem, który musiałam nieść każdego dnia.

W moim sercu zapanowała wieczna zima. Krajobraz mojej duszy pokrył się lodem, a każdy oddech przynosił ból. Śmierć Sary była dla mnie ciosem, którego nie potrafiłam zrozumieć ani zaakceptować.

Zadawałam sobie pytanie, które wykrzyczałaby każda matka na moim miejscu: „Dlaczego moje dziecko?!". Nie znajdowałam odpowiedzi, tylko kolejne pytania, tworzące labirynt, z którego nie mogłam się wydostać. Przekonywałam się za to, że świat jest okrutny. W tym okresie mojego życia każdy dzień był jak powolne tonięcie. Mimo obecności bliskich, czułam się niewidzialna, zagubiona we własnym smutku. Nie wiedziałam, czy kiedykolwiek zdołam się podnieść, czy uda mi się znaleźć drogę powrotną do świata, który zostawiłam za sobą. Moja dusza, przesiąknięta żalem, nie potrafiła znaleźć ukojenia, a ja, skulona pod ciężarem niewypowiedzianego bólu, nie potrafiłam znaleźć w sobie siły, by walczyć o odzyskanie dawnego ja.

Dla M. to także był bardzo trudny okres. Na 30. urodziny umarło mu dziecko, a trzy miesiące później zmarł jego tata. Serce mojego ukochanego wypełniły straty o niewyobrażalnym ciężarze. Jednak się trzymał. Chociaż wiedziałam, że krwawił w środku, nigdy się nie skarżył, nie żalił. Trwał niezłomny, jak skała wśród sztormu, będąc opoką dla nas wszystkich. Nosił w sobie dojrzałość, której pozazdrościłby mu niejeden człowiek z dużym bagażem życia. Myślę, że od niego nauczyłam się, co to znaczy prawdziwa siła. Nie ta, która walczy pięściami, ale ta, która trwa w ciszy, która potrafi przetrwać najcięższe burze. M. był dla mnie przewodnikiem przez pustkowie smutku, pokazując, że nawet gdy światło wydaje się najdalsze, droga przed nami wciąż istnieje. Nie raz i nie dwa chciałam mu wyszeptać do ucha:

– Dziękuję, że jesteś moją siłą.

Niestety, nie potrafiłam. Coś mnie straszliwie blokowało. Bezgraniczny żal i poczucie niesprawiedliwości trzymały mnie mocno w swoich szponach.

Wśród szarości dni, w otchłani bezimiennego cierpienia, znalazłam się uwięziona w labiryncie własnej duszy. Depresja, ta nieproszona towarzyszka, rozsiadła się obok mnie, niczym cień, którego nie mogłam się pozbyć. Pustka, jaka mnie ogarnęła po stracie Sary, była jak czarna dziura pochłaniająca wszelką radość, nadzieję i światło. Nie potrafiłam już z nikim rozmawiać. Czasami nieśmiało toczyłam dysputy z samą sobą, wypowiadając bezgłośnie słowa:

– Jak mogę iść dalej, kiedy wszystko się zawaliło?

– Jak mogę oddychać, gdy mój aniołek nie oddycha? – pytałam, chwiejąc się na krawędzi mojego świata i patrząc w nicość.

– Jak świat może trwać, gdy nie ma już nadziei na choćby promyk słońca? – oburzałam się na wszystko, co istniało.

Czułam, jak każdy dzień przynosi nowe wyzwanie, jak każde słowo, każde spojrzenie wymaga ode mnie wysiłku, którego nie byłam w stanie podjąć. Moje codzienne funkcjonowanie stało się serią mechanicznych ruchów, pozbawionych celu i sensu. Moje relacje z najbliższymi nabrały barwy szarości, w której trudno było odnaleźć cokolwiek oprócz bólu i smutku.

W tej podróży przez mrok, gdzie każdy krok wydawał się większym wysiłkiem niż poprzedni, szukałam drogowskazu, który poprowadziłby mnie z powrotem do światła. Gdzie miałam go znaleźć, jeśli nie w mojej ukochanej „Boskiej komedii". Znowu miałam wrażenie, jakbym sama przemierzała mroczne zakamarki Piekła w poszukiwaniu własnego Raju. I miałam poczucie, że ten Raj ciągle mi ucieka. Wydawało mi się, że droga przede mną jest długa i pełna niepewności. A ja nawet nie miałam wtedy wiary, że dotrę do celu. Wszystko było takie mgliste, niewyraźne! Wracałam więc do lektury Dantego, wierząc, że jednak znajdę tam pocieszenie, które da mi siłę do walki.

Przez dwa długie lata czas jakby stanął w miejscu. Nie byłam w stanie wyjść z domu, jedynie niezbędne wizyty u terapeuty przerywały monotonię dni spędzanych w pokoju. Każda z tych wizyt była jak wyprawa do innego świata, gdzie można było na chwilę oddychać wolniej, nawet jeśli powrót do domu oznaczał ponowne zanurzenie się w otchłań rozpaczy. Terapia, mimo że była jedynie krótkotrwałym ukojeniem, stała się dla mnie jakimś rodzajem mostu, próbą nawiązania kontaktu z rzeczywistością, z którą czułam się tak boleśnie rozłączona.

Ciągła obecność bólu, cierpienia, niechęci do życia, a przede wszystkim nieustanne pytanie „dlaczego?", stały się moją codziennością. Czułam, jakbym utknęła w miejscu, niezdolna do ruchu, podczas gdy reszta świata nieubłaganie pędziła do przodu. Ta przepaść między mną a „normalnym" życiem wydawała się nie do pokonania, a jednak gdzieś głęboko w sobie, zaczynałam rozumieć, że nie mogę spędzić reszty dni, tkwiąc w tej bezkresnej czerni. Musiałam znaleźć sposób, aby na nowo nauczyć się żyć, nawet jeśli każdy oddech kosztowałby mnie zbyt dużo.

Dni mijały, nieodróżnialne od siebie, wypełnione pustką i ciemnością. Jedynie wizyty u terapeuty przynosiły cień zmiany, drobną iskierkę światła w tej ogarniającej mnie ciemności. Tam, w jego gabinecie, mogłam na chwilę zdjąć maskę silnej kobiety i pozwolić, by słowa wypływały prosto z mojego zranionego serca.

– Jak się dziś czujesz? – pytał terapeuta zawsze z tą samą ciepłą nutą w głosie, która sprawiała, że czułam się trochę bezpieczniej.

– Jakbym spędzała kolejny dzień w piekle – odpowiadałam niezmiennie, a moje słowa wibrowały rozgoryczeniem. – Jak mam żyć dalej? – pytałam go ciągle.

– Żałoba to proces – odpowiadał spokojnie. – Nie ma na nią magicznego patentu czy drogi na skróty. Każdy dzień jest walką, ale codziennie, nawet jeśli teraz tego nie widzisz, robisz krok do przodu. Z czasem nauczyłam się mu wierzyć. Trwało to długo, ale coś w końcu we mnie zaskoczyło. Te sesje, chociaż trudne, były jak mały promień światła w tunelu dającym nadzieję, że może kiedyś będę mogła znaleźć drogę do akceptacji i spokoju. Mimo wszystko, były to tylko chwilowe ulgi, które nie mogły zapełnić ogromnej przestrzeni w moim sercu zagarniętej przez poczucie straty.

Życie w tym okresie było jak ciągły marsz przez pustynię, gdzie każdy krok był ogromnym wysiłkiem, a nadzieja na odnalezienie oazy spokoju wydawała się tylko złudzeniem. Apatia i łzy były moimi jedynymi towarzyszkami, a dni, które kiedyś wypełniały radość i śmiech, teraz przemieniły się w niezmierzone cierpienie.

Trzymałam się jednak terapii, bo nie miałam żadnego innego promienia nadziei.

W tamtym trudnym czasie zawsze obok mnie była moja młodsza siostrzyczka, Lidka. Od najmłodszych lat byłyśmy ze sobą bardzo związane… była przy mnie i wtedy. Płakała ze mną… milczała ze mną… Dzieliła mój ból na pół i brała część na swoje barki, bym cierpiała mniej.

– Razem mocniejsze – przypominała nasze motto, gdy codzienność dociskała mnie do granic ostatecznych.

Tak, razem mocniejsze. Zawsze to sobie powtarzałyśmy nawzajem, gdy któraś z nas musiała stawiać czoła jakimś trudnościom. Od razu odnajdowałyśmy w sobie więcej siły. To było jak zaklęcie. Wtedy każda z nas przypominała sobie, że nie jest sama, że zawsze jesteśmy razem. Zawsze! Oprócz tego zaklęcia miałyśmy także naszą wspólną piosenkę. To był przebój zespołu Bajm „Miłość i ja". Towarzyszył nam chyba od zawsze, niemal stanowił tło naszego życia. Gdy tylko pierwsze dźwięki tej piosenki wypełniały przestrzeń, czas jakby zwalniał, a ja tonęłam w głębi emocji, które niosły ze sobą słowa wyśpiewywane przez Beatę Kozidrak. Ta piosenka była jak most łączący mnie z Lidką, mimo odległości, mimo wszystkiego, co nas różniło.

Piosenka rozpoczynała się delikatnie, niemalże szeptem, by powoli rozwijać swoje skrzydła w pełnię emocjonalnej ekspresji. Każda strofa, każdy wers, każda nuta była właśnie o nas – o dwóch siostrach, dwóch biegunach, które łączy trwała więź. „Ona i ja, siostry dwie, bieguny dwa…" – te słowa zawsze przywoływały uśmiech na mojej twarzy, wydobywały wspomnienia, które wiązały nas nierozerwalnie.

„Jej twarz, moja twarz, kolor ust, potęga słów…" – w tych momentach, piosenka zdawała się opowiadać historię naszego życia, naszych radości i naszych bólów.

A kiedy dochodziła do fragmentu „Jak to jest, czuję ból, gdy ona płacze, kiedy płacze", serce ściskały i ból, i miłość. Bo właśnie tak było między nami. Każda łza Lidki była i moją łzą, każdy jej smutek, stawał się moim smutkiem. A mój ból był jej bólem.

Muzyka, płynąc łagodnie, niesiona głosem wokalistki, stopniowo narastała, budując napięcie, które eksplodowało w refrenie, przynosząc ukojenie i równocześnie zaostrzając pragnienie bliskości. Refren był niczym wyznanie, deklaracja siły, jaką czerpałam z naszej siostrzanej więzi.

„I tak dzielę z nią każdy żal i każdy mój błąd, i niepewność, wierząc, że jej siła jest ze mną…" – w tych słowach było wszystko, co chciałam wyszeptać Lidce, wszystko, co między nami niewypowiedziane.

Każde słuchanie tej piosenki było jak podróż do świata, w którym istniałyśmy tylko my dwie, gdzie mogłyśmy być sobą, bez żadnych ograniczeń. Miłość i ja znaczyły tak naprawdę Lidka i ja. To była nasza piosenka, nasz świat, nasza historia.

Gdy było źle po śmierci Sary, Lidka włączała mi tę piosenką i mówiła głosem nieznoszącym sprzeciwu:

– Słuchaj! Otwórz się na te dźwięki. Zanurz się w te słowa. Nie myśl! Płyń z każdą nutą…

I rzeczywiście słuchałam. To także dodawało mi siły. Ona naprawdę wiedziała, jak na mnie wpłynąć. Muszę przyznać, że zawsze Lidkę podziwiałam. Ona jest jak obraz, który chciałam malować. Jest piękna, z oczami jak dwa niebieskie jeziora, głębokie i spokojne, w których można zatracić się bez końca. Wysoka, zadbana, zawsze emanująca jakąś wewnętrzną siłą i spokojem, którego mnie tak często brakowało. Mimo że młodsza ode mnie o dwa lata, zawsze wydawała się bardziej dojrzała, jakby życie nadało jej więcej spokoju i równowagi niż mnie.

W przeciwieństwie do mojego często chaotycznego istnienia, Lidka zawsze była niezwykle zorganizowana. W jej świecie każda rzecz miała swoje miejsce, a każdy dzień był dokładnie zaplanowany. To niezwykła cecha, dodająca jej życiu harmonii, której tak zazdrościłam.

Lidia to silna i niezależna kobieta sukcesu. Jej pomocna dłoń zawsze jest gotowa do działania. W każdej sytuacji mogę na nią liczyć. W jej obecności problemy wydają się mniejsze, a smutki – chwilowe.

Moja siostrzyczka jest lojalna i oddana. To cechy, które w dzisiejszym świecie są na wagę złota. Mieć takiego przyjaciela, to jak trafić szóstkę w Lotto. Jej serce, gdy kocha, robi to bez reszty. Nienawidzi również całym sercem.

Wrażliwość i empatia to jej druga natura.

To ona była moją kotwicą w chwilach, kiedy życie stawało się zbyt trudne do zniesienia. Była moim przewodnikiem przez najciemniejsze chwile, a jej obecność przynosiła mi ukojenie. Być może nigdy nie znajdę słów, by wyrazić, jak bardzo jestem jej wdzięczna za wszystko, co dla mnie zrobiła. Moja siostra – mój największy skarb. W dzieciństwie i latach nastoletnich (zanim pojawiła się Magda), byłyśmy nierozłączne, zawsze razem, ręka w rękę.

W chwili, gdy świat zawalił się pod ciężarem niewypowiedzianego smutku, Lidka stała się moim filarem. Nie była to obecność narzucająca się słowami pocieszenia, które brzmiałyby fałszywie w obliczu tak wielkiej straty. Nie, Lidka po prostu była – obok mnie, zawsze gotowa podać dłoń, gdy ciemność zdawała się nie do przebycia.

– Nasza Sara – powtarzała, a jej głos był nieskończenie delikatny, jakby bała się, że każde głośniejsze słowo może rozdzierać serce na jeszcze mniejsze kawałki. – Nasza Sara…

Mówi tak o naszym maleństwie do tej pory. Miała być matką chrzestną Sary. Razem snułyśmy plany, fantazje o dniach, które miał wypełniać śmiech naszej dziewczynki. Śmierć Sary była dla nas obu utratą części nas samych, marzeń, które wyblakły wraz z jej ostatnim tchnieniem.

Wspólne oczekiwanie na narodziny Sary było dla mnie i Lidki okresem nadziei, marzeń o przyszłości, która nigdy nie miała się ziścić. Dzieliłyśmy tę ciążę, każdy jej moment, od pierwszego kopnięcia po ostatni oddech, który nigdy nie nadszedł. Kiedy wszystko się zawaliło, kiedy świat, który z taką miłością budowałyśmy dla Sary, runął, Lidka była tam, gdzie trzeba. Była, aby pomóc mi podnieść się z ruin naszego wspólnego marzenia.

Nasza miłość do Sary, nawet po jej stracie, nigdy nie wygasła. Wspólnie przeszłyśmy przez ciemność, trzymając się siebie nawzajem, jak dwie zrozpaczone, ale niezłomne wojowniczki. Dla mnie Lidka była więcej niż siostrą; była aniołem stróżem, który prowadził mnie przez burzę. Dzięki niej nawet najciemniejsze noce były do zniesienia. Dzięki niej nie utraciłam wiary w to, że po każdej nocy przychodzi świt.

Po pogrzebie Sary świat wydawał mi się bezbarwny jak obraz zatarty przez deszcz. Lidka stała się moim cieniem, moją strażniczką, która nie pozwoliła, abym zupełnie zatonęła w otchłani rozpaczy.

Wokół mnie wznosił się mur smutku, nieprzenikniona forteca, do której dostęp miała jedynie ona. Byłyśmy jak dwa statki na burzliwym morzu, trzymając się razem, by nie rozbić się o skały.

– Nie musisz mówić – szeptała Lidka, gdy łzy znów zalewały moje oczy. – Jestem. Zawsze będę. Możemy razem milczeć...

Jej bliskość trzymała mnie przy życiu. Czułam, że moja dusza jest niczym rozdarte płótno, którego nie da się już zeszyć. A jednak obecność Lidki była jak delikatne dotknięcie pędzla, próbującego odmalować stracone kolory mojej duszy.

Dni mijały, a my z Lidką istniałyśmy jakby w równoległym świecie, gdzie tylko smutek i wspomnienia o „Naszej Sarze" miały znaczenie. Czasem zastanawiałam się, jak ona to robi? Jak może być tak silna, gdy świat wokół nas legł w gruzach?

– Bo cię kocham – odpowiedziała kiedyś na moje niewypowiedziane pytanie. – Bo to nasza Sara, a ja muszę być silna za nas dwie.

Była moim przewodnikiem przez labirynt żałoby, moją ostoją, kiedy moje myśli stawały się zbyt mroczne. Byłyśmy jak dwie połówki jednego serca, które, choć rozbite, wciąż biło w takt wspólnych wspomnień i niegasnącej miłości do naszej małej dziewczynki.

Bez niej, bez tej niezwykłej więzi, która nas łączyła, bez jej nieustającej obecności, troski i miłości, nie wiem, czy kiedykolwiek zdołałabym znaleźć drogę powrotną do życia. W jej obecności odnajdywałam drobiny nadziei, jak złoty pył, który powoli, ale nieubłaganie odbudowywał moje złamane serce.

Zupełnie inaczej było z moją starszą siostrą, Ulą. Życie mocno ją pokaleczyło. Dobrze to wiedziałam i nawet nie miałam do niej pretensji, że nie była przy mnie w tamte czarne dni. Ula miała dobre serce, jak łagodny promień słońca po nawałnicy, lecz jej umysł był niczym ciemna, niespokojna chmura. Chociaż wiedziałam, że w głębi duszy martwi się o mnie, to jednak jej uczucia były splątane niczym gęste pnącza, w których miłość i nienawiść były nierozerwalne. Gdy przeżywałam stratę córeczki, potrafiła rzucić na mój temat w rozmowie z Lidką:

– Dostała to, na co zasłużyła!

No dobrze, przyjęłam z pokorą. Miała prawo tak myśleć, nie zawsze byłam dla niej arcymiła.

W dzieciństwie jej zazdrość była jak cień, który ciągnął się za mną krok w krok, niezależnie od tego, dokąd poszłam. Do dzisiaj ten cień czasem pojawia się niespodziewanie, przypominając o sobie, chociaż staram się żyć własnym życiem, daleko od jej burzliwych emocji.

Nigdy nie potrafiłam zrozumieć skąd w niej tyle zawiści.

Nasza więź nigdy nie przypominała tej tradycyjnej, idealnej relacji między siostrami, pełnej wspólnych tajemnic i niekończącego się wsparcia. Pomiędzy nami zawsze istniała przepaść nie do przekroczenia, pełna niezrozumienia i braku akceptacji. Moje serce, chociaż pragnęło jej siostrzanej miłości, nauczyło się żyć bez niej, akceptując, że niektóre więzi są zbyt pokaleczone, aby mogły kwitnąć.

Błędy rodziców oraz życiowe labirynty uformowały Ulę w taką osobę. Życie rzuciło jej zbyt wiele wyzwań, przez co jej serce stwardniało, a umysł się zamknął, nie pozwalając na prawdziwe uczucia.

Czasami, w chwilach zwątpienia, zadaję sobie pytanie, czy jest w ogóle możliwe naprawienie tego, co zostało tak bardzo zniszczone. Czy nasza relacja kiedykolwiek mogłaby stać się czymś więcej niż tylko kolejną historią o dwóch siostrach, które żyją obok siebie, ale tak naprawdę są sobie obce? W głębi duszy wiem jednak, że nie ma żadnej takiej rany, która nie mogłaby się zagoić; nie ma takich mostów spalonych, których nie można by odbudować. Wierzę, że pewnego dnia staniemy z Ulą po tej samej stronie rzeczywistości. Będę czekać…

Kiedyś był jeszcze brat Wojtek. Mój mały braciszek, gwiazda moich dziecięcych lat, promień słońca w naszym rodzinnym domu, gdzie cienie często zaciemniały ściany. Od chwili, gdy pojawił się na tym świecie, otuliłam go całym swoim sercem, obdarzając miłością tak nieograniczoną, jak tylko mogłam.

Wspomnienia o nim są jak witraże, przez które prześwituje światło – barwne, żywe, pełne ciepła. Był moim towarzyszem nie tylko w beztroskich zabawach, ale i w chwilach, gdy nasz dom ogarniała burza. Jego uśmiech był jak boja, trzymająca mnie na powierzchni, gdy tonęłam w morzu rodzinnych napięć.

Ja i Wojtek byliśmy dla siebie wszystkim – radością, ukojeniem, bezpieczeństwem. To z nim dzieliłam moje sekrety, marzenia, to z nim budowałam zamki z piasku i snułam plany na przyszłość. Miłość do niego była jak tęcza po burzy – zachwycająca.

Jednak życie, to nieustająca zmiana, rozdział za rozdziałem. Nasze drogi z Wojtkiem nagle się rozeszły, a przestrzeń między nami wypełniła się milczeniem, niewypowiedzianymi słowami, niepodjętymi próbami zrozumienia.

Od ponad dziesięciu lat cisza między nami zastygła jak beton, który kiedyś był płynny, a teraz stał się fundamentem muru, rozdzielającego nasze drogi. Wojtek, kiedyś mój ukochany braciszek, teraz stał się niczym duch – obecny w moich myślach, lecz nieuchwytny w realnym świecie. Zniknął z mojego życia, rozmywając się w mglistych zakamarkach przeszłości, zostawiając po sobie jedynie echo wspomnień i pytanie „dlaczego?".

Jego nagłe milczenie stało się jak echo w pustej sali, powracające do mnie z coraz większym bólem, każdego dnia coraz bardziej niezrozumiałe. To on odszedł, zostawiając przestrzeń, w której kiedyś istniała nasza wzajemna miłość i zaufanie. Przez lata czekałam, że się odezwie, zadzwoni, że usłyszę pukanie do drzwi mojej duszy, ale była tylko cisza.

Nigdy nie poznałam prawdziwych przyczyn tej separacji. Zasłony opadły na naszą więź, zostawiając ją w ciemności nieporozumień i niewypowiedzianych słów. Słyszałam, że to żona Wojtka, moja bratowa, nakłoniła go do zerwania kontaktów. Kiedyś między mną i Wojtkiem była miłość, teraz pozostała tylko pustka, która rozbrzmiewa ciszą niewypowiedzianych słów, niezadanych pytań i nieprzebaczonych emocji. Przez te wszystkie lata uczucie straty towarzyszyło mi każdego dnia i przypominało o bracie, który stał się obcym, zamykając przede mną drzwi do swojego życia.

Zastanawiam się, czy on także czasami myśli o mnie? Czy jego życie też nabrało nowych barw, w których nie ma już miejsca dla mnie i dla naszych wspomnień? Czy to możliwe, że nasza, niegdyś nierozerwalna więź, może zostać tak po prostu zapomniana, zepchnięta do zakamarków pamięci jako nieistotny szczegół przeszłości?

Tak wiele pytań, na które odpowiedzi mogłyby zmieścić się w jednym spojrzeniu, w jednym słowie. Ale milczenie jest ciężarem, który dźwigam samotnie, próbując znaleźć ukojenie w myślach, że może kiedyś, w innym życiu, nasze ścieżki znów się przetną.

Jeśli to wszystko było rzeczywiście za sprawą mojej bratowej, to z biegiem lat zaczęłam rozumieć jej motywy. Pragnienie bycia jedyną, niezastąpioną, centrum wszechświata dla ukochanej osoby – to uczucie znam zbyt dobrze. Z czasem zaczęłam dostrzegać w jej działaniach nie tyle zawiść czy chęć zaszkodzenia, ile głęboką potrzebę posiadania miłości, wolną od podziałów i rywalizacji. Być może jej dusza, podobnie jak moja, niosła blizny z dzieciństwa, tęsknotę za bezwarunkową miłością, która byłaby tylko jej, bez konieczności dzielenia się nią z innymi.

Może jej zazdrość o moją więź z Wojtkiem była tylko krzykiem jej wewnętrznego dziecka, które, podobnie jak moje, szukało uznania i miłości. Nie potrafiła zrozumieć naszej relacji, naszej nierozerwalności, która nie wynikała z rywalizacji o uczucia, lecz z głębokiej więzi rodzeństwa. Być może w jej oczach moja obecność była przeszkodą na drodze do pełnego szczęścia.

Chociaż ból zdrady i odrzucenia przez brata, który był mi tak bliski, nie zniknął, zaczęłam kroczyć ścieżką wybaczenia. Uświadomiłam sobie, że każdy z nas jest ofiarą własnych doświadczeń, które kształtują nasze decyzje i działania. Może ona, podobnie jak ja, szukała swojego miejsca, gdzie mogłaby czuć się kochana i bezpieczna. Może jej działania, choć tak bardzo mnie zraniły, były jedynie naiwną próbą ochrony własnego serca przed odrzuceniem.

Zdając sobie sprawę z tego wszystkiego, zaczęłam postrzegać bratową zupełnie inaczej. Uczucie wrogości, które kiedyś czułam wobec niej, ustąpiło miejsca współczuciu i zrozumieniu, że miłość, choć bywa skomplikowana i bolesna, jest jednocześnie tym, co nas definiuje i co, paradoksalnie, łączy nas wszystkich. Doszłam do wniosku, że zabrała mi brata, bo nie potrafiła inaczej postąpić, bo nikt jej tego nie nauczył.

W najczarniejszych dniach mojego życia nie było zatem przy mnie ani Uli, ani Wojtka. Nie było też matki... Tym bardziej doceniam to, że Lidka wspierała mnie na każdym kroku. Gdyby nie ona, mój terapeuta i ukochany M. nie wiem, jakby się to skończyło.

Nie mogę też zapomnieć o obecności pewnych opiekuńczych Dusz – Moniki i jej męża, których subtelny, nienarzucający się, aksamitny oddech wsparcia czułam przez cały ten czas na swoich plecach. I czuję do dziś...

W tych ciemnych chwilach, gdy światło życia gaśnie, zanim zdąży prawdziwie zabłysnąć, kiedy nadzieja rozpada się na kawałki niczym kruchy lód pod stopami, zanim zdołamy na nim stanąć, rozpoczyna się podróż przez własne piekło. Podróż niczym wędrówka Dantego – pełna boleści i rozpaczy, ale i poszukiwania drogi wyjścia, drogi do odkupienia i zrozumienia.

Każdy dzień, który nadejdzie po stracie, staje się kolejnym kręgiem osobistego piekła. Myśli krążą w niekończącym się cyklu bólu i żalu, zmagając się z pytaniem „dlaczego?", które rozbrzmiewa w pustce, nie znajdując odpowiedzi. Ta nieustanna walka z niesprawiedliwością, z losem, który okazał się tak okrutnie surowy, wyrywa z serca każdy drobny skrawek nadziei, zamieniając go w niemożliwy do udźwignięcia ciężar.

Mówienie, wyrażanie tego, co kryje się w najgłębszych zakamarkach duszy, wydaje się zadaniem ponad siły. Słowa tracą swój sens, pustoszeją, aż w końcu stają się tylko cichym echem niekończącego się bólu. A ten z każdym kolejnym dniem rośnie, stając się coraz cięższym krzyżem do niesienia.

Dante, wędrując przez kręgi swojego piekła, szukał przebaczenia, zrozumienia, miłości. Tak jak on, zmagając się z rozpaczą, szukałam swojej Beatrycze, którą było ukojenie. Przez te mroki prowadziła mnie Lidka, pokazała mi drogę do światła. To ona, w całym tym bezmiarze nieszczęścia, stała się moim przewodnikiem, moim światłem w tunelu, przez który musiałam przejść.

Lidka, niczym Wirgiliusz u Dantego, wzięła moją rękę i prowadziła mnie przez najgłębsze cienie mojego smutku, ucząc mnie, że nawet w najciemniejszej nocy można znaleźć iskierkę światła, która może stać się zarzewiem nowego dnia. W tym wszystkim wspierał nas terapeuta. Pokazał mi, że życie, mimo wszystko, trwa i że chociaż strata pozostanie ze mną na zawsze, mogę nauczyć się z nią żyć, a może nawet i znowu znaleźć radość.

Z czasem kroki na tej drodze stały się nieco lżejsze. Ból nie zniknął, ale nauczyłam się z nim żyć. Trwało to aż trzy lata. Przez tyle czasu dusiła mnie depresja. Niby stanęłam na nogi, ale moje serce na zawsze pozostanie pęknięte.

– Czuję, że co prawda jestem posklejana, ale przecież jakiś kawałek może odpaść – wyznałam M. – Potrzaskane lustro też można skleić, będzie znów całe, ale spróbuj się w nim przejrzeć…

Nic nie odpowiedział. Zamiast częstować mnie pustymi słowami, przytulił mnie. Mocno. Tak, jak tego potrzebowałam.

Niby się pozbierałam, wróciłam do życia, uśmiecham się... ale już nigdy naprawdę się nie śmieję.

Od tamtego czasu, co roku podpalam świeczki dla dwóch bliskich mi osób. Jedne dumnie wznoszą się na urodzinowym torcie M., drugie falują smutnym płomieniem na grobie Sary.

I tak co roku...

ROZDZIAŁ 19

Gdy świat zdawał się jednym wielkim cmentarzem niezrealizowanych marzeń i zawiedzionych nadziei, nagle los zawirował ze mną w najdziwniejszym tańcu i spełnił nasze oczekiwania. Zaszłam w ciążę. I to była znowu dziewczynka. Lili. Nazwałam ją tak, bo kojarzy mi się z lilią – kwiatem tak delikatnym i kruchym, jak mogłaby być każda nowo narodzona iskra życia po wielkiej burzy. Pamiętam niewiele z tej ciąży, bo ciągle byłam zatopiona w smutku po stracie Sary.

Życie to zaskakujący reżyser, który nigdy nie pyta, czy jesteśmy gotowi na kolejną zmianę. Płynie, nie czekając, aż osuszymy łzy. Każdy dzień był jak odwracanie kart w starym, pożółkłym albumie pełnym obrazów, które już nigdy nie zyskają dawnych barw. Miałam wrażenie, że moje serce, tak gwałtownie rozerwane, może już tylko bić w rytmie melancholii, a jednak… Okazało się, że nawet okrutny los potrafi czasami złagodnieć i spełnić ludzkie marzenie. Bo było nim niewątpliwie dziecko.

Lili rosła we mnie, a ja wciąż byłam gdzie indziej. Każde kopnięcie malutkiej stópki, które powinno być przypomnieniem o życiu, początkowo wywoływało falę paniki. Myślałam tylko o tym, że każde nowe życie niesie ryzyko kolejnej tragedii. Czy moje serce wytrzyma, jeśli historia zechce się powtórzyć? Czy jestem na to gotowa? Przez większość czasu przemierzałam pustynię własnego smutku, gdzie każde ziarenko piasku było w istocie popiołem niedawnej tragedii.

Życie bez Sary było życiem w ciszy po wielkim wybuchu – wszystko wokół zdawało się tylko echem tego, co kiedyś było melodyjne i pełne kolorów. Lili była jak ziemia obiecana, o której nie wiedziałam, czy jest prawdziwa, czy tylko stanie się kolejnym mirażem na mojej pustyni żalu. Jak można przygotować pokój dla nowego życia, gdy poprzedni wypełniał jeszcze duch przeszłości? Jak można śnić o przyszłości, gdy każdy sen wydaje się tylko powtórką najgorszego koszmaru?

Ale z czasem, powoli, jak pierwsze promienie słońca przeszywające mgłę nad ranem, zaczęłam odczuwać ruchy Lili jako muzykę, która była zaproszeniem do tańca po długiej nocy. Zaczęłam do niej mówić, szeptać, gdy nikt mnie nie widział, ale ciągle nadzieję dusił strach. Opowiadałam jej o Sarze, o świecie, który czeka, aby go odkryła, o bólu, który uczy nas cenić radość.

Ciąża z Lili stała się dla mnie mostem między przeszłością a przyszłością, między stratą a nadzieją. Chociaż każdy dzień był walką między strachem a marzeniem o lepszym jutrze, z każdym tygodniem stawałam się coraz silniejsza, ucząc się na nowo, jak kochać życie, które nieustannie przypomina o swojej kruchości.

Pobiegłam do Lidki od razu, gdy tylko dowiedziałam się, że jestem w ciąży. Musiałam się z nią podzielić tą radosną nowiną. Po prostu musiałam!

Wpadłam jak burza do jej pokoju. Lidka spojrzała na mnie podejrzliwie, bo przecież od dawna się nie uśmiechałam. Chciałam wykrzyczeć jej swoją radość. Nie zdążyłam, bo Lidka zapytała, mrużąc oczy:

– Czyżbyś była w ciąży?

Pokiwałam głową.

– Tak! – wykrzyczałam niemal. – Czy to nie wspaniale?!

Jej twarz rozjaśniła się na moment, ale szybko zobaczyłam zmieszanie, które ją zalało.

– Też mam ci coś do powiedzenia – głos Lidki był delikatny jak poranna rosa. – Ja też jestem w ciąży. Już od trzech miesięcy. Bałam się, jak zareagujesz, bo…

– Bo Sara… – dokończyłam za nią.

Pokój znowu wypełniła cisza, którą mąciły jedynie nasze oddechy.

– Tak, bo Sara. – Lidka skinęła głową.

Podbiegłam do niej i przytuliłam najmocniej, jak tylko potrafiłam.

– To wspaniała wiadomość – wyszeptałam przez łzy.

Przez chwilę Lidka spoglądała w moje oczy, jakby chciała się upewnić, że naprawdę nie jestem na nią zła. Pogładziłam ją po policzku.

– Myślę, że to też może być piękne, wiesz? Nasze dzieci dorastające razem – wyszeptała moja ukochana siostra.

W jej słowach kryła się nadzieja, a ja czułam, że to prawda. Zaczynałam wierzyć, że nowe życie, które nosimy, przyniesie uzdrowienie naszym zranionym duszom.

– Będziemy dla nich tarczą – powiedziałam, a mój głos był stanowczy, pełen determinacji. – Nie pozwolimy, by cokolwiek złego dotknęło nasze maluchy.

– Tak, będą miały nas. I siebie nawzajem. – Teraz to Lidka ścisnęła moją dłoń mocniej, jakby chciała przekazać część swojej siły.

To było jak przysięga, którą składałyśmy przed niewidzialnym sądem losu. Obiecałam sobie, że chociaż świat wokół może być pełen niewiadomych i burz, ja będę stawać każdego dnia, gotowa bronić tego małego, nowego życia, które już kiełkowało w nas obu. Być może nie możemy całkiem uwolnić się od przeszłości, ale możemy stworzyć lepszą przyszłość dla tych, którzy przyjdą po nas.

Szczęście roztaczało się wokół mnie niczym jasna aura, a jednocześnie strach wił się pomiędzy jego promieniami, jak cień, który nie pozwala zapomnieć o ciemnościach przeszłości. To była ciąża otulona zarówno nadzieją, jak i obawą, taniec między światłem a mrokiem, którego kroki były niepewne, lecz pełne determinacji.

W moim łonie tliło się nowe życie, drogocenna iskra istnienia, której pożądanie równało się niemal bólowi. Każde kopnięcie, każde poruszenie było dla mnie zarówno ukojeniem, jak i ostrzeżeniem. Strach przed utratą tej kruchej istotki był równie intensywny, jak radość z jej obecności.

W chwilach zwątpienia, gdy zimne fale obaw zalewały brzegi mojego serca, szukałam ukojenia w literaturze. Zanurzałam się w słowach Dantego, odnajdując w jego „Boskiej Komedii" echa własnej wędrówki wśród cieni i światła. Dante, zagubiony w ciemnym lesie, odnalazł przewodnika w Wergiliuszu. Ja także potrzebowałam przewodnika – czasami był nim M., czasami Lidka, a niekiedy terapeuta.

Przemierzając krainy raju, piekła i czyśćca wraz z włoskim poetą, uczyłam się akceptować własne lęki, a także odnajdywać nadzieję tam, gdzie zdawało się, że już jej nie ma. Każdy wers Dantego przypominał, że i moja podróż, chociaż pełna przeszkód, może prowadzić do miejsca pełnego światła.

Ciąża, ta delikatna nić połączenia między mną a nienarodzonym jeszcze dzieckiem, stała się symbolem walki o każdy kolejny dzień, o każdy oddech przyszłości. Z kolejnym porannym przebudzeniem powtarzałam sobie, że muszę być silna, nie tylko dla siebie, ale i dla tej maleńkiej istoty, która jeszcze nie znała smaków świata.

Byłam jak roślina w zimie, skrywająca pod śniegiem obietnicę wiosny. Mój brzuch, rosnący i zaokrąglający się z każdym tygodniem, był jak ziemia kryjąca nasiono. Czasem słońce mojej radości przebijało się przez chmury obaw, oświetlając to nasionko bezgraniczną miłością.

Nie było łatwo, ale wszelakie maleńkie zwycięstwo, dzień przetrwany bez łez, stawał się kamieniem milowym na tej krętej ścieżce. Każda chwila spokoju była jak kolejny krok do raju, o który walczyłam z całych sił.

W każdej niepewnej chwili moja troska o przyszłość przeradzała się szybko w strach, a lęk – w szaleństwo czynów. Nieraz zdarzało się, że w środku nocy, porzucając ciepło domowego ogniska, pędziłam przez śpiące miasto samochodem, udając się do szpitala, by usłyszeć rytm serca mojego dziecka. Ten dźwięk, pulsujący w przestrzeni białych, sterylnych ścian, był dla mnie melodią życia. Potrzebowałam tego. Nawiedzały mnie chwile, gdy bez tego nie mogłabym żyć dalej. Musiałam być pewna, że Lili ma się dobrze.

– Proszę, sprawdźmy jeszcze raz, czy wszystko w porządku – prosiłam drżącym głosem lekarzy na nocnym dyżurze.

Na początku próbowali może i trochę protestować, ale z czasem stało się dla nich oczywiste, że przyjadę którejś kolejnej nocy. Myślę, że przyzwyczaili się do tego. Zrozumieli, że potrzebuję pewności.

Odpowiadali więc tylko:

– Oczywiście, zaraz zrobimy kolejne badanie. Proszę się uspokoić, wszystko będzie dobrze.

Jednak nigdy nie potrafiłam zatrzymać fal niepokoju, dopóki nie usłyszałam bicia serca dziecka.

Sala badań przypominała mi tajemniczą przestrzeń pełną szumiących urządzeń, które szeptały między sobą, omawiając mój los. Aparat medyczny był jak magiczne okno do innego świata, gdzie na małym ekranie, w czarno-białej scenerii, mogłam zobaczyć to, co najcenniejsze. Serce mojej nienarodzonej córeczki biło rytmicznie, przerywając ciszę sali, przynosząc mi ulgę. Aż do następnego razu.

Gdy potem wracałam do domu, przez chwilę znowu świat był dla mnie piękny i przyjazny. Przez szybę samochodu wpatrywałam się w puste ulice, miarowo oddychając. To jednak nigdy nie trwało długo. Niepokój był moim cieniem, podążał za mną krok w krok, niezależnie od godziny na zegarze czy zmiany świateł na drodze.

Dbałam o siebie najlepiej, jak potrafiłam. Odżywiałam się właściwie, odpoczywałam, kiedy tylko mogłam i próbowałam powstrzymywać nerwy, chociaż to była walka z wiatrakami. Ze szponów strachu nie potrafiłam się wyrwać. Troska o to maleństwo, którego jeszcze nie znałam, a już tak bardzo kochałam, była jak dziki ogród – pełen pięknych kwiatów miłości i cierni obaw. Czułam, jak każdy dzień przynosi nowe wyzwania, ale i nowy strach. Byłam ogrodnikiem swojego losu, starając się pielęgnować każdy płatek nadziei, usuwać każdy chwast wątpliwości, aby moje dziecko mogło zakwitnąć w pełni na tym świecie.

Zanurzona w kruchej nadziei, codziennie składałam na ołtarzu własnej duszy słowa, które były niczym deszczowe krople na spękaną ziemię mojego serca. Moje modlitwy, pełne desperacji i nadziei, szybowały ku niebiosom jak delikatne płatki kwiatów, niesione wiatrem.

– O Matko, która trzymasz w ramionach swojego syna, zrozum serce matki, która pragnie usłyszeć pierwszy płacz swojego dziecka.

Zmiłuj się nad tym małym sercem, które w moim łonie bije niepewnie, jak skrzydła motyla tuż po wydobyciu się na świat. Spraw, aby jego piękny lot nie skończył się, zanim nawet porządnie się nie zacznie – błagałam.

– Matko Przenajświętsza, spraw, bym mogła przywitać to życie, nie żegnać go, zanim się narodzi. Spraw, bym nie musiała ponownie przejść przez dolinę łez, bo drugi raz nie dam rady. Przywróć mi wiarę w jutro, które ma przynieść radość, a nie kolejne rozstanie – szeptałam słowa, wierząc, że nie robię tego nadaremno.

Każda modlitwa była jak głęboki oddech ziemi w oczekiwaniu na deszcz, jak echo górskiej doliny wołające o litość.

– Nie pozwól, by strach był większy niż moja wiara. Niech każdy mój niepokój rozpłynie się w promieniach nadziei, którą zsyłasz każdego dnia, rozjaśniając mroki wątpliwości. Niech każde uderzenie mojego serca będzie modlitwą, którą wysyłam do Ciebie, pełną błagania, ale i pełną wdzięczności za każdy dzień, który dajesz mi przeżyć z tym dzieckiem – prosiłam.

– Obdarz mnie siłą, bym mogła chronić to maleńkie życie przed burzami, które niewątpliwie nadejdą! Niech moje ciało będzie bezpieczną przystanią, a moja miłość – tarczą, chroniącą przed nieszczęściami tego świata!

Moje dni i noce przeplatały się modlitwami i czuwaniem, strzeżeniem każdego ruchu w moim łonie, każdego sygnału, który mógł świadczyć o życiu lub jego zagrożeniu. Trwanie w tym stanie zawieszenia, pomiędzy lękiem a nadzieją, było jak nieustanne balansowanie na linie rozpiętej nad przepaścią niewyobrażalnych rozmiarów.

Każda modlitwa była kamieniem rzuconym w otchłań. Echo, które powracało do mnie, niosło albo ciszę, albo szept nadziei. Moje życie, splecione z modlitwą, stało się rzeczywistością tkaną z bólu, nadziei, strachu i oczekiwania na cud.

Najgorsze były koszmary, które zlatywały się jak sępy, gdy tylko próbowałam spać. Nocne godziny płynęły, zamazując granicę między snem a jawą, przemieniając moje łóżko w brzegi ciemnego oceanu, na których fale bezlitosnych koszmarów rozbijały się o skały rzeczywistości. W jednym z nich, najbardziej przejmującym i pełnym grozy, stawałam na brzegu przepaści, z której dolina, jak ta opisana przez Dantego, zdawała się szeptać moje imię, wołając mnie w swoje mroczne objęcia. Spoglądałam w dół, do krainy cieni, gdzie odbicia utraconej Sary tańczyły wśród płonących zgliszczy. Jej twarz, przykryta jakąś mgłą, przemieniała się w tysiąc przerażających masek; każda z nich była odzwierciedleniem mojego najgłębszego bólu i strachu. To były oblicza, które wypowiadały najbardziej bolesne słowa, jakie kiedykolwiek mogła usłyszeć matka: „Dlaczego nie ochroniłaś mnie, mamusiu?".

Echo jej słów odbijało się po bezdusznych ścianach tego ponurego miejsca, każde powtórzenie było jak kolejne uderzenie w moje krwawiące serce. Moje stopy, jakby przyspawane do krawędzi tej niewidzialnej przepaści, odmawiały posłuszeństwa, a ja, bezsilna, mogłam tylko obserwować, jak ta wizja pożera resztki mojej duszy. Z oddali, jak z najgłębszych czeluści piekła Dantego, słyszałam płacz dzieci, którego nie mogłam uciszyć, niezależnie od tego, jak bardzo się starałam. Każdy płacz był jak dzwon, który ogłaszał moje niepowodzenia, moje winy, moje własne, osobiste potępienie.

W tym koszmarze, między światłem a mrokiem, powoli zaczynała się materializować postać – zarys mojej nienarodzonej jeszcze córeczki, Lili. Jej postać, tak jakby wyłowiona z mgły mojego strachu, stawała się coraz wyraźniejsza. Czułam wtedy mieszankę nieśmiałej nadziei i przerażenia. Bo czy to możliwe, aby światło mogło się narodzić z tak głębokiej ciemności?

Gdy budziłam się zlana potem, z sercem chcącym wyskoczyć z piersi, każdy promień światła, który rano wpadał do mojego pokoju, wydawał się obietnicą czegoś lepszego. Wtedy najbardziej chciałam wierzyć, że jeszcze kiedyś życie może być inne, mniej przesiąknięte boleścią. Niestety, te koszmary powracały niemal każdej nocy, przynosząc ze sobą strach przed kolejnym wieczorem.

Podczas ostatnich tygodni ciąży, terapia stawała się dla mnie swoistym kołem ratunkowym w głębinach moich lęków. Każde spotkanie z terapeutą było jak drogocenny oddech, pozwalający mi na chwilę wynurzyć się z ciemności. Moje sesje stawały się coraz częstsze, niemal jak te przystanki, na których desperacko łapałam powietrze, starając się nie poddać nurtowi, który ciągnął mnie w dół.

– Nie potrafię przestać się bać – zwierzyłam się terapeucie, otulona nadzieją, że znajdzie dla mnie ratunek.

– To normalne, że czujesz strach – odpowiedział spokojnie. – Ale pamiętaj, że strach to tylko uczucie. Nie definiuje cię, ani tego, co się wydarzy.

Jego słowa i ciepły, kojący głos, były dla mnie wsparciem, chociaż nie zawsze potrafiłam uwierzyć, że moja rzeczywistość może być inna. Każda godzina terapii była dla mnie walką, próbą odnalezienia w sobie siły, aby stanąć twarzą w twarz z moimi największymi obawami.

W mojej głowie bezustannie kołatało pytanie, czy potrafię przeżyć kolejną stratę, czy moje serce wytrzyma kolejne rozdarcie. Przypominałam sobie każde słowo terapeuty, próbując zbudować z nich zbroję, która ochroni mnie przed najgorszym.

– Musisz pozwolić sobie na nadzieję – mówił. – Tak jak roślina potrzebuje wody, tak twoja dusza potrzebuje nadziei, aby mogła rosnąć i przebić się przez ten ból.

Gdy termin porodu zbliżał się wielkimi krokami, moje serce było pełne sprzecznych uczuć. Radość mieszała się z przerażeniem coraz bardziej, a nadzieję rozszarpywał ból. Wiedziałam, że to, co nadejdzie, będzie jednym z największych wyzwań mojego życia. Musiałam stanąć twarzą w twarz z przeszłością, której cienie wciąż rzucały się na moje „teraz", i musiałam stawić czoła przyszłości, która była tak niepewna, jak to tylko możliwe.

Dzień porodu. Pamiętam każdą sekundę, każde bicie serca, każdy gwałtowny oddech. Sala porodowa stała się areną, gdzie każdy ruch, każde słowo miało wagę. A pośród tego wszystkiego ja – przerażona do granic ludzkiej możliwości.

Oddychaj głęboko! – rzucił lekarz, ale jego słowa rozpłynęły się w powietrzu jak dym.

M. trzymał moją dłoń. Mocno. Jego obecność była moją kotwicą w chaosie.

– Skoncentruj się na mnie, tylko na mnie – szeptał mi do ucha.

– Na tobie – mruknęłam, gdy kolejna fala bólu ogarnęła moje ciało.

Położna podchodziła z kolejnymi instrukcjami, ale jej słowa były dla mnie jak szum wiatru.

– Proszę przeć! Pani musi współpracować – powtarzała.

M. ścisnął mocniej moją dłoń, dając mi znak, że wszystko jest pod kontrolą.

– Wiesz, że potrafisz to zrobić. Zrób to dla nas – poprosił, a jego słowa niosły więcej siły, niż wszelkie polecenia rzucane przez personel medyczny.

Lekarz znów interweniował, próbując przywrócić porządek.

– Proszę przeć! – rozkazał.

Ale ja nie słyszałam nikogo na tej sali pełnej ludzi, poza moim ukochanym. Tylko jego słowa do mnie trafiały. Szeptał więc do mych uszu każde polecenie rzucane wcześniej przez personel.

M., moja opoka, nieustannie ściskał moją dłoń, starając się mówić do mnie przez zgiełk:

– Skup się na mnie, wszystko będzie dobrze.

Naprawdę mu wierzyłam. Tylko jemu.

– Pomyśl tylko, jak szybko to minie – zachęcał M., gdy kolejne skurcze nacierały.

Minie? – Spojrzałam na niego, szukając prawdy w jego oczach. Pogładził mnie po policzku.

– Skup się na mnie, zapomnij o reszcie – poprosił znowu.

– Twoje „zapomnij o reszcie" zawsze działa jak zaklęcie – rzuciłam, starając się złapać oddech między skurczami.

Wiedziałam, że nadszedł czas, aby skupić się na słowach M.

– Każdy oddech przybliża nas do naszej córeczki – przemówił znowu, a jego głos był niczym kojący balsam na moje skołatane nerwy.

Gwałtowny wysiłek, krótki moment napięcia, a potem wszystko nabrało sensu, kiedy usłyszałam pierwszy płacz naszej córeczki. Wtedy cała frustracja i złość roztopiły się w powietrzu, pozostawiając czystą radość.

– Zrobiliśmy to, razem – powiedział M., a ja, mimo zmęczenia, uśmiechnęłam się przez łzy.

W końcu to, co najważniejsze, było już tu, z nami. Czy jednak na pewno?

Kiedy ostatni krzyk bólu rozpłynął się w powietrzu sali porodowej, zapanowała cisza, przerywana jedynie przyspieszonym oddechem i biciem mojego serca, które wydawało się jedynym dźwiękiem wypełniającym przestrzeń. W tej ciszy, zawieszonej między bólem a nadzieją, moje myśli wędrowały w niepewność.

– Czy żyje?! Proszę, powiedzcie mi, czy ona żyje?! – słowa wyrywały się z mojego gardła, jedno po drugim, jakby miały własne życie, pulsujące desperacją.

M. ściskał nadal moją dłoń, jego oczy, pełne troski i miłości, szukały moich.

– Wszystko w porządku, kochanie. Nasza dziewczynka żyje. Jest zdrowa – mówił, otulając mnie spokojem, jakiego od dawna nie czułam.

Jednak w głębi, gdzie rany poprzedniej straty wciąż były świeże, żar niepewności nadal tlił się niepokojąco. Moje serce biło jak dzwon, którego echo niosło się przez zaułki mojej pamięci, budząc wspomnienia niedawnej przeszłości, gdy śmierć była bliższa niż oddech.

– Ale czy na pewno wszystko jest w porządku? – moje słowa były cichym szeptem, ledwie słyszalnym. – Proszę, pozwólcie mi ją zobaczyć. Muszę ją zobaczyć.

M. skinął głową. Jego dłonie nadal obejmowały moje, przekazując mi spokój. Po chwili położna położyła delikatnie tę malutką kruszynkę na mojej piersi. Dopiero wtedy strach i obawy zaczęły powoli ustępować. Spojrzałam w jej maleńką twarz, w której dostrzegłam coś więcej niż tylko życie, dostrzegłam przyszłość, nadzieję, nowy początek.

– Ona jest naszym nowym światłem, M. – wyszeptałam, czując, jak łzy szczęścia skradają się do moich oczu.

Moje serce, które tak długo było zamknięte w żałobie, zaczęło znowu bić pełną życia melodią.

M. uśmiechnął się do mnie i do naszej córeczki, a w jego oczach zobaczyłam odzwierciedlenie moich własnych uczuć – mieszankę radości, ulgi i niekończącej się miłości.

W chwili, gdy położono moją nowo narodzoną córeczkę na mojej klatce piersiowej, czas jakby się zatrzymał, a świat wokół nas rozpłynął się, pozostawiając tylko nas dwie, połączone niewidzialną nicią miłości i życia. Jej małe, delikatne ciało leżało na mnie, tak lekkie, a jednocześnie tak niezmiernie ważne. Objęłam ją mocno, a jej ciepło przesączyło się przez warstwy mojego zmęczenia, strachu i żalu, rozpalając iskierkę nadziei, która zaczęła tlić się w głębinach mojego serca.

Łzy, które spływały po moich policzkach, były słonym świadectwem mojej miłości, mojego bólu, mojej ulgi. Każda kropla odzwierciedlała odmęty emocji, które przez te miesiące burzy i spokoju, rozpaczy i nadziei krążyły we mnie jak niepokojące fale na wzburzonym morzu. Trzymając ją tak blisko, czułam, jakby każde jej westchnienie, każdy mały oddech były ukojeniem dla mojej podziurawionej duszy.

Nie chciałam jej puścić i oddać tego drogocennego skarbu, na który tak długo czekałam. Kiedy pielęgniarka przyszła, aby zabrać Lili na badania, moje serce wpadło w rozpacz. Nie chciałam jej oddać! Nigdy w życiu!

Długo trwało, zanim, pomimo protestów mojego serca, ostatecznie pozwoliłam, aby pielęgniarka zabrała Lili. Każdy moment rozstania z córeczką, choćby tylko na chwilę, był dla mnie jak pożegnanie. Patrzyłam, jak Lili znika za drzwiami w objęciach pielęgniarki i ze wszystkich sił dusiłam w sobie krzyk rozpaczy, który chciał wymknąć się z moich ust. Cisza, która nastąpiła potem, była pełna napięcia, oczekiwania i modlitwy, żeby tylko wszystko okazało się być w porządku, żeby los tym razem był łaskawy.

Gdy tylko zobaczyłam Lili, moje serce nagle zaczęło bić z nową siłą. Miłość, która się we mnie obudziła, była tak potężna, że wydawało mi się, iż mogłaby pobudzić do życia nawet kwiaty na mrozie. Lili była jak pierwsze promienie słońca po długiej, mrocznej nocy, które delikatnie, ale stanowczo przebijają się przez chmury.

Czułam, jak moje zbolałe serce zaczyna się leczyć z każdym jej oddechem, z każdym jej drobnym ruchem. To małe, kruche stworzenie wypełniło pustkę, która wcześniej gryzła mnie od środka. Każdy jej płacz, każdy śmiech były dla mnie symfonią, która niosła nadzieję i uzdrowienie. Nie byłam sama w tej magicznej chwili odkrywania macierzyństwa na nowo. Lidka, moja droga siostra, także przeżywała to cudowne, odmieniające życie doświadczenie. Nasze drogi, choć splecione trudnościami i bólem, prowadziły do tego samego, pięknego miejsca – macierzyństwa. Obie zaczynałyśmy nowy rozdział pełen miłości, który miał być odbudową tego, co zostało zburzone.

Z każdym dniem Lili rosła, a ja wraz z nią stawałam się coraz silniejsza. Obserwując, jak bezpiecznie śpi, jak ciekawie rozgląda się dookoła, czułam, że wszystkie moje wcześniejsze obawy i lęki stopniowo zanikają, zostawiając miejsce tylko dla bezgranicznej miłości i wdzięczności.

Patrzyłam na Lili i widziałam nie tylko dziecko, ale też obietnicę lepszego jutra, dowód na to, że życie, mimo wszystkich swoich niewyobrażalnych wyzwań, potrafi również ofiarować chwile czystej, niezachwianej radości. Lili była moim osobistym cudem, moim aniołem, który przybył, aby nauczyć mnie ważnej życiowej lekcji – że nawet najgłębszy ból może zostać przekształcony w coś piękniejszego, że każde zakończenie może być też początkiem. Ta lekcja była cenna, chociaż przecież nie mogła całkiem zmazać bólu po stracie Sary.

Dwa pierwsze lata życia Lili były dla mnie jak niekończąca się podróż przez mglisty krajobraz pełen sprzeczności. Każda noc przynosiła ze sobą mieszankę radosnych snów i koszmarów strachu. Cicha i spokojna noc mogła stać się sceną największych obaw, gdy przysypiałam i przestawałam słyszeć rytmiczny szum oddechu mojej córeczki. Czuwałam więc jak najczęściej, czasem z zamkniętymi oczyma, ale gotowa zareagować na każdy jej ruch, każde westchnienie. W tych chwilach moje serce tańczyło na granicy strachu i nadziei. Radość z jej obecności była przeplatana strachem, że ta delikatna nić życia może w każdej chwili się przerwać.

Wszystko we mnie było w stanie najwyższej gotowości, jak strażnik nocny przy świetle księżyca – zawsze czujny, zawsze na posterunku. Ta bezwarunkowa miłość do Lili była moim największym błogosławieństwem, ale i źródłem niewypowiedzianego lęku, który targał mną, żarł mnie od środka, karmiąc moje najgłębsze niepokoje.

Każdy jej uśmiech rano był dla mnie odrodzeniem, potwierdzeniem, że kolejna noc minęła pomyślnie. Każdy jej okrzyk radości, był jak balsam dla mojej zszarganej duszy, dając mi chwilę zapomnienia o ciemnych myślach, które zbyt często kradły mi spokój.

Byłam niczym ogrodnik, który w obawie przed najmniejszym zimnym powiewem, osłania swoje najcenniejsze kwiaty. Strzegłam każdej sekundy jej cennego istnienia, każdego jej oddechu. I tak nieustannie przez ponad dwa lata.

W tej dziwnej równowadze pomiędzy strachem a szczęściem każdy dzień był wyzwaniem, a każda noc próbą. Mieszanka bólu i rozkoszy, która malowała moje dni na najbardziej intensywne barwy życia, uczyła mnie, że prawdziwa miłość to nie tylko ciepło słonecznych dni, ale też wytrwałość w najciemniejsze noce.

Wraz z przyjściem na świat Lili, nasze życie stało się pełniejsze. Każda chwila spędzona z nią była jak delikatne pocałunki słońca na policzkach. Moje serce, które przez długi czas karmiło się tylko smutkiem i żalem, zaczęło znów bić radośniejszym rytmem.

– Niech ta muzyka nigdy nie przestaje grać – mówiłam cicho, patrząc jak Lili, nasze maleństwo, uśmiecha się do mnie z oczyma pełnymi czystej, niewinnej radości.

Adam i Artur stali się dla Lili strażnikami jej beztroski. Często mogłam ich zobaczyć, jak bawią się z nią, wypełniając pokój szczęściem. Ich śmiechy były jak najpiękniejsza melodia, która rozbrzmiewała nieustannie, kołysząc nas rytmem miłości.

Obecność Lili była jak powiew świeżego, wiosennego powietrza, które rozwiewało wszelkie pozostałości smutku. Moi synowie, obdarzeni ogromną wrażliwością, wiedzieli, jak bardzo ich obecność i zaangażowanie pomagało mi w tej nowej rzeczywistości.

Wszystkie te wspólne momenty tkały na nowo nasze życie. Lili, nasz mały promyk światła, była jak klejnot, który przyciągał każde spojrzenie i każde serce w naszym domu.

– Myślę, że Lili ma w sobie magię – powiedziałam pewnego wieczoru do M., gdy oboje patrzyliśmy, jak nasza córeczka zasypia. – Nie ma innej odpowiedzi na to, jak bardzo zmieniła nasze życie.

– To prawda – odpowiedział M., przytulając mnie czule. – Każdy dzień z nią, to jak kolejna strona w najpiękniejszej księdze, jaką kiedykolwiek moglibyśmy czytać.

Dzięki Lili nauczyłam się, że życie, mimo wszystkich swoich nierówności, jest w stanie zawsze znaleźć sposób, by nas zaskoczyć i obdarzyć czymś pięknym. To uczucie było jak słodki nektar, którym chcieliśmy się delektować każdego dnia.

W dniu pierwszych urodzin naszej córeczki zorganizowałam wyprawę, która była prezentem na naszą piątą rocznicę wspólnego życia – mojego i M. W sekrecie zaplanowałam wycieczkę, której kulminacyjnym punktem był rejs po błękitnych wodach Morza Egejskiego. Płynęliśmy otuleni wspaniałymi widokami rozrzuconych wokół wysp. Czułam, jak w tych chwilach odzyskujemy każdą straconą nutę naszej wspólnej melodii miłości.

Statek, którym podróżowaliśmy, przecinał fale z gracją przypominającą starożytnego żeglarza odkrywającego nowe lądy. Nasza podróż była jak przepływanie przez różne kręgi życiowego doświadczenia, które przypominały mi o mojej własnej wędrówce przez ciemność do światła, podobnie jak Dante pokonywał swoje wyzwania. Morze wokół nas rozciągało się niczym nieskończona płaszczyzna możliwości, a horyzont zdawał się obietnicą nieskończonego jutra. Statek, kołysząc się na falach, był naszym bezpiecznym azylem, a szum wody odbijał się echem w głębi mojej duszy, przynosząc ukojenie i spokój, którego tak długo pragnęłam.

Wiatr delikatnie marszczył powierzchnię wody. Podczas gdy Lili, nasz mały skarb, spała smacznie w wózku, obserwowałam ją z M., czując niemal jej niewinność i radość istnienia.

W tę wyjątkową rocznicę, kiedy słońce powoli zachodziło, barwiąc niebo na odcienie pomarańczy i różu, poczułam głęboki spokój. Moje wcześniejsze obawy i lęki powoli rozpływały się w ciepłych promieniach zachodzącego słońca. Każda minuta tej podróży zdawała się uczyć mnie na nowo, jak cenić to, co mamy, jak żyć pełnią życia, nie oglądając się za siebie z żalem.

Tamten dzień, pełen refleksji i osobistych przemyśleń, stał się symbolem nowego początku. Uświadomiłam sobie, że mimo ciemności, które kiedyś ogarniały moje życie, zawsze jest miejsce na nowe światło, na nową nadzieję. I właśnie w tej nadziei, otulona miłością najbliższych, znalazłam siłę, by iść naprzód. Byłam to winna i Lili, i Sarze.

NIEBO

WIGILIA W NIEBIE

Zaraz po tym, jak narodził się Jezusek, uśmiechnęłam się. To był czysty, bezinteresowny uśmiech, którego dawno nikt nie widział na mojej twarzy. Światło płonącej gwiazdy, która prowadziła Mędrców do stajenki, rozjaśniło każdy zakamarek mojego serca, odsłaniając ukryte pragnienia i tęsknoty.

Z każdą świąteczną chwilą, z każdym, choćby najdrobniejszym błyskiem światełek na choince czułam się jak Beatrycze z wizji Dantego, która z Nieba patrzyła na świat pełna miłości i zrozumienia. W mojej duszy rozkwitał Raj. Świat wydawał się idealny, a każdy krok prowadził do tego upragnionego przez ludzkość ogrodu, gdzie nie istniały ból ani smutek. W tamtym czasie moja dusza, unosząc się na skrzydłach aniołów, dotykała srebrzystych chmur, błądząc między gwiazdami, z których każda była opowieścią o spełnionych marzeniach. Wszystko to za sprawą mężczyzny, który mnie kochał.

Gdy M. i ja zaczęliśmy się spotykać, wiedzieliśmy od razu, że to jest to. Byliśmy jak dwa dziwaczne puzzle, które nagle odkrywają, że doskonale pasują do siebie. Jego obecność w moim życiu była niczym promień światła, który przecinał mrok, oświetlając każdy mój krok. Jego dłoń w mojej dłoni była potwierdzeniem, że jestem kochana, że jestem ważna.

Radość na twarzach moich pociech była żywym dowodem na to, że miłość w naszej rodzinie jest prawdziwa, że warto wierzyć w dobro i że cuda się zdarzają. Śmiech dzieci był dla mnie najpiękniejszą melodią, która wypełniała dom ciepłem i radością. Wiedziałam, że jestem najszczęśliwszą matką na świecie.

W końcu Boże Narodzenie stało się dla mnie świętem rodzinnej miłości, ale też odnalezieniem siebie, mojej wewnętrznej Beatrycze, która przez całe życie szukała swojego Raju. W tamtą gwiazdkową noc czułam, że w końcu trafiłam do mojego Nieba, pełnego miłości, ciepła i akceptacji.

Chociaż los często rzucał mi wyzwania, w tamtym szczególnym czasie dostrzegałam jedynie piękno i harmonię. Świat nabierał głębszych barw, a serce bijące w mojej piersi śpiewało hymn radości. Wiedziałam, że to dopiero początek mojej drogi ku spełnieniu, ale byłam też pewna, że wędruję właściwą ścieżką, prowadzoną światłem Gwiazdy Betlejemskiej.

Wspólne przygotowania do Wigilii w sercu Niemiec były dla nas czymś wyjątkowym, magicznym. Śnieg pokrywał ulice i dachy, malując miasto przyjemną bielą. Dym unoszący się z kominów tworzył kolorowe plamy na błękicie nieba. M., z charakterystycznym uśmiechem, stał przy stole i kroił buraczki na barszcz. Artur z zapałem pomagał mi przy robieniu ciasta, śmiejąc się z wesołych pierniczków ozdobionych przez Adama i Lili.

Kuchnię wypełniał niesamowity aromat przypraw i potraw, który przenikał każdy zakątek domu. Te wspaniałe zapachy mieszały się z ciepłem i miłością. Świąteczne drzewko w salonie, ozdobione jaskrawymi światełkami i bombkami, migotało i zdawało się tańczyć w takt kolęd. Miałam wrażenie, że cały świat się zatrzymał, że czas przestał istnieć, a my, moja rodzina, zostaliśmy zawieszeni w tej jednej, idealnej chwili.

Jednak w tle tego sielankowego obrazu, zaczęłam odczuwać pewien cień niepokoju. Siedziałam na kanapie, patrząc na moje Skarby i myślałam, jak łatwo można stracić tę chwilę. Nagła obawa ścisnęła mnie, niemal zaczęła zgniatać – strach, że to wszystko jest tylko chwilowe, że taka doskonałość może się w każdej sekundzie pokruszyć.

Zadałam sobie pytanie, czy nie jest to zbyt piękne, żeby było prawdziwe? Czy nie żyjemy w iluzji, która może prysnąć niczym bańka mydlana? A może to ja jestem zbyt sceptyczna, zbyt przewrażliwiona na punkcie przyszłości, żeby cieszyć się teraźniejszością? Przecież takie myśli są normalne, prawda? Czy nie jest tak, że każdy boi się utracić coś, co jest dla niego najcenniejsze?

Gdy kuliłam się na kanapie, pomyślałam, że pewnie większość ludzi boi się straty, gdy coś naprawdę dobrego dzieje się w ich życiu. Paradoks naszej natury: gdy jest nam dobrze, boimy się, że to się skończy, a kiedy jest nam źle, marzymy o lepszych czasach. To jak cieszyć się chwilami szczęścia, gdy szarpie je strach przed utratą tego, co dobre? Jak?

Nie chciałam, żeby moje obawy zepsuły ten magiczny wieczór. Wstałam i podeszłam do okna. Patrzyłam na prószący śnieg, który przykrywał pomału, ale konsekwentnie ulice, tworząc miękki, biały dywan. Wtedy pomyślałam, że mimo wszystko warto cieszyć się każdą chwilą, bo to właśnie one tworzą nasze życie.

Niemniej jednak obawy pozostały. Wiedziałam, że muszę stawić im czoła, ale nie teraz, nie tego wieczoru. Teraz chciałam cieszyć się czasem z moją rodziną w cieple naszego domu. Chciałam zapomnieć o obawach i żyć pełnią życia.

W tej świątecznej atmosferze, wśród migotliwych światełek i ciepła domowego ogniska, dźwięk dzwonka telefonu wprowadził pewien dysonans w moim spokojnym świecie. Z ekranu smartfonu uśmiechało się do mnie imię „Lidzia". Serce zabiło mi szybciej. Moja ukochana siostra, moja osobista latarnia morska, rozświetlająca mrok nawet w najciemniejszą noc.

Odebrałam telefon i jak zwykle usłyszałam jej radosny głos.

– Właśnie wyjeżdżamy, będziemy wraz z pierwszą gwiazdką – poinformowała pełna entuzjazmu.

– Jedźcie ostrożnie – poprosiłam.

Śmiałyśmy się jeszcze, wspominając kolejne chwile z dzieciństwa, zarówno te zabawne, jak i wzruszające.

Lidka była dla mnie jak lustro, odbijające moje własne uczucia, moje myśli. Na koniec rozmowy z jej głosu wyciekała pewna nieśmiałość, niezwykła powaga, jakby nagle stanęła na progu wielkiego odkrycia.

– Kocham cię bardzo mocno, najbardziej na świecie – powiedziała, a w moim sercu coś pękło.

Te proste słowa były jak magia, jak lekarstwo na wszystkie rany, jakie życie mi zadawało. Wiedziałam, że to dla niej wielki krok. Nigdy wcześniej nie odważyła się wyrazić tych uczuć słowami. Nie potrafiła powiedzieć tego, chociaż przecież miała wiele okazji. Nikt nas tego nie nauczył. Ja na przykład nadal nie potrafię tego powiedzieć. Owszem, umiem wycedzić jakieś tam bezosobowe „kocham", ale „kocham cię" już nie potrafię. Jednak ciągle się tego uczę i może pewnego dnia zdobędę się na prawdziwe, szczere „kocham cię". Pytanie, czy ja w ogóle potrafię to czuć? Nie wiem.

Zresztą, ostatnimi laty nie pałałam miłością do nikogo z rodziny, poza Lidzią, ale ona sobie na to sama zapracowała, bo nie zawsze tak było. To sprawiły lata starań z jej strony po naszej wieloletniej rozłące. Przez jakiś czas była dla mnie podłą suką. Ale wtedy nie była sobą. Będąc pod czyimś wpływem zachowywała się jak zupełnie obca osoba. Po takiej próbie siostrzanej miłości, niełatwo było wrócić do tego, co znikło wcześniej. To ciężka praca Lidki doprowadziła nas do tej nowej, silnej więzi.

Nie ma się co dziwić. Nasze życie nie było łatwe. Zostało naznaczone wieloma burzami i nawałnicami, które przynosił nam czas.

I w Wigilię taka niespodzianka! Kolejny poziom Nieba! Słońce w Raju!

Słuchałam jej wyznania, a moje oczy napełniły się łzami. Te słowa były jak deszcz w upalny dzień, jak promień słońca przebijający się przez chmurę. Może kiedyś i ja odnajdę odwagę, by odpowiedzieć jej tymi samymi słowami. Może kiedyś i ja wyznam miłość tym, którzy na nią czekają.

– Dziękuję – odpowiedziałam po chwili ciszy, chociaż wiedziałam, że to niewystarczające.

Wstydziłam się tej mojej powściągliwości, a jednocześnie słowa Lidzi wypełniały mnie nieopisaną radością i wzruszeniem. Tak, tego wieczoru naprawdę musiał rodzić się Bóg!

Boże Narodzenie nabrało dla mnie nowego znaczenia, odkąd poznałam M. W tej świątecznej atmosferze, pełnej magii, blasku i ciepła, przeszłość przestawała mnie dusić. Czułam, jak z każdym dniem spędzonym u jego boku zrzucam ciężar przeszłości, ciężar pełen goryczy, złości i niezrozumienia.

Nie bez powodu mówi się, że miłość ma moc uzdrawiania. M. był dla mnie lekarstwem na rany duszy, które od lat się nie goiły. Pokazał mi, jak pełen namiętności i zaufania może być dotyk, jak gorący i czuły pocałunek może stać się źródłem prawdziwego, czystego uczucia. Seks, który wcześniej był dla mnie czymś brudnym, pełnym bólu i wstydu, dzięki niemu stał się czymś pięknym, czymś, co łączyło nas na najgłębszym poziomie.

Pamiętam, jak w mojej przeszłości desperacko szukałam uwagi i miłości, jak gnałam na ślepo za wszystkimi negatywnymi emocjami, które kształtowały moją tożsamość. Żebrałam o miłość na kolanach, a te żałosne prośby trafiały do nieodpowiednich ludzi. Właśnie dlatego, patrząc teraz na te święta, czułam, że każda chwila jest dla mnie błogosławieństwem.

Czy kiedykolwiek wcześniej potrafiłam docenić miłość? Zanim poznałam M., miałam wrażenie, że prawdziwa miłość to jedynie ułamek sekundy szczęścia, który zniknie tak szybko, jak się pojawił. Ale teraz, kiedy miałam obok siebie mężczyznę, który ukołysał moje zranione serce, który na nowo nauczył mnie zaufania, wszystko stało się jasne. On pokazał mi, że miłość jest czymś więcej niż fizyczną bliskością; to uczucie, które daje siłę, nadzieję i przede wszystkim spokój. Dzięki niemu moje życie zaczęło nabierać barw, które wcześniej były dla mnie nieosiągalne.

W tym świętym czasie, patrząc na maleńkiego Jezuska, czułam wdzięczność, że miałam w życiu kogoś takiego jak M. Za to, że dał mi to, czego tak bardzo pragnęłam – prawdziwą, nieskończoną miłość.

To M. ukoił moje emocje, ukołysał moje wewnętrzne dziecko, a w moje zimne serce wlał miłość i spokój. Za to właśnie dziękowałam Jezuskowi, który właśnie się urodził.

Dzięki M. przeszłam proces przebudzenia, przypominający odrodzenie. Uświadomiłam sobie, że szczęście nie jest jak góra, którą zdobywa się tylko raz. Jest jak rzeka, której nurtem trzeba nieustannie podążać, zbierając po drodze drobinki srebra i złota. Każdy promień słońca, każde spojrzenie, każdy uśmiech i każdy ciepły dotyk były perłami tej rzeki, które łączyły się w jedną wspaniałą całość.

Byłam pełna wdzięczności za obecność M. w moim życiu. Wydobywał ze mnie wszystko to, co najlepsze, uczył doceniać momenty, które razem składały się na szczęście. Nasze dni były pełne tych niezwykłych chwil – od wczesnych poranków spędzonych w objęciach, przez popołudniowe spacery po parku, aż po wieczorne dyskusje przy kominku. Moje dzieci, które dostarczały mi tyle radości w życiu, dostrzegały, że nastąpiła zmiana. Dostrzegały miłość, która promieniowała z nas dwojga – ze mnie i z M.

Jednak życie, jak każdy wie, to pasmo wzlotów i upadków. Z taką świadomością często zastanawiałam się nad równowagą między szczęściem a nieszczęściem. Bo chociaż było mi dane doświadczyć Raju przy boku M., w głębi serca niepokoiła mnie myśl, że nawałnica nieszczęść może nadejść niespodziewanie, jak czarna chmura na błękitnym niebie. Nie mogłam nie myśleć o historii Dantego, którego miłość do Beatrycze była tak intensywna i czysta, że zdawała się przekraczać wszelkie ludzkie granice. W „Boskiej komedii" zakochani spotkali się w Raju, w miejscu, gdzie czas i przestrzeń nie miały znaczenia, gdzie miłość była wieczna i niezmącona. Jednak nawet tam, w tej idyllicznej przestrzeni, zawsze czaił się cień czegoś, co mogło ich rozdzielić. Więc tak jest w Raju? Nawet tam nie znika oddech niepewności?

Chociaż radość z bycia z M. wypełniała moje dni, wiedziałam, że muszę być czujna i doceniać każdą chwilę. Bo tak naprawdę w życiu nic nie jest dane na zawsze, a rajskie chwile przeplatają się z momentami smutku. Dlatego z każdym dniem starałam się tkać swoje szczęście, ceniąc wspólne momenty i mając świadomość, że prawdziwe spełnienie polega na tym, aby być obecnym tu i teraz.

To jednak było moje Niebo.

PASTERKA

Noc była mroźna, a śnieg skrzypiał pod naszymi butami, gdy wracaliśmy z pasterki. Trzymaliśmy się za ręce, jakbyśmy szukali w sobie nawzajem ciepła, którego brakowało w zimowym powietrzu. Mroźny wiatr owiewał nasze twarze, a każda kolejna sekunda przynosiła wspomnienia, które niczym cienie tańczyły wokół nas.

– O czym myślisz? – przerwał ciszę M., a jego głos brzmiał ciepło, niczym delikatny płomień w kominku w zimowy wieczór.

Zatrzymałam się na chwilę, zapatrzona w odległe gwiazdy, które migotały nad nami, jakby chciały przypomnieć, że nawet w najciemniejszą noc można dostrzec światełko nadziei. Przypomniały mi się Wigilie z dzieciństwa – te pełne bólu i żalu, kiedy każda chwila była naznaczona cieniem przeszłości.

– Myślę o tym, co było. O tych wszystkich koszmarnych świętach, jakie przyszło mi spędzać w przeszłości – odpowiedziałam nieco zasępiona. – O tych, które nigdy nie były takie, jak sobie wyobrażałam.

M. ścisnął moją dłoń mocniej, jakby chciał, by jego dotyk odpędził wszystkie smutki. Jego obecność była dla mnie latarnią wśród burzliwego morza wspomnień, które nie chciały mnie opuścić.

– Święta zawsze były dla mnie trudnym czasem – stwierdziłam. – Ale teraz, z tobą, czuję, że kocham Wigilię, Boże Narodzenie i to wszystko.

M. spojrzał na mnie z czułością, w taki sposób, w jaki tylko on potrafił.

– Myślę, że przed tobą jeszcze wiele niespodzianek – rzucił tajemniczo.

Spojrzałam na niego podejrzliwie. Udawał, że tego nie dostrzega, ale zawsze był kiepski w udawaniu. To też w nim kochałam.

Szliśmy dalej w ciszy, każde z nas zanurzone w swoich myślach. Wkrótce dotarliśmy do naszego domu. Światła migotały w jego oknach, obiecując ciepło i bezpieczeństwo.

Gdy otworzyliśmy drzwi, ciepłe powietrze otuliło nas jak kołdra, delikatnie ogrzewając zziębnięte ciała. Zatrzasnęłam pospiesznie drzwi. Śnieg, który przyczepił się do naszych butów, topniał, zostawiając mokre plamy na wycieraczce. Ściągnęłam zimowy płaszcz i powiesiłam go starannie na wieszaku, czując ulgę, gdy zimno odchodziło w niepamięć.

M. znowu przyglądał mi się podejrzanie. To już mnie zaniepokoiło. Gdy otworzyłam usta, żeby zapytać o to dziwne zachowanie, odwrócił się i zaczął zdejmować swój płaszcz. Jego ruchy były płynne i pewne, jakby codzienna rutyna nabierała nowego, intymnego znaczenia w tę szczególną noc.

– To ja przygotuję herbatę – powiedziałam, wyrywając się ze zdziwienia. – Ogrzejemy się.

Weszłam do kuchni i rozejrzałam się, jakbym była tu po raz pierwszy. Skąd to zagubienie? Czy powinnam się niepokoić zachowaniem M.? Życie dało mi już tak w kość, że zawsze zakładałam najgorsze.

Aby dłużej nie myśleć o tym wszystkim, wyciągnęłam z szafki dwie filiżanki, a ich porcelanowy blask odbijał światło lamp, tworząc iluzję ciepła. Następnie sięgnęłam po czajnik, napełniłam go wodą i włączyłam.

Co kombinuje M.? Bo że coś było na rzeczy, już się domyśliłam.

– Rozpalę w kominku. – Jego głos z przedpokoju wyrwał mnie z zadumy.

Wyjrzałam z kuchni. M. rzeczywiście krzątał się przy kominku. Chyba zaczynam wariować – pomyślałam, pocierając bolącą coraz bardziej skroń.

Uciec od tych wszystkich złych myśli!

Wróciłam do przygotowywania herbaty. Wkrótce jej aromat rozniósł się po kuchni. W tamtej chwili poczułam, że wszystkie demony przeszłości tracą swoją moc.

Wiedziałam od razu, że M. wszedł do kuchni. Zawsze potrafiłam go wyczuć, gdy był blisko. Zawsze. Może to dlatego, że więź między nami była tak silna?

– Zapraszam do kominka – powiedział z uśmiechem. – Najlepsze miejsce w grudniu! Zaraz się ogrzejemy!

Odpowiedziałam mu uśmiechem i pokiwałam głową.

Idąc z herbatą do pokoju, gdzie znajdował się kominek, usłyszałam, że przestrzeń wypełniają dźwięki kolędy „Cicha noc". M. dobrze wiedział, co włączyć. Ta kolęda zawsze mnie wzruszała.

Siedząc przed kominkiem, czułam ciepło przenikające przez moją skórę, sięgające najgłębszych zakamarków duszy. Ogień tańczył w palenisku, rzucając migotliwe cienie na ściany, które przypominały mi o przeszłości, wciąż obecnej, ale teraz łagodniejszej, jakby rozmytej przez czas i przebaczenie.

Gdy wpatrywałam się w płomienie, myśli zaczęły dryfować ku dawnym latom, ku wspomnieniom pełnym żalu, gniewu, złości i bólu. Każda chwila, każde bolesne doświadczenie, odżywało na nowo w mojej pamięci, ale już bez dawnej intensywności. To wszystko było jak odległe echo, które z czasem traciło swoją moc. Przypomniałam sobie Wigilię, gdy byłam dzieckiem, te chwile pełne niepewności i strachu, kiedy cieniem nad moim sercem kładły się krzywdy wyrządzone przez bliskich. Czułam, jak ciężar tamtych lat powoli znikał, jakby ten ogień w kominku miał moc oczyszczenia. Z zadumy wyrwał mnie M., gładząc mnie czule po policzku. Przytuliliśmy się mocno, a ciepło kominka i blask świec dopełniały ten magiczny moment.

Nagle M. wyprostował się. Przez chwilę przyglądał mi się dokładnie, jakby chciał poznać moje najskrytsze myśli.

– Chciałem to zrobić w tej szczególnej chwili – powiedział w końcu cicho, a jego głos drżał od emocji. – Przez całe życie szukałem kogoś, kto byłby moim schronieniem, moim ciepłem w zimne dni. Znalazłem to w tobie. Kocham cię i chcę spędzić z tobą resztę życia.

Łzy napłynęły mi do oczu. Wszystkie bolesne wspomnienia, wszystkie lęki i wątpliwości zniknęły w tej jednej chwili. Zniknęły jak mgła rozwiewana przez słońce. Czułam, że cały mój świat koncentruje się w tym jednym momencie.

M. uklęknął na jedno kolano. Jego twarz zdobił uśmiech, ale podszyty szczyptą niepokoju. Serce zaczęło mi bić szybciej, a czas jakby się zatrzymał. Mój ukochany wyciągał do mnie dłoń. Ściskał w niej aksamitne pudełeczko z pierścionkiem.

– Wyjdziesz za mnie?

ZAKOŃCZENIE

Wspomnienia przepływały przez moją świadomość niczym rzeka, niespokojne i mroczne. Przypominały mi o tych wszystkich latach, kiedy gniew oraz ból były moimi towarzyszami, kiedy każda myśl i każde działanie były naznaczone cieniem cierpienia i rozczarowania. Przypomniałam sobie te noce pełne łez, gdy samotność była jedyną towarzyszką, a serce zdawało się zbyt ciężkie, by unieść kolejną ranę.

Wtedy pomyślałam, że tak musiało być. Gdyby nie to wszystko, nie byłabym tam, gdzie jestem teraz. Nie byłabym tym, kim jestem obecnie. Pisanie książki okazało się dla mnie terapią, czymś więcej niż tylko ucieczką w świat literatury. Każde słowo, które spisywałam, było krokiem ku wyzwoleniu, ku wybaczeniu sobie i innym. Każda strona niosła ze sobą ulgę, jakby przerzucanie tych wspomnień na papier oczyszczało moją duszę. Pisząc, zaczęłam rozumieć, że moje życie było jak podróż przez piekło, czyściec i niebo – niczym w „Boskiej Komedii" Dantego, która towarzyszyła mi od dzieciństwa.

Piekło to był czas, kiedy nosiłam w sobie gniew i złość, kiedy krzywdy były świeże i bolesne, a ja nie mogłam znaleźć spokoju. Natomiast mój czyściec, to był proces pisania, moment, gdy przetwarzałam swoje doświadczenia, uczyłam się wybaczać i rozumieć. Każde zdanie było jak kamień, który powoli usuwałam z serca, aż w końcu poczułam się lekka. A teraz, siedząc przed kominkiem u boku M., dotarłam do swojego nieba. Było to miejsce, gdzie czułam spokój, miłość i akceptację. Miejsce, gdzie przeszłość nie miała już władzy nade mną.

Ogień w kominku przypominał mi o potędze zmiany. Jak drewno, które spala się, by dać ciepło, tak moje doświadczenia, choć bolesne, były niezbędne, żebym mogła dojść do tego momentu. Czułam wdzięczność za tę podróż, za każdy krok, który mnie tu doprowadził. Wiedziałam, że przed nami jeszcze wiele wyzwań, ale teraz byłam gotowa stawić im czoła, z sercem pełnym miłości i nadziei.

Moje życie było pełne kontrastów – ciemności i światła, bólu i radości, złości i przebaczenia. Teraz, w tej ciszy, w cieple kominka, mogłam wreszcie zaakceptować wszystko to, czym byłam i wszystko, czym się stałam. Ogień tańczył, a ja patrzyłam na niego z poczuciem spełnienia, wiedząc, że przeszłość została za mną, a przyszłość była otwarta, pełna możliwości.

Ta chwila była moim odrodzeniem. Jestem już gotowa, aby znów zacząć od nowa, zostawiając za sobą wszelkie demony przeszłości. Jestem wreszcie gotowa na nowe, lepsze życie u boku człowieka, którego kocham.

Przeżyłam tak wiele złego, ale dziś, patrząc wstecz, widzę, że to właśnie te trudne wydarzenia ukształtowały mnie jako osobę, którą jestem teraz. Zrozumiałam, że moje blizny są jak pieczęcie przeżyć, które nadały kształt mojej duszy, ucząc mnie wytrwałości i odporności. Jestem z siebie dumna, bo z każdym dniem staję się coraz silniejsza, odporniejsza na życiowe burze.

Moje życie było jak rzeka, która płynie przez skaliste wąwozy, tworząc meandry pełne wyzwań i niespodzianek. Woda, która kiedyś wydawała się mętna i nieprzejrzysta, teraz stopniowo staje się klarowna. To, co kiedyś wydawało mi się niewyobrażalnym cierpieniem, teraz postrzegam jako cenne lekcje, które nauczyły mnie, jak być silniejszą i bardziej świadomą siebie.

Nauczyłam się, że moja przeszłość nie definiuje mnie jako człowieka, lecz jest odległym echem wspomnień, które pomagają mi kształtować moją przyszłość. Każdy upadek był jak szansa do nauki chodzenia z większą pewnością. Każde zranienie czyniło moje serce odporniejszym, a każde rozczarowanie nauczyło mnie, jak cenić prawdziwe szczęście.

Każdego dnia, gdy patrzę w lustro, widzę kogoś, kto przetrwał burze, kogoś, kto walczył i nadal walczy, żeby być lepszym człowiekiem. Determinacja i siła wewnętrzna, to moje największe osiągnięcia. Te cechy stały się moim kompasem, prowadzącym mnie przez życie, które czasem jest jak burzliwe morze, a innym razem – jak spokojny strumień.

Teraz, stojąc mocno na ziemi, wiem, że moje doświadczenia, choć bolesne, dodały mi siły i odwagi, których nie miałam wcześniej. Nauczyły mnie, jak docenić spokój i radość w prostych rzeczach. Uświadomiły mi, że prawdziwa siła tkwi w akceptacji siebie i w umiejętności przekształcania bólu w siłę. Dziś patrzę w przyszłość z nadzieją, wiedząc, że jestem silna, nie tylko dla siebie, ale również dla moich dzieci, które są moją największą inspiracją do tego, aby każdego dnia być lepszą wersją siebie.

Na swojej życiowej drodze spotykałam wielu fałszywych ludzi. Ich obecność w moim życiu była jak cienie, przesuwające się po ścianach w półmroku – nie do końca widoczni, lecz zawsze obecni. Te osoby były jak chwasty w ogrodzie mojego życia. Rosły potajemnie, zakorzeniając się w glebie moich doświadczeń, próbując przejąć kontrolę nad moim wnętrzem. Wiedziałam, że muszę je wyplenić, aby dać przestrzeń prawdziwym, szlachetnym roślinom, które mogą kwitnąć i rosnąć w harmonii z moją duszą.

Z biegiem czasu nauczyłam się rozpoznawać te toksyczne osobowości. Ich słowa były jak słodki nektar, który przyciągał, ale w rzeczywistości był trucizną. Ich obietnice były jak puste skorupki, które rozpadały się pod ciężarem rzeczywistości. Ich obecność w moim życiu była jak mrok, który próbował zasłonić światło mojej prawdy.

W tym okresie życia zrozumiałam, że najważniejsze, to otaczać się ludźmi, którzy są prawdziwi, którzy mają odwagę patrzeć na świat i na siebie samych bez fałszu. Ludźmi, którzy potrafią kochać bezwarunkowo, którzy rozumieją wartość szczerości i zaufania. Ci, którzy nie boją się mówić prawdy, nawet jeśli jest bolesna, stali się dla mnie prawdziwymi skarbami na tej niełatwej drodze życia.

Każda spotkana po drodze osoba, zarówno ta fałszywa, jak i ta szczera, nauczyła mnie czegoś ważnego. Pozwoliły zrozumieć, kim naprawdę chcę być, a kim nie. Dzięki temu mogłam dalej kroczyć swoją ścieżką – silniejsza, mądrzejsza i bardziej świadoma tego, co jest dla mnie najważniejsze. I co najistotniejsze, przestałam kroczyć tą ścieżką sama. Z moim wspaniałym M. u boku mogę dojść wszędzie tam, dokąd zamarzę. Dziś wiem to na pewno, ale już na początku naszego związku zaczynałam to czuć. Wtedy jeszcze nie rozumiałam tego do końca.

Przez całe życie o wszystko musiałam walczyć! To było jak przemierzanie niekończącej się pustyni, gdzie każdy krok był zmaganiem z palącym piaskiem, żarem słońca i wiecznie zaschniętym gardłem. Nikt niczego mi nie dał, każdy sukces, każda zdobyta przestrzeń do oddychania była wynikiem mojej determinacji, mojej siły. To ja musiałam kruszyć skały przeciwności, by wydobyć z nich krople możliwości.

Dziś, patrząc na moje życie, widzę, jak piękny jest dom, który zbudowałam z tych wszystkich ciężko skruszonych kamieni. Dom pełen światła, miłości i ciepła. Dom, w którym śmiech moich dzieci rozbrzmiewa jak najpiękniejsza melodia. Cudowna rodzina, która jest jak bezpieczna przystań w burzliwym morzu życia! Teraz to mam. Zdrowe, cudowne dzieci, które są jak promienie słońca rozświetlające każdy mrok. Wspaniały partner, który jest jak latarnia morska wskazująca drogę w najciemniejszą noc. Moja siostra – moja bratnia dusza, i dobrzy ludzie wokół. Mam wszystko, czego można zapragnąć. W końcu!

Każdy element mojego życia jest jak drogocenny kamień w mozaice szczęścia. Czasami, patrząc wstecz, zdumiewa mnie, jak z chaosu i bólu udało mi się stworzyć taki harmonijny obraz. Jak z poszarpanych fragmentów przeszłości zdołałam ułożyć tak piękną całość! To nie była łatwa podróż. Były momenty, kiedy czułam, jak moje siły ulatują, a fale zwątpienia próbują mnie zatopić. Jednak zawsze w porę przypominałam sobie o mojej wewnętrznej sile, o tej niezłomnej woli przetrwania, która była moim największym sprzymierzeńcem.

Moje życie, chociaż czasami przypominało burzliwą podróż przez ciemne lasy i niebezpieczne szlaki, konsekwentnie prowadziło mnie do miejsca, w którym teraz jestem. Dziś wiem doskonale, że tak właśnie było.

Dotarłam do miejsca, w którym mogę cieszyć się każdym oddechem, każdym uśmiechem moich bliskich, każdym ciepłym dotykiem. Teraz gdy patrzę na moje życie, widzę nie tylko walkę i ból, ale także piękno i miłość, które stały się moją nagrodą na końcu tej trudnej drogi.

Dotarłam… Dotarłam do mojego Nieba…

ODE MNIE

Całe życie nosiłam w sobie żal, gniew, złość, ból. A teraz? Teraz wybaczam Wam wszystkim. Wybaczam każdemu, kto mnie skrzywdził. Nie ma już we mnie złości czy nienawiści. Pisząc tę książkę, zrozumiałam jedną bardzo ważną rzecz, by przechodząc przez piekło, samemu nie stać się diabłem.

Na łzach przeszłości stworzyłam siebie z dziś...
Na skrzydłach teraźniejszości lecę po lepsze jutro...

Cytowane fragmenty pochodzą z książki Dante Alighieri, Boska Komedia, Tłum. Julian Korsak, 1860, Polska, S.Orgelbranda Księgarza i Typografa